# पथ के प्रकाश पुंज



हरिवंश

वाणी प्रकाशन

**वाणी प्रकाशन**

*4695, 21-ए, दरियागंज, नयी दिल्ली 110 002*

फ़ोन : +91 11 23273167 फ़ैक्स : +91 11 23275710

**शाखाएँ**

*अशोक राजपथ, पटना 800 004, बिहार*

*कॉफ़ी हाउस कैम्पस, महात्मा गांधी मार्ग, इलाहाबाद 211 001, उत्तर प्रदेश*

*महात्मा गांधी अन्तरराष्ट्रीय हिन्दी विश्वविद्यालय, वर्धा 442 001, महाराष्ट्र*

www.vaniprakashan.com
marketing@vaniprakashan.in
sales@vaniprakashan.in

Path Ke Prakash Punj
*by* Harivansh

ISBN : 978-93-5518-596-9
Memoirs





पेपरबैक प्रथम संस्करण 2022

मूल्य : 399





*आर. टेक ऑफ़सेट प्रिंटर्स, दिल्ली-110032 में मुद्रित*

*वाणी प्रकाशन का लोगो मक़बूल फ़िदा हुसेन की कूची से*

दुनिया को उन्होंने ही गढ़ा है, जो धुन और संकल्प के धनी थे। जहाँ कोई गया नहीं, वहाँ से गुज़रते हुए अपने पदचिह्नों से राह बनायी। ऐसे ही लोगों ने संसार को अपने सृजन, कल्पना और मनोबल से पत्थर युग, कृषि युग, औद्योगिक युग, सूचना क्रान्ति से आगे बढ़ाते हुए प्रौद्योगिकी से हो रहे अविश्वसनीय बदलावों के द्वार तक आज पहुँचाया है। यह है, मानव ज़िद और संकल्प का चमत्कार! यह पुस्तक हर इन्सान ख़ासतौर से युवा पाठकों के लिए प्रेरक है, जो आसमान में असीमित छलाँग लगाने को आतुर हैं। सृजन का नया अध्याय लिखना चाहते हैं। हिन्दी पत्रकारिता के यशस्वी हस्ताक्षर हरिवंश ने इन प्रोफाइलों के माध्यम से उन जीवनियों के रोशनदानों को परत–दर–परत खोला है, जिनके सुनहरे योगदानों ने समय चक्र को अपने सृजन प्रयासों की किरणों से प्रकाशवन्त किया।

गुजराती के प्रसिद्ध ग़ज़लकार हर्ष ब्रह्मभट्ट की लिखी पंक्तियाँ इन महान व्यक्तित्वों पर सटीक हैं–

*मेरे पैर के छालों से अगर कोई पूछे आकर,*
*कहेंगे वो कि हमने तेरे दर के द्वार देखे हैं।*

*–इसी पुस्तक का एक अंश*

"याद रखें, हर वह व्यक्ति जो अपने जीवन में बहुत निष्ठा और आस्था से अपने सपनों का पीछा कर रहा है, वह अपने क्षेत्र का लीडर है। इस बारे में नेपोलियन की सुन्दर उक्ति है 'लीडर इज़ डीलर इन होप' (नेता वह सौदागर है, जो आशा में जीता है)। यही आशा उसे शिखर देती है। असाधारण व्यक्ति, वरेण्य होता ही है। लेकिन, जो साधारण होकर भी कुछ ऐसा कर जाता है कि देश और समाज में अपने पदचिह्नों को छोड़ता है, ऐसे ही आइकांस–व्यक्तित्वों से यह पुस्तक रू–ब–रू कराती है।"

*जिनके ऋणबोध से अन्तिम साँस तक बँधा हूँ।*

- *पिता के संघर्ष, जिजीविषा के प्रति, जिन्होंने खेत बेचकर पढ़ाया।*
- *वे अध्यापक, जिन्होंने खड़िया, पटरी, स्लेट पकड़वायी। नीम पेड़ तले बैठाकर अक्षर ज्ञान कराया।*
- *हाई स्कूल के अध्यापक सुरेश कुमार गिरि, जिन्होंने शिक्षा का मर्म और जीवन संस्कार का बोध कराया।*
- *गाँव के प्राइमरी स्कूल, हाई स्कूल, बनारस के उदय प्रताप कॉलेज, काशी हिन्दू विश्वविद्यालय के अध्यापकों ने ज्ञान–चेतना की खिड़की खोली।*
- *'धर्मयुग' (टाइम्स ऑफ़ इंडिया समूह, मुम्बई), बैंक ऑफ़ इंडिया (हैदराबाद–पटना), 'रविवार' (आनन्द बाज़ार, कोलकता), 'प्रभात ख़बर' (बिहार, झारखण्ड, पश्चिम बंगाल के 10 संस्करण) के सभी सहकर्मियों, साथियों, निन्दकों से जो मार्गदर्शन, ऊर्जा, प्रेरणा मिली।*
- *मुंगेर योग स्कूल, योगदा मठ, रामकृष्ण मिशन, अरविन्द आश्रम (पाण्डिचेरी), रमण आश्रम, इस्कान (चौपाटी, मुम्बई), काली बाड़ी (सरिया) वगैरह के वे साधक–सन्त, जो जीवन, संसार, उदारता, स्नेह, करुणा, संवेदना, समझने के माध्यम बने।*

# पीठिका

यह आईटी एरा (सूचना प्रौद्योगिकी का युग) है। टेक्नोलॉजी का इतना विराट स्वरूप और विस्मित करने वाला समय कभी नहीं रहा। स्मार्ट फोन आपकी इन्फॉर्मेशन (सूचना) और इन्क्वायरी (जानकारी) का मुख्य साधन बन गया है। जिस फोटो को खींचने के लिए फोटोग्राफर हुआ करते थे, अब वह बीते दिनों का क़िस्सा है। आज अनेक काम मोबाइल फोन से हो रहे हैं। लेकिन, इन क्षमताओं के बावजूद वह मौलिक विचार से वंचित है। वह चेहरा दिखला सकता है। लेकिन, उसके पीछे छिपे व्यक्तित्व, कृतित्व और कर्मठता को बयान नहीं कर सकता। इसके लिए भावपूर्ण 'शब्द चित्र' (प्रोफाइल) की आवश्यकता है, जो व्यक्तित्व को सांगोपांग प्रस्तुत कर, उसे चिरंजीवी बना सकें, जो आती हुई क़ौमों के लिए मिसाल (आयडियल) के रूप में देखा जा सके। साथ ही हमारी जनरेशन (पीढ़ी) के लिए मोटिवेटर (प्रेरक) बन सके। ऐसे महान पर्सनॉल्टीज़ (व्यक्तित्व) द्वारा समय के पटल पर छोड़े गये, सुनहरे अनुकरणीय पदचिह्नों की छाप को पढ़ना ही पड़ता है।

मोटिवेशन केवल सम्बोधनों से नहीं, बल्कि जीवन के संघर्ष, समर्पण और उनसे मिली सफलताओं से मिलता है। यह काम कोई जादू की छड़ी नहीं कि घुमाया और हो गया। इसके लिए जीवन खपाना पड़ता है। दीवाने–आशिक़ों जैसे भाव रखकर अपने काम से मोहब्बत करनी पड़ती है। तभी वे इतिहास के अध्यायों में प्रवेश पाते हैं। यह परफॉर्मेंस (कार्य कुशलता) का युग है। इस तथ्य को हमें स्वीकारना होगा। अन्यथा आप भीड़ के भाग ही रह जायेंगे। वक़्त

सबको मौक़ा देता है, यदि आप इसे इग्नोर (नज़रअन्दाज) करते हैं, तो आपके लिए समय फिर नहीं लौटता। वह आपके इरादों की परीक्षा लेकर ही आपसे दोस्ताना रिश्ता बनाता है और आपको शिखर पर ले जाता है। इस सन्दर्भ में कॉलेज में पढ़ा एक शेर याद आता है, जो आज भी मौज़ूँ है–

*मंज़िलें क़दम चूमेंगी, रास्ता ख़ुद बन जायेगा।*
*हौसला कर तू बुलन्द, तो आसमाँ भी झुक जायेगा।।*

इतिहास के ऐसे ही परफॉर्मर लीजेंड्स (महान कर्मयोगी), जिन्होंने अपने–अपने क्षेत्रों में ऐतिहासिक योगदान से असाधारण कार्य किये, उनके कृतित्व को प्रसिद्ध पत्रकार और 'प्रभात ख़बर' के पूर्व सम्पादक हरिवंश ने रोचक कथामय शैली में शब्दबद्ध किया है। उन कर्मठ, तपस्वी जीवन गाथाओं को पढ़कर आप पायेंगे कि ऊपर लिखित शेर इन पर कितना सार्थक बैठता है।

ये पर्सनाल्टीज ज़िन्दगी को नया चेहरा ही नहीं देते, बल्कि उससे जूझकर उसे नयी डेफिनेशन (परिभाषा) भी देते हैं। राजनीति, समाजशास्त्र, विज्ञान, पत्रकारिता, शिक्षा इत्यादि क्षेत्रों की ये अनूठी विभूतियाँ रही हैं। इन्होंने अपने समय और परिस्थितियों को वाहन बनाया और उस पर ऐसी यात्रा की कि वह जीवन का ज्ञानपुंज बन गयी। अभी तीन साल पहले ही महात्मा गाँधी की 150वीं जयन्ती मनायी गयी, जिनके दर्शन की पूरी दुनिया अनुयायी बन उनके दर्शित पाथेय की राही बन चुकी है। विश्व चकित है कि कैसे इस अधनंगे फ़क़ीर ने विश्व को अहिंसा का पाठ पढ़ाया, जो मनुष्य को दानवता से मुक्त कर मानवता की ओर ले जाने का रास्ता बना। हमें गर्व है कि उस महान नेता का 21वीं सदी में गुणगान हो रहा है, क्योंकि उनकी विचारधारा में मानवता के कल्याण का वास है। अतः यह आती हुई हर सदी का मन्त्र होगा।

इसी कड़ी में प्रखर समाजवादी चिन्तक और प्रतिपक्ष की भूमिका को नयी धार देने वाले महान नेता डॉ. राममनोहर लोहिया, भारतीय राजनीति के सर्जक नेता के. कामराज पर आलेख हैं।

पश्चिम के प्रसिद्ध विचारक वारेन बेनिस का एक लोकप्रिय कथन है कि 'नेता वही है, जो अपने विज़न को वास्तविकता में बदलकर लोक हित में अपने को समर्पित करे।' उक्त नेताओं पर यही भाव हमें शब्द–चित्रों के रूप में इस संग्रह में पढ़ने को मिलता है।

इसी प्रकार 'मुक्तिनायक विवेकानन्द', जिन्होंने विश्व धर्म संसद में पहली बार 'बहनो और भाइयो' का सम्बोधन कर दुनिया को एक रिश्ते में पिरोया। 'साहस की प्रतिमूर्ति : गोयनका जी', 'मकसद की तलाश : रूसी एम. लाला' इत्यादि भारतीय नायकों के साथ उन विदेशी महान हस्तियों पर भी हरिवंश ने क़लमकारी की है।

यह बड़ा विचित्र था पहले, हिन्दी पत्रकारिता में विदेशी योगदान कर्ताओं पर लिखने से परहेज किया जाता था। इसे लब्ध प्रतिष्ठित साहित्यकार और सम्पादक डॉ. धर्मवीर भारती ने 'धर्मयुग' के माध्यम से तोड़ा। हरिवंश ने उसे व्यापक रूप दिया और चुन–चुनकर ऐसी ग्रेट पर्सनॉल्टीज़ के ग्रेट कांट्रीब्यूशंस पर हिन्दी में लिखा, जो हिन्दी पाठकों के लिए नये चैप्टर (अध्याय) खोलने के समान सिद्ध हुआ। इन पर लिखे खाके (स्केच/शब्द चित्र) पाठकों को लुभा गये। वैश्विक बन चुकी इस दुनिया के लिए लेखक का यह इनीशिएटिव (पहल) ज़रूरी भी था, अन्यथा जिस दृष्टि और सोच की आज दरकार है, उससे हम वंचित रह जाते। इन शब्द चित्रों ने बड़े नज़रिये को विकसित किया।

इस युग के एक प्रणेता स्टीव जॉब्स भी थे, उन पर लिखा लेख हो या विश्व प्रसिद्ध 'सोनी' कम्पनी के संस्थापक अकियो मोरिता हों, या लीडरशिप क्वालिटी के प्रवक्ता जॉर्ज वाशिंगटन हों, विश्व साहित्य के प्रसिद्ध कवियों में एक क्रान्ति और प्रेम के कवि पुश्किन हों या साहस, मूल्य और मर्यादा की प्रतिमूर्ति, रेडियम की अन्वेषक मदाम क्यूरी हों। इन पर लिखे गये प्रोफ़ाइल पाठकों में रोमांच पैदा करते हैं। ये सभी आलेख पैशन, परफॉर्मेंस और प्रोग्रेस की प्रेरणा देते हैं। वास्तव में हमारे यहाँ कर्मयोगी शब्द, तो ख़ूब चला। पर, इसे आचरण में उतारने की दृष्टि पर किसी ने बल नहीं दिया।

यदि ऐसा होता, तो तस्वीर कुछ अलग ही होती। इन सभी मथने वाले सवालों को इस पुस्तक में बड़ी संजीदगी से लिखने का कार्य हरिवंश ने मुख्यतः वर्ष 1993 से 2019 के बीच ('विकल्पहीन गांधी' को छोड़कर) किया है।

याद रखें हर वह व्यक्ति जो अपने जीवन में बहुत निष्ठा और आस्था से अपने सपनों का पीछा कर रहा है, वह अपने क्षेत्र का लीडर है। इस बारे में नेपोलियन की सुन्दर उक्ति है–'लीडर इज़ ए डीलर इन होप' (नेता एक सौदागर होता है, जो आशा में जीता है)। वही आशा उसे शिखर देती है। असाधारण व्यक्ति वरेण्य होता ही है। जो साधारण हो कर भी कुछ ऐसा कर जाता है कि हम उसे असाधारण के समकक्ष मानने को बाध्य हो जाते हैं, क्योंकि वह कई बाधाओं का सामना कर ऊपर उठता है।

पुस्तक का नाम 'पथ के प्रकाश पुंज' गहन विचार के बाद रखा गया है। जिस तरह कोई भी राह सीधी नहीं होती, उसी प्रकार ज़िन्दगी भी कई टेढ़े–मेढ़े, उतार–चढ़ाव भरे रास्तों और मोड़ों से हो कर गुज़रती है। इन रास्तों में उपेक्षा और अपमान का दर्द भी मिलता है। फिर भी जो कड़े संघर्ष और अपने पक्के ईमानदार इरादों पर टिका होता है, वही जीवन की चुनौतियों के पथ में प्रकाश के बल मुक़ाम हासिल करता है, इसलिए ऐसी शख़्सियतें चिर स्मरणीय बन जाती हैं।

इस पुस्तक की गुणवत्ता पर कहने का अधिकार, तो उनका है जो इसे पढ़ेंगे। विशेषकर युवा पाठक, क्योंकि वे गाइड हैं। देश और समाज के भविष्य भी। शब्द चित्र अभी और बाक़ी हैं, क्योंकि इस दुनिया को उन्होंने ही गढ़ा है, जो फितूरी थे और हैं। हरिवंश के लिखे इन प्रोफाइल्स में वह लाइव (जीवन्त) मिलते हैं, जिसे आप लाइक (पसन्द) करेंगे।

हमारी तेलुगू भाषा का एक सुन्दर वाक्य है, जिसे घर से निकलते समय परिजनों और शुभ चिन्तकों द्वारा प्रायः कहा जाता है–'पोयी रा पो' (जाकर आइए)। हम फिर उपस्थित होंगे, ऐसी ही और ग्रेट पर्सनॉल्टीज़ की गाथाओं के साथ। तब तक के लिए–सी–यू–अगेन।

हाँ! इन विभूतियों पर पढ़ने के बाद गुजराती के प्रसिद्ध शायर और ग़ज़लकार हर्ष ब्रह्मभट्ट की लिखी निम्न लाइनें याद आ गयीं—

*मेरे पाँवों के छालों से अगर पूछे कोई आकर,*
*कहेंगे वो के हमने तेरे दर के ख़्वाब देखे हैं।*

अन्त में, वाणी प्रकाशन के अरुण माहेश्वरी जी, उनकी पुत्री अदिति माहेश्वरी जी के प्रति विशेष आभार, जिनके सहयोग, धैर्य और उद्यम से यह पुस्तक, आप पाठकों के हाथ में है। साथ–साथ उन साथियों को विशेष धन्यवाद, जिन्होंने इस पुस्तक को मूर्त रूप देने में अहम भूमिका निभायी। इसके लिए श्री निराला, श्री दीपक और श्री देवेन्द्र के प्रति लेखकीय आभार।

नवम्बर, 2022, हैदराबाद

**अतुल कुमार**

# अनुक्रम


| | |
|---|---|
| *पीठिका* | *7* |
| मुक्तिनायक विवेकानन्द | 15 |
| विकल्पहीन गाँधी | 24 |
| गाँधी के अन्तिम दिन | 41 |
| गाँधी : अग्नि परीक्षा के पल | 65 |
| डॉ. लोहिया की प्रासंगिकता | 75 |
| सादगी, शास्त्री जी और राजनीति | 85 |
| लौटा दो हमें कामराज | 90 |
| अविश्वसनीय हैं बाबा आमटे की उपलब्धियाँ | 100 |
| सुपर पावर के जन्मदाता : जॉर्ज वाशिंगटन | 114 |
| चे का जादू | 118 |
| क्रान्ति और प्रेम का कवि : पुश्किन | 122 |
| क्यूरी : साहस और मूल्य की मूर्ति | 126 |
| मुक़म्मल जहाँ नहीं मिलता : स्टीव जॉब्स | 131 |
| सलाम! अकियो मोरिता | 135 |
| भाषा और भाव के धनी : शंकर दयाल जी | 139 |
| मक़सद की तलाश : रूसी एम. लाला | 143 |
| गृहस्थ साधक : एस.के. चाँद | 148 |
| प्रकृति प्रदत्त प्रतिभा के धनी : डॉ. सिन्हा | 153 |
| आर.के. तलवार : दैवीय स्वर का नुस्ख़ा | 159 |
| शैलेन्द्र जी : साहस और गरिमा का समन्वय | 170 |

| | |
|---|---|
| नैतिक आभा का मर्म | 181 |
| फ़र्क़ 'निपुणता' और 'नैतिकता' में | 193 |
| नारायण दत्त : सम्पादन का सत्त्व | 198 |
| साहस की प्रतिमूर्ति : गोयनका जी | 206 |
| पत्रकारिता के प्रेरणास्रोत : जीतेन्द्र बाबू | 209 |
| गाँधीवादी पत्रकार : अजीत बाबू | 211 |
| 'महाजनो येन गतः सा पन्था' | 215 |

# मुक्तिनायक विवेकानन्द

हज़ारों वर्षों की गुलामी के बाद विवेकानन्द, अँधेरे में प्रकाश पुंज हैं। उन्होंने देश की मूर्च्छा तोड़ी। आत्म स्वाभिमान जगाया। मरणासन्न समाज में प्राण फूँके। देश–दुनिया में भारत की उपस्थिति का अहसास कराया। परिवार, समाज और देश को जीने की कला सिखायी। स्वाभिमान दिया। साहस दिया, कर्म की प्रेरणा दी। वह मन्त्र फूँका, जिससे मूर्च्छित देश जागने लगा। हालाँकि उन महान विवेकानन्द के प्रकाशस्रोत, तो परमहंस रामकृष्ण थे।

आज भारतीय समाज बीमार है। साधन है, सम्पन्नता है, प्रगति है, विरासत है, शिक्षा है, वैज्ञानिक दृष्टि है, पर न नैतिक तेज है, न मूल्य है, न संकल्प। आभाहीन देश। दिशाहारा समाज और बियावान में भटकती राजनीति। पुरानी दुनिया ख़त्म हो रही है, तो टेक्नोलॉजी के गर्भ से नयी दुनिया का उदय हो रहा है। भारतीय समाज बदल रहा है। यह संक्रमण काल है। आधुनिकता का ज़ोर है। पर, समाज में (देश में) हाहाकार है। दिल्ली में भारत की एक बेटी के साथ भारत के ही बेटों ने जो किया, वह महज़ प्रतीक है, इस आधुनिक सड़ान्ध का। आज भारत को फिर विवेकानन्द का वह तेज, शौर्य, साहस और संकल्प ही उबार सकता है। न राजनीति कुछ कर सकती है; और न सामाजिक सुधार के धन्धे में लगे लोग।

वह चरित्र क्या था, जिसने अकेले हज़ारों वर्ष से मरे, मूर्च्छित और स्वाभिमान गिरवी रख चुके मुल्क में एक नयी जान फूँक दी?

उनका जन्म 12 जनवरी, 1863 को हुआ। उन्होंने प्राण त्यागे, 4 जुलाई, 1902 को। महज़ 39 वर्ष पाँच महीने और 24 दिनों में विवेकानन्द ने वह कर दिखाया, जो हज़ारों वर्षों में अकेले कोई नहीं कर सकता। क्या तेज रहा होगा? कैसा संकल्प होगा? कैसा मानस होगा, उस इनसान का, जो अकेले भारत पर छाये अँधेरे को चीर रहा था। उस विवेकानन्द से बढ़कर भारत या दुनिया के युवकों के लिए या मानव सम्प्रदाय के लिए आज दूसरा प्रेरक (मोटिवेटर) कौन हो सकता है?

मद्रास की एक सभा में उनका परिचय बताया गया–'अपना घर, परिवार, धन, सम्पत्ति, मित्र, बन्धु, राग, द्वेष तथा समस्त सांसारिक कामनाएँ त्याग चुके हैं। यह भी कहा गया कि इस सर्वस्वत्यागी जीवन में यदि अब भी वे किसी से प्रेम करते हैं, तो वह भारत माता है; और यदि उन्हें कोई दुख है, तो भारत माता तथा उसकी सन्तानों के अभावों और अपमान का दुख है।'

आज भारत की दुर्दशा देखकर भारत माता के लिए इस तरह सब कुछ छोड़ देने वाला कोई है? भारत की आज़ादी की लड़ाई में गाँधी से लेकर जितने बड़े नेता हुए, जिन्होंने देश को सब कुछ माना, उनके पीछे विवेकानन्द की प्रेरणा थी। कोई साधन नहीं, सुविधा नहीं, एक महान संकल्प था, जिससे विवेकानन्द ने दुनिया को भारत के होने का अहसास कराया। न टीवी का युग था, न इंटरनेट का सम्पर्क, न फ़ोन की सुविधा, न संसार ग्लोबल गाँव बना था। दूरी की मौत (डेथ ऑफ़ डिस्टेंस) नहीं हुई थी। क्योंकि सूचना क्रान्ति (इन्फॉर्मेशन रिवोल्यूशन) नहीं हुई थी। तब उस तेज (विवेकानन्द) की आवाज़ दिग–दिगन्त में गूँजी। उनके कामों के प्रति कृतज्ञता जताने के लिए कलकत्ता (अब कोलकाता) के लोगों ने सभा की थी।

उसमें 'इंडियन मिरर' के सम्पादक ने कहा, 'वाणी की उपलब्धियों के इतिहास में इससे अधिक चमत्कारिक आज तक और कुछ नहीं हुआ। एक अज्ञात हिन्दू संन्यासी अपने अर्द्धप्राच्य परिधान में ऐसी सभा को सम्बोधित कर रहा था, जिसके आधे से अधिक श्रोता उसके

नाम का शुद्ध उच्चारण नहीं कर सकते थे। वह एक ऐसे विषय पर बोल रहा था, जो श्रोताओं के विचारों से दूर था और उसने तत्काल उनकी श्रद्धा और सम्मान अर्जित कर लिया।'

*(साभार : न भूतो न भविष्यति, नरेन्द्र कोहली)*

25 वर्ष की उम्र में वह संन्यासी बने। संन्यासी के रूप में उन्हें 14 वर्ष ही काम करने का अवसर मिला। जीवन में आज 14 वर्ष का अर्थ क्या है?

2013 में आकर हम यह बताते नहीं थकते कि अब हमारे बीच लाखों लोग 100 वर्ष से अधिक उम्र वाले जीवित हैं। जीने की अवधि बढ़ गयी है। हमारी आबादी एक सौ बीस करोड़ से अधिक हो गयी है। पर, कोई एक प्रेरक चरित्र, जिसमें विवेकानन्द की मामूली झलक हो? पास में पैसा नहीं, पर सपना और संकल्प थे। आज उनके द्वारा स्थापित रामकृष्ण परमहंस संघ की भारत में 132 शाखाएँ हैं। विदेशों में 45 यानी कुल 177। रामकृष्ण संघ के संन्यासी हैं, कुल 1278। दोनों श्रेणी के व्रताचारी मिलाकर हैं, 395 यानी कुल 1673। आज डेढ़ सौ वर्षों बाद उस व्यक्ति की लीगेसी फैलकर संसार को सुगन्धित कर रही है। कहीं कोई विपदा हो, प्राकृतिक कोप हो, दुर्घटना हो, तो रामकृष्ण संघ के लोग आँसू पोंछते मिलेंगे।

गाँधी ने कल्पना की थी कि इस देश की राजनीति, अन्तिम आदमी यानी सबसे ग़रीब के आँसू पोंछेगी। पर, चाहे मोरवी (गुजरात) की प्रलयंकारी बाढ़ हो, लातूर (महाराष्ट्र) या गुजरात के भूकम्प हों, बिहार की बाढ़ हो, ओड़िशा और आन्ध्र में तूफ़ान या कहीं ऐसी दुर्घटना—दुर्भिक्ष हो, युवा संन्यासी विवेकानन्द की झलक मिलेगी। गेरुआ वस्त्र पहने रामकृष्ण संघ के लोग, जान जोख़िम में डालकर अन्तिम आदमी की सेवा करते मिलेंगे। उन्हें न यश की कामना है, न वैभव की, न उन्हें कोई प्रतिदान चाहिए। ऐसा ताक़तवर समूह खड़ा हो जाना, जो स्वामी जी के होने के डेढ़ सौ साल बाद भी संकल्प के साथ सेवा में लगा हो, यह देखना या होना ही चमत्कार है। आज जो राजनेता, यशस्वी

या चिर अमर होने का दम्भ भरते हैं, क्षितिज (दुनिया) से उनके अस्त होते ही, उनके घर के लोग तक भूल जाते हैं।

किस मिट्टी के थे विवेकानन्द? रोमाँ रोलाँ की पुस्तक, 'रामकृष्ण परमहंस' (धनराज वेदालंकार द्वारा हिन्दी में अनूदित) में एक उद्धरण है–

'मेरी जवानी के शुरू से ही प्रतिदिन रात्रि में जब मैं, सो जाता था, मुझे दो स्वप्न आते थे। पहले स्वप्न में मैं अपने आपको पृथ्वी के उन श्रेष्ठतम मनुष्यों में जिन्हें सब प्रकार के ऐश्वर्य, सम्मान, शक्ति और यश प्राप्त हैं, बैठा हुआ पाता था और मैं अनुभव करता था कि मेरे अन्दर इन सब वस्तुओं को प्राप्त करने की शक्ति मौजूद है। परन्तु अगले ही क्षण दूसरे स्वप्न में देखता था कि मैं सब सांसारिक ऐश्वर्यों का त्याग कर, एक कोपीन धारण कर भिक्षावृत्ति द्वारा अपना पालन करता हूँ और एक वृक्ष के नीचे मेरी शय्या है। मैं सोचता था कि प्राचीन ऋषियों की तरह इस प्रकार भी जीवन व्यतीत कर सकता हूँ। इन दोनों चित्रों में से दूसरा चित्र विजयी रहता था। मैं अनुभव करता था कि इसी के द्वारा मनुष्य को परमानन्द की प्राप्ति हो सकती है। ...और उसका पूर्वास्वाद लेकर मैं फिर सो जाता था। प्रत्येक रात यही स्वप्न पुनः नया होकर मेरे सामने आता था। पहला सपना पिता की महत्त्वाकांक्षा थी, दूसरा माता की स्पृहा! माँ की साध मूर्त और जयी हुई।'

*(साभार : भारत की जातीय पहचान सनातन मूल्य, कृष्ण बिहारी मिश्र)*

18 वर्षीय ख़ूबसूरत युवा नरेन्द्रनाथ (बाद में विवेकानन्द के रूप में प्रख्यात) को परमहंस रामकृष्ण ने पहली बार देखा, तो वह पहचान गये। तब तक नरेन्द्र, परमहंस से असहमत और आलोचक थे। पर परमहंस ने उन्हें पहचान लिया। 'मैं जानता हूँ प्रभो, आप वही पुरातन ऋषि–नररूपी नारायण हैं। जीवों की दुर्गति–मोचन के लिए आप पृथ्वी पर अवतरित हुए हैं।' आज लोग परमहंस जैसी महाविभूति को भी नहीं पहचान पाते। पर, यह एक उद्धरण बताने के लिए पर्याप्त है कि भारतीय अध्यात्म की ताक़त क्या रही है? कैसे उन्होंने विवेकानन्द को देखते उनका भविष्य पढ़ लिया था?

दूसरा प्रसंग भी जान लें। नरेन्द्रनाथ यानी विवेकानन्द के विवाह की भूमिका बन रही थी, तो क्या कहा परमहंस ने?

'ना रे नरेन, वह दिव्य आस्वाद मेरी माँ ने तुझे चखाया है, उसकी मर्ज़ी से ही अब फिर तुझे मिल सकता है। उस लोक के द्वार पर ताला लगाकर चाभी माँ ने अपने पास छिपा ली है। तेरे तड़पने–चिल्लाने से वह ताला खुलने से रहा। माँ जिस प्रयोजन के लिए तुझे धरती पर ले आयी है, वह पूरा हुए बिना, वह तुझे छोड़ने वाली नहीं है। मैं इतना ही समझता हूँ रे नरेन कि माँ का विधान माँ ही जानती है। मेरी–तेरी औक़ात ही क्या है, जो उसका विधान पलट दे। इसलिए माथा पीटना छोड़कर अपने को माँ की मर्ज़ी पर छोड़ दे नरेन।'

*(साभार : भारत की जातीय पहचान सनातन मूल्य, कृष्ण बिहारी मिश्र)*

परमहंस ने 15 अगस्त, 1886 की आधी रात को शरीर छोड़ा। कुछ दिनों तक काशीपुर उद्यानबाड़ी (जहाँ परमहंस थे) में लोग रहे। पर, परमहंस के अनुयायी, तो उनके बग़ैर रह नहीं सकते थे। नियति ने उन्हें बड़े काम के लिए बनाया था। पर, वे लगातार अभाव में, संकट में थे। इसी बीच 1886, सितम्बर–अक्टूबर में बराहनगर में मठ बना, सुरेन्द्र मित्र के सहयोग से। स्वामी जी ने 1886 में संन्यास लिया। परमहंस के दिये कपड़े पहनकर। 1886 में बराहनगर मठ से वह निकल गये। यह बुद्ध के महाभिनिष्क्रमण जैसा था। अकेले एक जलपात्र और एक कपड़ा लेकर। सिर्फ़ दो पुस्तकें साथ थीं। उनकी प्रिय पुस्तक 'भगवद्‌गीता' और 'इमिटेशन ऑफ़ क्राइस्ट' और उन्होंने अध्यात्म की वह परिभाषा लिखी, जो अब दोबारा दुनिया में नहीं लिखी जाने वाली। कहा, 'देश के लोग दो वक़्त, दो दाने खाने को नहीं पाते, यह देखकर कभी–कभी मन में आता है, छोड़ दें शंख बजाना, घण्टी हिलाना, छोड़ दें लिखना–पढ़ना और स्वयं मुक्ति की ये चेष्टाएँ–हम सब मिलकर गाँव–गाँव में घूमकर चरित्र और साधना के बल पर धनिकों को समझायें, धन–संग्रह करके ले आयें और दरिद्र नारायण की सेवा करके जीवन बिता दें।'

तब यानी 18वीं सदी में एक संन्यासी का ऐसी बातें कहना, अद्‌भुत दृष्टि का परिचायक है। तब भारतीय समाज जड़ था। जाति परम्परा उसे खोखला कर रही थी, तब अमृतपुत्र विवेकानन्द ने कहा–'न वंश, न परम्परा और न धन–सम्पदा से वरन् केवल त्याग से ही अमृत्व की प्राप्ति होती है–न धनेन न प्रजया त्यागेनैक अमृतत्त्व मानुषः।'

यह मन्त्र देने वाला व्यक्ति साधारण इनसान नहीं था। परमहंस देव ने एक बार अपने अन्तरंग भक्तों के बीच कहा, 'केशव (ब्रह्म समाज के संस्थापक), जिस प्रकार एक शक्ति के विकास के द्वारा संसार में विख्यात हुए हैं, नरेन्द्र के भीतर उस प्रकार की 18 शक्तियाँ पूर्ण मात्रा में विद्यमान हैं।'

विवेकानन्द जब परिव्राजक बने, तब विदिशानन्द के रूप में एक नयी चेतना जगाने निकल पड़े। पहली मुलाक़ात खेतड़ी नरेश अजीत सिंह से हुई। माउंट आबू में। खेतड़ी नरेश स्वामी जी के साथ हो गये। स्वामी जी ने सितम्बर, 1898 में उन्हें पत्र भी लिखा–'संसार में मुझे एक ही आदमी के सामने हाथ पसारने में कभी लज्जा का अनुभव नहीं होता और वह आप हैं।' उनका सपना तो भारत को और दुनिया को स्वर्ग बनाने का था। उन्होंने कहा भी कि 'इनसानों ने सैकड़ों विज्ञानों का आविष्कार किया और उसका परिणाम यह हुआ कि कुछ थोड़े से मनुष्यों ने बहुत से मनुष्यों को अपना गुलाम बना डाला। बस यही इससे हुआ है। अनैसर्गिक आवश्यकताएँ उत्पन्न कर दी गयीं। प्रत्येक ग़रीब मनुष्य चाहे फिर उसके पास पैसा हो या न हो, इन आवश्यकताओं को तृप्त करना चाहता है और उन्हें वह तृप्त नहीं कर पाता, तो संघर्ष करता है; और संघर्ष करते–करते ही मर जाता है। यही है बुद्धि की अन्तिम गति।'

आज के भारतीय समाज या दुनिया के बारे में इससे बेहतर बयान दूसरा नहीं हो सकता है। आज भोग की होड़ है। बाज़ार का ज़ोर है। मानव–मन अतृप्त है। इसलिए भोग और विलास पाने के लिए पतित कर्म हो रहे हैं। रोज़ नये–नये क़ानून बनाकर हम सुन्दर

समाज बनाना चाहते हैं। पर, जितने क़ानून रोज़ बनते हैं, समस्याएँ उतनी ही बढ़ रही हैं। क्योंकि इसका हल बुद्धि में नहीं, मनुष्य के दिल या हृदय में है। स्वामी जी ने तब कहा था कि 'यदि यह प्रचण्ड प्रयत्न (विज्ञान की खोजों से अर्थ है) मनुष्यों को अधिक शुद्ध, सभ्य तथा सहनशील बनाने की ओर किया जाता, तो यह दुनिया आज हज़ारों गुनी अधिक सुखी हो जाती। आज पश्चिम के भोग का भारतीय समाज में गहरा आग्रह है।' लोगों ने उनसे सवाल किया–'पाश्चात्य जगत् के विलास–वैभवपूर्ण वातावरण को तीन वर्षों तक क़रीब से देखने–अनुभव करने के बाद आपको अपना देश कैसा लगा?' स्वामी जी ने जो उत्तर दिया, वह अद्‌भुत है। कहा–'भारत से पाश्चात्य जगत् में प्रवेश करते समय मैं उसे प्यार करता था। अब वहाँ की धूल, हवा सब कुछ मेरे लिए पुनीत–प्रणम्य हो गयी है। सचमुच वह पवित्र भूमि है, वह तीर्थ भूमि है।'

आज यह पवित्र तीर्थभूमि 'भारत' किस हाल में है? अगर यह सात्त्विक चिन्ता भारत में क़ायम है, तो उसका श्रेय भी स्वामी जी को ही जाता है।

आज भारतीय युवकों के सामने कोई रोल मॉडल नहीं है। पर, भारत जगत् गुरु बनना चाहता है। इसके लिए आज विवेकानन्द से बड़ा कोई प्रेरक नायक नहीं। भारत के क्षितिज पर लगभग हज़ारों वर्षों से गहराते अँधेरे के बीच विवेकानन्द प्रकाश के रूप में अवतरित हुए। सांस्कृतिक, बौद्धिक और सामाजिक चेतना के उत्स बनकर। आधुनिक भारत की अवधारणा के मूल स्रोत हैं, विवेकानन्द। उन्होंने भारतीय होने का गौरव याद दिलाया। पुरुषार्थ, संकल्प और श्रम से नियति–तकदीर बदल देने का सन्देश देकर मुल्क के चिन्तन–आयाम को एक नयी ऊँचाई दी।

क्या संघर्ष था? कैसी कठिनाइयाँ और चुनौती थी, इस अकेले इनसान के पास? यह पढ़ना हो तो, 'द गॉसिपल ऑफ़ श्री रामकृष्ण' (लेखक : महेन्द्रनाथ गुप्त, पर सिर्फ़ 'एम' नाम वे लिखते थे) ज़रूर

पढ़ना चाहिए। महज़ रामकृष्ण और विवेकानन्द को जानने के लिए नहीं। मनुष्य होने का अर्थ जानने के लिए भी। अपनी क्षमता पहचानने के लिए भी। अपने संकल्प की ताक़त जानने के लिए भी। आज दुनिया में मोटिवेशन (प्रेरित करना) एक उद्योग बन गया है। पर, वह पवित्र संकल्प एक इनसान में कैसे उपजता है, इसे तो महेन्द्रनाथ गुप्त की पुस्तक से ही जाना जा सकता है। बाँग्ला में यह पाँच खण्डों में है। श्री रामकृष्ण के अत्यन्त मशहूर शिष्य महेन्द्रनाथ गुप्त द्वारा लिखित इस पुस्तक में 'एम' शब्द का प्रयोग है। अंग्रेज़ी में यह दो खण्डों में है। इस पुस्तक की प्रस्तावना लिखी है, ऐल्डस हक्सले ने। मशहूर अंग्रेज़ लेखक। जीवन के अन्तिम दिनों में वह आध्यात्मिक विषयों में भी रुचि लेने लगे थे। स्वामी निखिलानन्द ने इसकी भूमिका लिखी है। रामकृष्ण ने देह त्यागते वक़्त विवेकानन्द से कहा कि इन युवा साधकों को तुम्हारे भरोसे छोड़ रहा हूँ। यह देखना तुम्हारा काम है कि इनका आध्यात्मिक विकास हो। अब तुम घर न लौटना। वहीं नरेन्द्र को निर्विकल्प समाधि मिली। तब वे सिर्फ़ अपना मस्तिष्क देख पा रहे थे। शरीर नहीं। परमहंस ऊपर के कमरे में थे। इसी क्रम में कुछ दिनों बाद उनमें एक अद्भुत या अपूर्व तेज या शक्ति का प्रवेश हुआ और वह अपनी पूरी बाहरी चेतना खो बैठे। नरेन्द्र को होश आया, तो परमहंस ने कहा, 'आज मैंने तुम्हें अपना सब कुछ सौंप दिया। अब मैं एक ग़रीब फ़क़ीर हूँ। मेरे पास कुछ भी नहीं है। पर, इस शक्ति के द्वारा तुम दुनिया में बहुत अच्छा करोगे और जब तक यह पूरा न हो, तब तक तुम लौटोगे नहीं।' और ऐसा ही हुआ।

अद्भुत प्रसंग हैं, इस पुस्तक में। दिल और दिमाग़ को छू लेने वाले झकझोर देने वाले। परमहंस देह त्यागते हैं और उनके शिष्यों के पास रहने की जगह नहीं होती। उन्हें उनके बीच के एक सुरेन्द्र, बराहनगर ले आते हैं। 30 रुपये महीना आश्रम को देते हैं। फिर ख़र्च बढ़ता है, तो वह सौ रुपये तक मदद करते हैं और वहीं से शुरुआत

होती है, विवेकानन्द या रामकृष्ण संघ की नयी यात्रा। पुस्तक का एक–एक अंश विवेकानन्द, रामकृष्ण संघ और रामकृष्ण परमहंस के अध्यात्म संसार के उदय–फैलाव की अद्‌भुत कहानी है। विवेकानन्द की 150वीं वर्षगाँठ पर यह पुस्तक घर–घर पहुँचे, तो भारत का समाज निखरेगा। युवाओं को एक दृष्टि मिलेगी। बिना क़ानून, महिलाओं की समाज में अद्‌भुत जगह और सम्मान होगा, तब नये भारत का उदय होगा। आज भी नये भारत, नये समाज, नये मूल्यों के उदय की कुँजी, तो विवेकानन्द के पास ही है। क्या भारतीय समाज संकल्प लेकर उस महानायक के जीवन, कर्म और बातों से सीखकर ख़ुद का कायाकल्प या परिमार्जन कर सकता है?

**(2013)**

# विकल्पहीन गाँधी

2017 चम्पारण सत्याग्रह का शताब्दी वर्ष था। अक्टूबर, 2018 से गाँधी जन्म के 150वें वर्ष की शुरुआत हुई है। यह संयोग है कि लगातार दो साल, दो अलग–अलग विशिष्ट अवसरों को लेकर देश और दुनिया में गाँधी की चर्चा हो रही है। पर, आज गाँधी की प्रासंगिकता या उपयोगिता क्या है? महज़ उनकी औपचारिक स्मृति का आयोजन, उत्सवप्रिय समाज में उत्सव का एक और अवसर या इससे कुछ अधिक महत्त्व है? क्या गाँधी अन–आज़माये विकल्प हैं या मानव भविष्य के लिए विकल्पहीन ज़रूरत?

मानव इतिहास की दो धाराएँ रही हैं। एक, मैकियावेली के दर्शन पर आधारित, पश्चिम की धारा। राजनीतिशास्त्र के दार्शनिक मैकियावेली ने 500 साल पहले 'द प्रिंस' किताब लिखी, कहा कि सत्ता पाने के लिए जायज़, नाजायज़, तौर–तरीक़े, षड्यन्त्र–कुचक्र, नीति–अनीति सब जायज़ हैं। इसलिए मैकियावेली के दर्शन पर आधारित पश्चिम का राजनीतिक दर्शन, हिंसा से तख़्तापलट, ख़ूनी क्रान्ति या हिंसा को जायज़ मानता है। इसके ठीक उलट मानव इतिहास की दूसरी धारा गाँधी की है। गाँधी ने कहा कि नहीं साध्य अगर पवित्र है, मक़सद अगर सात्त्विक है, तो उसका रास्ता या साधन भी पवित्र और नैतिक ही होगा। गाँधी की राजनीति में साधन व शुचिता का सवाल मूल था। हिंसा के रास्ते जन्मी फ्रांस क्रान्ति से पश्चिम में एक नयी शुरुआत हुई। फिर इसी का विस्तार रूस और चीन की क्रान्तियों में भी दिखा। हाँ, इन सारे बदलावों की बुनियाद/

नींव में हिंसा थी। गाँधी का प्रयोग हिन्दुस्तान में रहा। पर, उनके बाद उस प्रयोग का विस्तार नहीं हुआ। गाँधी के जाने के बाद भारत की राजनीति भी मैकियावेली के रास्ते चल पड़ी। उसके मूल से नैतिकता, सात्त्विकता, आध्यात्मिकता और साधन–साध्य की शुचिता के सवाल ग़ायब हो गये। इस कारण पूरी दुनिया में राजनीतिक ठहराव दिखता है। आज पायेंगे कि पूँजीवाद विफल है। समाजवाद भी अप्रभावी रहा और साम्यवाद धरती पर स्वर्ग नहीं उतार सका। इसके मूल में चरित्र संकट है। बहुत पहले गाँधी ने कहा था कि 'साम्यवादी तो अनीश्वरवादी हैं और हिंसा को जायज़ मानते हैं।' अधिकतर साम्यवादी, गाँधी को अवैज्ञानिक मानते थे। गाँधी ने पाया कि अधिकतर समाजवादी 'इज़ी चेयर सोशलिस्ट हैं।' वे अपने जीवन में बदलाव नहीं चाहते। न अपनी सुविधाओं का त्याग करना चाहते हैं। हालाँकि वे समाजवादी निर्वाण की प्रतीक्षा में हैं। इस तरह से साम्यवाद और पूँजीवाद के रास्ते चली दुनिया आज बाज़ार की गिरफ़्त में है। जहाँ इनसान आत्मकेन्द्रित हो गया है; और अकेला भी।

हाल में (अक्टूबर, 2018) युवाओं के बीच एक बड़ा सर्वे हुआ, उसके अनुसार आज की युवा पीढ़ी अपने बुजुर्गों से भी अधिक एकाकीपन या अकेलापन झेल रही है।

वैज्ञानिक मानते हैं ('टाइम्स ऑफ़ इंडिया'–02 जून, 2017) कि धरती छठी बार ख़त्म होने के कगार पर है। हमारे समय के सबसे बड़े वैज्ञानिक रहे स्टीफन हॉकिंग का दो वर्ष पहले 'गार्डियन' में लेख छपा कि इतिहास में ऐसा दौर कभी नहीं आया। भयावह पर्यावरण की चुनौतियाँ, खाद्यान्न का संकट, बढ़ती आबादी जैसी समस्याएँ हैं। अन्य जीव लगातार धरती से ख़त्म हो रहे हैं। प्रो. हॉकिंग कहते हैं, आज हमारे पास वह टेक्नोलॉजी भी है, जिससे हम दुनिया ख़त्म कर सकते हैं। पर, हमारे पास वह हुनर या कौशल नहीं कि हम इसे नया बना सकें। अगर हम नहीं चेते, तो धरती ख़त्म होने के कगार पर है।

धरती जो प्राकृतिक सम्पदा एक साल में पैदा करती है, वह दुनिया छह महीने में उपभोग कर रही है। जल्द ही (2060 तक) दुनिया की आबादी 10 बिलियन यानी एक हज़ार करोड़ होने वाली है।

1972 में भौतिक विकास के सन्दर्भ में 'क्लब ऑफ़ रोम' ने दुनिया को आगाह किया कि इस रास्ते धरती के विकास की सीमा है। इस समूह में कई नोबेल पुरस्कार प्राप्त वैज्ञानिक थे। ऐसे अनेक वैज्ञानिक तथ्य या निष्कर्ष इसमें हैं। टेक्नोलॉजी या आर्टिफ़िशियल इंटेलिजेंस के आसन्न ख़तरों को भाँपकर वैज्ञानिक बेचैन हैं, क्योंकि इसके प्रयोग का फ़ैसला बाज़ार के हाथों सरक रहा है।

इस तरह आज आधुनिकता ने दुनिया को ख़त्म होने के कगार पर पहुँचा दिया है। आर्थिक विकास का जो मौजूदा बाज़ारवादी या उपभोक्तावादी मॉडल है, उससे आत्मविनाश के बीज या विष निकल रहे हैं। मौजूदा सामाजिक–सांस्कृतिक या राजनीतिक माहौल बहुत हद तक इस आर्थिक विकास मॉडल की उपज है। वैश्वीकरण और विश्वग्राम के गर्भ से एक नयी क़िस्म का आत्मकेन्द्रित समाज जन्मा है, लोगों के अन्दर 'और–और' के साथ जीने की चाहत और प्रवृत्ति बढ़ी है। मॉलों की बढ़ती संख्या, उपभोक्ता सामग्री सूची में रोज़ नये उत्पादों के शुमार होने के पीछे की वजह क्या है? विज्ञापनों से मनुष्य की भोग, आकांक्षा, इन्द्रियों को प्रज्वलित करने की अपील पल–पल हो रही है। टीवी से, मोबाइल से, बाज़ार में रोज़–रोज़ नये मार्केटिंग प्रदर्शनों से उत्पादों या प्रोडक्ट के लॉन्च–री–लॉन्च की होड़ है, मनुष्य के मन, मस्तिष्क व चेतना के केन्द्र में भोग की आग जलाने के लिए। इसका परिणाम है कि पूरा समाज बेचैन है। निजी कारणों से जब व्यक्ति का मन अशान्त, अराजक और उन्मादी होता है, तो उसका असर परिवार पर पड़ता है। परिवार तनावग्रस्त है, तो समाज बेचैन है। इसका असर फिर राज्य और देश पर दिखता है। गाँधी एक जगह कहते हैं कि इनसान कैसे रहे? 'मधुमक्खियाँ अलग–अलग फूलों से मधु लाकर एकत्र करती हैं। उसी तरह से बुद्धिमान व्यक्ति अलग–अलग धर्मग्रन्थों से अच्छी चीज़ें सीखते हैं, मानते हैं और अपनाते हैं।' गाँधी दूसरी हिदायत देते हैं कि 'आँख के बदले आँख फोड़ने से पूरी दुनिया अन्धी हो जायेगी।' फिर वह पूछते हैं कि–'मेरा घर कैसा हो, किस माहौल में रहूँ?' पुनः बताते हैं कि 'मैं नहीं चाहता कि मेरे घर की खिड़कियाँ बन्द हों। सभी

तरफ़ से, पूरी दुनिया की संस्कृति की हवाएँ मेरे घर में बेरोक–टोक बहें और आयें–जायें। मेरे पैर, मेरी मिट्टी या ज़मीन से न उखड़ें। ऐसा माहौल हमें चाहिए।' जीवन के कठिन दौर में गाँधी इसी रास्ते चले। जीये।

सद्भाव के साथ, शान्ति के साथ, आपस में अलग–अलग धर्मों के लोग, अलग–अलग क्षेत्रों के रहने वाले, अलग–अलग विचार वाले लोग, कैसे रह सकते हैं? आज की दुनिया को अपना अस्तित्व बचाने के लिए यह जानना मजबूरी है। इस अर्थ में गाँधी, विकल्पहीन मजबूरी हैं। गाँधी पिरामिड की बुनियाद से बात करते हैं, अगर पिरामिड यानी समाज सुन्दर, मज़बूत और आदर्श बनाना है, तो उसकी बुनियाद (यानी हर इनसान, परिवार, समाज) कैसा हो? यह उन्होंने कहा है, जिस पर आज कोई चर्चा करने को तैयार नहीं। 1932 में जब वे यरवदा जेल में बन्द थे, तो इस विषय पर उन्होंने सुनियोजित विचार किया। संक्षेप में बात करें, तो बारह–चौदह कसौटियाँ उन्होंने बतायीं कि हर इनसान किस तरह से अपने अन्दर की चीज़ों को बदले, तो समाज बेहतर होगा। बेहतर समाज होगा, तो देश बेहतर होगा, मानवता बेहतर होगी, संसार सुन्दर होगा। उनकी पहली कसौटी या कल्पना थी कि हर एक का नैतिक आचरण हो। हाल में गाँधी पर एक पुस्तक देख रहा था, जिसमें उनकी स्प्रिचुअल राइटिंग (आध्यात्मिक विचार–अनुभव) को एक जगह संकलित किया गया है। वे हरेक के लिए प्रार्थना अनिवार्य मानते थे। उनकी प्रार्थना केवल रस्म अदायगी नहीं, जो आज दिखाई देती है। प्रार्थना के बारे में वे ढेरों चीज़ें बताते हैं। उनमें से दो का उल्लेख, ताकि इसका मर्म स्पष्ट हो सके। वे कहते हैं–

*'Prayer is not to be performed with the lips but with the heart–We have to offer our weaknesses, our passions, our narrowness into the purifying fire, so that we may be cleansed Then and then only our prayers would be heard.'*

*('प्रार्थना महज़ होंठ या शब्दों में न हो, बल्कि यह दिल से निकले। हम अपनी कमज़ोरियों, अपनी आकांक्षाओं, अपनी संकीर्णताओं*

*को भस्म करने वाली आग को सौंप दें, ताकि हम शुद्ध हो सकें। सिर्फ़ तब और तभी हमारी प्रार्थना सुनी जायेगी।')*

प्रार्थना की चर्चा के प्रसंग में एक और उद्धरण। अपने पूरे जीवन में हर कठिन मोड़ पर गाँधी प्रार्थना में ही रोशनी/राह तलाशते रहे। हाँ, आज भी वे देश के कई हिस्सों में इस रूप में जीवित हैं। आदिवासी इलाक़े में रहने वाले टानाभगत समुदाय के बारे में आज की दुनिया कम जानती है। झारखण्ड के लोहरदगा, गुमला इलाक़े में टानाभगत आदिवासी रहते हैं। गाँधी चम्पारण आन्दोलन के दौरान अक्सर राँची आते रहे, क्योंकि राँची, तब बिहार की ग्रीष्मकालीन राजधानी थी। चम्पारण सम्बन्धी उनकी कई बेहद महत्त्वपूर्ण चर्चाएँ/बातचीत अंग्रेज़ हुक्मरानों से राँची में ही हुई। उसी दौरान टानाभगतों के बारे में उन्होंने सुना। टानाभगतों के बीच सुधारवादी नेता जतरा भगत उनके नायक हुए। गाँधी के वहाँ जाने के कुछ वर्षों पहले वह गुज़र चुके थे। उन्होंने सुधारवादी आन्दोलन शुरू किया था। पर, वह आन्दोलन बिखर रहा था। गाँधी को पता चला, तो वे टानाभगतों से मिले। वे सफ़ेद कपड़ा पहनते। सफ़ेद झण्डा लेकर चलते थे। गाँधी उनसे मिले। सफ़ेद झण्डे को बदल उन्होंने तिरंगा अपनाया। फिर गाँधी टोपी पहनी।

आज की तारीख़ में भी टानाभगत कहीं भी जाते हैं, तो वह तिरंगा, वह जीवन–पद्धति और गाँधी टोपी, पहनावा होता है। विरोध या सत्याग्रह उसी तरह करते हैं। रोज़ उनकी प्रार्थना होती है। उस प्रार्थना का सार या आशय ग़ौर करने लायक है। वे सामूहिक रूप से कुडुख भाषा में प्रार्थना करते हैं, उसका सार इस प्रकार है–'हे धर्मेश, (धर्मेश यानी धर्मों के ईश्वर) दुनिया में सुख–शान्ति देना। प्रकृति को अच्छा बनाये रखना। बरखा–बुन्नी ठीक देना। ये सब ठीक रहेगे, तो हमारे यहाँ कुटुम्ब यानी हित, मित्र, रिश्तेदार और अतिथि आयेंगे। हम उनके यहाँ जा सकेंगे। कुटुम्ब आयेंगे नहीं, हम जायेंगे नहीं, तो इस जीवन का, मतलब क्या होगा?'

फिर आगे प्रार्थना में अंश है कि आज हम फिर खेती के लिए जा रहे हैं। खेती करते वक़्त कई जीवों की हमसे हत्या हो जाती है। इसके लिए हमें माफ़ करना, ऐसा अनजाने में होता है।

यह असाधारण प्रार्थना है। टानाभगत समुदाय के लोग जिस इलाक़े में रहते हैं, वे नक्सल प्रभाव के इलाक़े रहे हैं। यह नक्सल आन्दोलन सारे इलाक़े में होता रहा, पर टानाभगतों के बीच नहीं गया। ये जहाँ भी रहे, शायद ही अपराध होते थे। होते भी होंगे, तो न्यूनतम। घरों में ताले नहीं होते थे। आज भी इनके बीच से एक गाँव से दो–तीन विधायक हैं। सब गाँव में ही रहते रहे।

आज हम अगर देश और दुनिया को देखते हैं, तो 'हैप्पीनेस इंडेक्स' यानी कौन–सा देश और समाज ख़ुश है, इसको मापने का दौर चल रहा है। सन्तोष के साथ जीवन जीने को आधार मान टानाभगतों के बीच ख़ुशी–आनन्द यानी हैप्पीनेस मापा जाता, तो शायद यह दुनिया के सबसे सुखी लोग घोषित होते। गाँधी के साथ अपनी आस्था से जुड़े हुए लोग हैं। इनके जीवन में समाज अहम है, तब परिवार, फिर व्यक्ति। सामुदायिक बोध में ही इनका जीवन–सुख है। आत्मकेन्द्रित होने में या अकेले होते जाने में कौन–सा सुख है? आज उपभोक्तावादी समाज आत्मकेन्द्रित दुनिया में ख़ुशी–प्रसन्नता तलाश रहा है। इसलिए कथित विकसित समाजों–देशों में आर्थिक सम्पन्नता है, भोग है, पर ख़ुशी नहीं।

गाँधी प्रार्थना के साथ इनसान की बात करते हैं। सत्याग्रह आश्रम के लिए उन्होंने एक ड्राफ़्ट (1915) बनाया। उस ड्राफ़्ट में स्पष्ट किया कि हर आदमी कैसा आचरण करे? पर, आज इन चीज़ों पर सार्वजनिक रूप से चर्चा या बात कहीं सुनायी नहीं देती? हम दूसरों से लोकजीवन में अपेक्षा करते हैं कि विनम्रता हो, मानवीय आचरण और संवेदनशील दृष्टि हो। ख़ुद से नहीं, तो फिर ऐसा समाज बने कैसे? इसके लिए गाँधी ने आचारसंहिता बनायी। श्रम का महत्त्व बताया। इन चीज़ों पर उन्होंने बहुत पैशन से, बहुत सुन्दर तरीक़े से, बहुत लॉजिकल ढंग से लिखा। छुआछूत या भेदभाव का न होना, निर्भयता, अपरिग्रह, चोरी का न होना ये सब तो ज़रूरी बताया ही, साथ ही खाने के बारे में वे कहते हैं कि खाने को हम दवा के रूप में उपयोग करें। फिर ब्रह्मचर्य, अहिंसा, सत्य, प्रेम, इन सब चीज़ों की दैनिक जीवन में ज़रूरत–उपयोग पर बल देते हैं। अब आप ग़ौर करें कि एक तरफ़ अन्याय के ख़िलाफ़

संघर्ष, रंगभेद के ख़िलाफ़ सक्रियता और जो दुनिया में सबसे बड़ी इम्पीरियलिज़्म (साम्राज्यवाद) की ताक़त थी, जिसके सामने सूर्यास्त नहीं होता था, उसके ख़िलाफ़ भी संघर्ष। इस बीच इनसान या समाज कैसा हो, इस पर साथ–साथ चिन्तन/लेखन और काम। एक तरफ़ जो अशुभ है, देश–समाज के लिए अभिशाप है, उस गुलामी–व्यवस्था के ख़िलाफ़ संघर्ष। साथ ही नये इनसान के निर्माण के लिए मौलिक प्रयास। दोनों चीज़ें साथ–साथ। पर, आज़ादी के बाद, इनसान कैसा हो? उसके आचरण, नैतिक पक्ष, ईमानदारी या सदाशयता वग़ैरह पर चर्चा ही बन्द हो गयी। सब अपेक्षा, दूसरों से, समाज से, राजनीति से। पर, ख़ुद की भूमिका पर आत्ममन्थन नहीं। लेकिन, गाँधी संघर्ष के साथ–साथ, नये समाज–इनसान की रचना में भी लगे थे।

गाँधी ये सब इतनी सहजता से एक साथ कैसे कर लेते थे? इन सभी चीज़ों को, प्रक्रियाओं को उन्होंने अपने रोज़मर्रा के जीवन का हिस्सा कैसे बना लिया था? ढेरों वजहें थीं। लेकिन एक प्रमुख कारण था कि गाँधी ने अपनी ऊर्जा और प्रेरणा के स्रोत को अपने ही अन्दर विकसित किया था। वे दिन–रात, 365 दिन राजनीति करते थे, लेकिन हमेशा आध्यात्मिक चेतना की बुनियाद पर। अध्यात्म का मूल मन्त्र है कि सबकी आत्मा समान है। एक जैसी। उसे वह व्यवहार में अपनाते थे। इसी सिद्धान्त के तहत वे समानता का भाव बरतते थे। जीवन के जो तीन आधार हैं–अधिभूत, अधिदैव और अध्यात्म। अपने जीवन में वह इन तीनों का सामंजस्य रखते। इन सबका सार है कि ईश्वर हर जगह है। इसलिए अपनी आवश्यकता से अधिक नहीं लेना चाहिए। हमारे यहाँ कहा गया है। श्लोकों में पढ़ाया जाता रहा है–

*अतितृष्णा न कर्तव्या, तृष्णां नैव परित्यजेत्।*
*शनैः शनैश्च भोक्तव्यं, स्वयं वित्तमुपार्जितम्।*

'अधिक इच्छाएँ नहीं करनी चाहिए, पर इच्छाओं का सर्वथा त्याग भी नहीं करना चाहिए। अपने कमाये हुए धन का धीरे–धीरे उपभोग करना चाहिए।'

*लोभमूलानि पापानि, संकटानि तथैव च।*
*लोभात्प्रवर्तते वैरं, अतिलोभात्विनश्यति।*

'लोभ, पाप और सभी संकटों का मूल कारण है, लोभ शत्रुता में वृद्धि करता है, अधिक लोभ करने वाला विनाश को प्राप्त होता है।'

लेकिन आज का यह समय कैसा है? उन्मादी उपभोग व लोभ–लालच का समय!

गाँधी कहते थे कि अध्यात्म की विरासत और विचार के सामने दूसरी प्रणाली कौन–सी है? यानी हम पूछें कि समाजवाद, साम्यवाद, पूँजीवाद, बाज़ारवाद के पीछे कौन–सा मूल सत्त्व है? हमारा अध्यात्म कहता है, ईश्वर एक है। इसमें सम्प्रदायों की जगह नहीं। आराधना की पद्धतियाँ अलग हो सकती हैं। पर, पद्धतियों की भिन्नता, आत्मा की भिन्नता नहीं है। आज समाज में जो कटुता भर गयी है, भौतिक विलास या उपभोग की आकांक्षाएँ बढ़ गयी हैं, जिससे भारी अपराध हो रहे हैं, उसकी जड़ में क्या है? दो–चार–छह महीनों की बच्चियों के साथ जो कुछ हो रहा है, हम वह देख–सुनकर भी चुप हैं। परिवार के सगे–सम्बन्धी या निकटवर्ती ही अविश्वसनीय अपराध महिलाओं के साथ कर रहे हैं। प्रभावी क़ानून बनाना, एक ज़रूरी रास्ता है, एक निदान है, पर इसका असल उत्तर है, आध्यात्मिक रास्ता, चरित्र निर्माण। नैतिक होने की ज़रूरत। इन्द्रिय संयम। विनोबा ने कहा था कि भोग, तो इन्द्रियजीवी इनसान पैदा करता है। जब ऐसे इनसान बनेंगे, तो समाज क्रूर, अमानवीय व हिंसक ही होगा। गाँधी ने अपने आश्रम में रहने वालों के लिए मापदण्ड तय कर रखा था कि किस मापदण्ड या किस जीवन पद्धति का अनुकरण करना है। गाँधी ने भारत की मिट्टी और इसकी धरोहर को पहचाना था। वह धरोहर अध्यात्म ही है।

इस देश में जो भी आया, भारत ने सबको स्वीकारा। सुप्रीम कोर्ट ने हाल में पुरी मन्दिर के मामले में कहा कि मन्दिर में सबको प्रवेश की इज़ाजत दें। हिन्दू धर्म किसी को दूर नहीं करता। सबको साथ जोड़ता है। रुपये–पैसे, वैज्ञानिक शोध में हम दुनिया के नम्बर एक मुल्क नहीं हैं। पर, हम एक चीज़ में विलक्षण हैं कि प्रथम दृष्टि में दुनिया के सभी धर्मों से हमारे देश का निकट का अनुभव रहा

है। सह–अस्तित्व का अनुभव है। हिन्दू, मुस्लिम, जैन, सिख, बौद्ध, आदिवासी, सबके साथ रहने का अनुभव। यह विरासत या अनोखी सम्पदा दुनिया के किसी और मुल्क के पास नहीं है। इसलिए आध्यात्मिक जीवन का जो हमारा अनुभव है, विरासत है, उसकी नींव पर आध्यात्मिक समाज, चरित्र निर्माण, नैतिक समाज हम बना सके, तो अनेक समस्याओं का हल निकल सकता है। इसके लिए ज़रूरी है कि हर हिन्दुस्तानी यह समझे कि एक इनसान के नाते उसके क्या फ़र्ज़ और ज़िम्मेदारी हैं?

गाँधी भारत आने से पहले बेहतर समाज बनाने व बेहतर इनसान के लिए बढ़े, इसका प्रयोग अफ्रीका में कर चुके थे। फ़ीनिक्स में उन्होंने सौ एकड़ की ज़मीन (फार्म हाउस) ख़रीदी। नये ढंग से प्रयोग किया। उसके बारे में दो पंक्तियों में बताया कि इस आश्रम को बनाने का हमारा मक़सद क्या है?

*'Visible object was purity of body and mind as well as economic equality.'*

बाद में उनके एक जर्मन मित्र ने 2100 एकड़ का फार्म हाउस उन्हें दिया। वहाँ गाँधी ने नये ढंग से जीने की विधि अपनायी। कैसे सामुदायिक रहन–सहन हो? ख़ासतौर से चारों धर्मों के लोग आश्रम में साथ आयें और रहें। हिन्दू, मुस्लिम, ईसाई और पारसी। उनका किचन एक हो, वे एक–दूसरे के साथ रहने के लिए, अपनी–अपनी सीमा से बाहर निकलें, यह प्रयास गाँधी ने किया, ताकि धर्म, जाति, रंगभेद विहीन मानव समाज बन सके। इस प्रयोग के बाद वह अफ्रीका से चम्पारण आये। शुरू में ही चम्पारण में तीन स्कूल स्थापित किया। वहाँ वे बच्चों को कहते हैं कि स्वच्छता, सामुदायिक सद्भाव बनाने के लिए संयुक्त प्रयास करें। गाँव की सड़कों का निर्माण, विकास एवं प्रबन्धन का काम उन्हें करना चाहिए। कुओं की सफ़ाई इत्यादि के बारे में चर्चा करते हैं। इस तरह चम्पारण में भी वह सामुदायिक सद्भाव और एक साथ कैसे रह सकें, इस बात पर बार–बार ज़ोर देते हैं। साथ ही किसानों के ख़िलाफ़ अंग्रेज़ी अत्याचार से भी लड़ते हैं। यह है, रचना और संघर्ष का साथ–साथ चलना।

गाँधी की कुछ अपेक्षाएँ थीं, ताकि समाज में सद्भाव रहे व समाज बेहतर बने। पर आज जिस दौर में हम खड़े हैं, क्या यह सम्भव है? ख़ासतौर से जो आर्थिक उदारीकरण हुआ, उसके बाद एक नया दौर चला है। अधिकाधिक भोग का दौर। इसका प्रतिबिम्ब, एक हिन्दी फ़िल्मी गाने की एक पंक्ति में स्पष्ट है–'दिल माँगे मोर' इस दौर का मर्म है। जीवन–सूत्र है। अधिक–से–अधिक चीज़ों का भोग। यह घोर कंज्यूमरिज़्म का दौर है। गाँधी ने 1929 में 'यंग इंडियन' के माध्यम से चेताया, 'भारत कर्मभूमि है, भोगभूमि नहीं।'

अब इस बीच गाँधी के उसूलों पर चलना कैसे सम्भव है? यह इस युग की बड़ी चुनौती है।

गाँधी गोलमेज़ कॉन्फ्रेंस में ब्रिटेन गये। ब्रिटेन के उन इलाक़ों में गये, जहाँ बुनकर रहते थे। ब्रिटेन की पुलिस, ब्रिटेन का मध्यवर्ग और ख़ुफ़िया सूचना देने वाली एजेंसियाँ परेशान थीं कि गाँधी पर बुनकर हमला करेंगे। कारण, गाँधी ने कपड़ों को जलाने का आन्दोलन चलाया, उससे ब्रिटेन की मिलों पर ताले लग गये थे। कपड़ों की माँग भारत में घट गयी। ब्रिटिश मज़दूर बड़ी संख्या में बेरोज़गार हुए। गाँधी ब्रिटेन के उन बेरोज़गार मज़दूरों के बीच गये। उनका खुलकर स्वागत हुआ। वहाँ के मज़दूर लोगों ने भारतीयों की पीड़ा समझी। यह लम्बा प्रसंग है। इतिहास का अद्भुत प्रसंग। हम अलग–अलग धर्मों में ऐसे लोगों की बात सुनते हैं, जिनको हमने देवत्व की श्रेणी दी है। पर, एक जीवित इनसान दुनिया के दूसरे छोर यानी भारत के जो ग़रीब मज़दूर या बुनकर थे, उनकी पीड़ा से, ब्रिटेन के उन बेरोज़गार लोगों को, जो गाँधी के आन्दोलन से ही बेरोज़गार हुए थे, उन्हें प्रेम और सौहार्द से जोड़ रहा था। मनुष्य का संवाद दिमाग़ की भाषा से हो, मानव सत्ता की यह पराकाष्ठा है। मनुष्य का मन बदलने का इससे बड़ा प्रमाण और क्या हो सकता है?

यह ब्रिटेन का प्रसंग था। चम्पारण के भी प्रसंग हैं। चम्पारण में गाँधी अंग्रेज़ों के ख़िलाफ़ आन्दोलन चला रहे थे। पर, सभी अंग्रेज़ नौकरशाहों और नीलहों से उनका संवाद, मिलना–जुलना व घर आना–जाना था। संघर्ष या भेद तो विचारों का था। पर, वही गाँधी

अपने विचारों के प्रति कितने दृढ़ थे? अनुग्रह बाबू ने अपनी पुस्तक 'मेरा संस्मरण' में इसका उल्लेख किया है। लिखा है कि गाँधी के काम–काज का तौर–तरीक़ा कैसा था? मोतिहारी में कॉक साहब ज़िला मजिस्ट्रेट थे यानी कलेक्टर। सीधे और ईमानदार आदमी। चम्पारण किसानों पर रिपोर्ट करने वाली टीम के मुखिया। हमें सूचना मिल गयी थी कि उनकी रिपोर्ट किसानों के अनुकूल आ रही है। स्टेनोग्राफर ने चुपके से रिपोर्ट की कॉपी हम लोगों के पास भेजी। हम लोगों ने पढ़ी। गाँधी को सब बातें बतायीं। तब उन्होंने काग़ज़ देखने से इनकार कर दिया। उनका कहना था कि यह रिपोर्ट चोरी से हमें मिल रही है, इसलिए इसे ग्रहण नहीं करना चाहिए। यदि स्टेनोग्राफर अपनी नौकरी से इस्तीफा देने को तैयार हो जाये और प्रगट रूप से हमारे पास यह ले आये, तो सोचने की बात हो सकती है कि रिपोर्ट मैं पढ़ूँ या ना पढ़ूँ। आगे अनुग्रह बाबू लिखते हैं कि मेरे मन में यह ख़याल आ ही नहीं सकता था कि इतना ज़रूरी काग़ज़ मेरे पास आये और मैं इसे लेने या पढ़ने से इनकार कर दूँ। जब बापू ने बताया, तो इसे सही समझा और जो रिपोर्ट मिली थी, उसे वापस कर दिया। फिर आगे कहते हैं कि महात्मा जी ने चरित्र बल से इस तरह के उदाहरण पेश कर अपना स्थान बनाया।

एक और प्रसंग है। 1983–84 के आसपास का प्रसंग। 'रविवार' पत्रिका में काम करता था। एक बार पटना आया। बिहार से एक सांसद हुआ करते थे, शंकर दयाल सिंह। उनसे सरोकार था। वह अपने घर ले गये। उन्होंने अनेक दस्तावेज़ दिखाये। लगभग 1700 पेजों के। वे दस्तावेज़ क्या थे? उन पर गाँधी के दस्तख़त थे। कृपलानी जी के दस्तख़त थे। मैंने पूछा, 'यह क्या है?' पढ़ा, तो पाया कि चम्पारण में रहकर गाँधी ने राजेन्द्र बाबू, कृपलानी जी, अनुग्रह बाबू वगैरह को एक–एक गाँव भेजा। कहा, जिस समस्या को मैं समझने आया हूँ, उसके सन्दर्भ में गाँव के लोगों का क्या कहना है? आप जाकर गाँव वालों की बात नोट करके लायें। अगर गाँव वाले हिन्दी में बोलें तो ठीक है, भोजपुरी में बोलें, तो वही लिखें। फिर उसको ट्रांसलेट (अनुवाद) करें। हर एक रिपोर्ट पर गाँधी ने रिमार्क लिखा कि इस

पर हमको करना क्या है? यह था, चम्पारण का होमवर्क। इस श्रम से, साइलेंट वर्कर के रूप में इस तरह रहकर काम करने से ही नया इतिहास बनता है। पर, आज यह देश–समाज इस बात को भूल गया है। अब तो 'इंस्टेंट सक्सेस' (तुरत–फुरत कामयाबी) या 'इंस्टेट फूड' (पका–पकाया खाना) का दौर है। बिना श्रम सब कुछ चाहिए।

गाँधी के जीवन में असंख्य उदाहरण हैं। छोटी–छोटी बातों का ध्यान गाँधी तन्मयता से रखते थे। इसलिए ही गाँधी के बारे में कहा जाता है कि उन्होंने जिस मिट्टी पर हाथ रखा, वह सोना बन गयी। उन्होंने सामान्य लोगों को अपने साथ रखा और चरित्रवान बना दिया।

चम्पारण से ही जुड़े कुछ और प्रसंग, जो आज लोकस्मृति में नहीं हैं। हम ख़ुद में बदलाव लाये बग़ैर, पूरी दुनिया, आसपास का संसार बदला देखना चाहते हैं, पर ऐसा होता नहीं। आज भारत समेत दुनिया का संकट, चरित्र का संकट है। कथनी–करनी में फ़र्क़ या साधन व साध्य में असन्तुलन का मामला है। 17 अप्रैल, 1917 को गाँधी मोतिहारी में सम्मन पाते हैं कि 18 अप्रैल को डिवीजनल कमिश्नर के सामने उपस्थित होना पड़ेगा। उनके साथ तब के नामी वकील धरणीधर बाबू और रामनवमी बाबू थे। धरणीधर बाबू ने कहा–'आपके जेल जाने के बाद यह काम ख़त्म हो जायेगा। कल जब आप डिवीजनल कमिश्नर के यहाँ से जेल जायेंगे, तो हम बेकार हो जायेंगे।' गाँधी ने पूछा कि 'क्या आप लोग ग़रीब रैयतों को यूँ ही छोड़ देंगे?' उनका उत्तर था–'हम लोग और कर ही क्या सकते हैं? ज़िला छोड़ने का आदेश मिलेगा, छोड़ देंगे।' उन दिनों भारत रक्षा क़ानून देश में लागू था। गाँधी मौन हो गये। अपने कमरे में गये और काम में लग गये। इसके बाद धरणीधर बाबू और रामनवमी बाबू देर रात तक जगे ही रहे। बातें करते रहे कि गुजरात से यह आये हैं। बिहार से इनका कोई लेना–देना नहीं। पर, यह हमारे लिए जेल जा रहे हैं। दूसरे कमरे में गाँधी रातभर काम करते रहे। जेल जाने के पहले की तैयारी। दूसरे दिन सुबह धरणीधर बाबू और रामनवमी बाबू ने गाँधी को जाकर कहा कि आप ग़रीबों के लिए जेल जा रहे हैं। यहाँ बिहार में रहने वाले हम लोग कैसे आपको अकेले छोड़ दें? हमने सोचा है कि आप जेल

चले जायें, तो हम लोग भी जेल जायेंगे। गाँधी बड़े ख़ुश हुए। एक ही लाइन में उनका जवाब था–'तब तो यह फ़तह है।'

ऐसे थे गाँधी। गाँधी के काम–काज करने के तौर–तरीक़े से या गाँधी के सहकर्मी राजकुमार शुक्ल ने जो विरोध का तरीक़ा अपनाया, उससे इनसानों का मन बदला। एक बड़ा मार्मिक प्रसंग है। बेलवाकोठी का एमन वही अंग्रेज़ अधिकारी है, जो राजकुमार शुक्ल को बर्बाद करता है। धन–सम्पदा से महरूम। झूठे आरोप में जेल। उनके घर को ज़मींदोज़ कर देता है। पर, जब शुक्ल जी की मौत होती है, तो वही अंग्रेज़ एमन स्तब्ध हो जाता है। वह अपने चपरासी को तलब करता है। तीन सौ रुपये देता है। शुक्ल जी के घर जाने और श्राद्ध के लिए पैसा देने को कहता है। चपरासी स्तब्ध! अपने दुश्मन की मौत पर एमन का बदला बर्ताव देख। एमन कहता है–'चम्पारण का अकेला मर्द चला गया। सब कुछ छोड़कर। उसने जीते–जी 25 वर्ष देश के लिए लगा दिये। रहा–सहा मैंने उनसे छीन लिया। उनके पास होगा ही क्या?' इसलिए वह पैसा भेजता है। पण्डित शुक्ल के श्राद्ध में डॉ. राजेन्द्र प्रसाद, अनुग्रह बाबू, ब्रजकिशोर प्रसाद उनके गाँव सतवरिया जाते हैं। वहाँ एमन भी मौजूद था। राजेन्द्र बाबू एमन से कहते हैं–'अब तो आप ख़ुश हैं एमन! आपका दुश्मन चला गया।' वह कहता है–'चम्पारण का अकेला मर्द चला गया। अब मैं ज़्यादा दिन नहीं बचूँगा।' फिर शुक्ल जी के बड़े दामाद को बुलाता है। वह मोतिहारी के पुलिस कप्तान को पत्र देता है। पुलिस जमादार की नौकरी उन्हें मिले, इसके लिए प्रयास करता है। कुछ ही महीने बाद एमन की मृत्यु हो जाती है। गाँधी के कामकाज का या गाँधी के लोगों के कामकाज का यह तरीक़ा था, जिससे सीधे सामने वाले का मन बदलता था। इनसान को बदलते थे गाँधी।

ऑक्सफोर्ड में डॉ. राधाकृष्णन की जगह, प्रोफ़ेसर ऑफ़ ईस्टर्न रिलीजन बनकर आये, प्रो. आरसी जहनेर। उन्होंने हिन्दुत्व पर एक किताब लिखी। उसका अन्तिम अध्याय है–'युधिष्ठिर की वापसी'। वे कहते हैं–'गाँधी ने बुनियादी तौर पर या प्राथमिक तौर पर ब्रिटिश शासन से भारत को आज़ादी दिलाने वाले आर्किटेक्ट के रूप में

ख़ुद को नहीं देखा, बल्कि भारतीय आत्मा को लोभ, क्रोध, घृणा और निराशा की ज़ंजीरों से मुक्त करने वाले के रूप में देखा। अनुग्रह बाबू का मन बदलना, धरणीधर बाबू का, रामनवमी बाबू का, एमन का मन बदलना और ऐसे ही असंख्य लोगों का मन बदलना गाँधी के असर या सोहबत के परिणाम थे।

देश की आज़ादी से ठीक पहले कलकत्ता (अब कोलकाता), नोआखली में जो गाँधी ने किया, पंजाब, बिहार, दिल्ली में जो उन्होंने किया, वह इतिहास के पन्नों में दर्ज है। जो काम शासन के वश में नहीं था, सरकार या व्यवस्था जहाँ असहाय थी, वहाँ गाँधी ने अपनी छोटी टोली के ज़रिये, बिना किसी ताम–झाम, बिना किसी सुविधा–संसाधन के, अपने व्यक्तित्व–चरित्र के प्रभाव से चमत्कार दिखाया।

नयी पीढ़ी को गाँधी के इन प्रसंगों को जानना चाहिए, ताकि आदमी में आदमीपन या इनसान में इनसानियत बनी रहे। आज जो चुनौतियाँ हैं, उनमें सबसे बड़ी चुनौती, इनसानियत, आदमीपन का ख़त्म होना है। यह स्थिति क्यों आयी, इसके लिए कौन ज़िम्मेदार है? इसका जवाब इतना आसान नहीं। सवाल है कि जब भारतीय परम्परा इतनी मज़बूत थी, इसकी लय की लड़खड़ाहट कहाँ से शुरू हुई?

'गीता', गाँधी की प्रिय पुस्तक थी। उन्होंने 'गीता' पर एक पुस्तिका लिखी, 'अनाशक्ति योग'। पेज 41 पर वे लिखते हैं–उत्तम पुरुष जो–जो आचरण करते हैं, उसका अनुसरण सामान्य लोग करते हैं। जिस आदर्श को उत्तम पुरुष प्रमाण बनाते हैं, उसका सामान्य लोग अनुसरण करते हैं। यही 'गीता' का सन्देश है, जिसमें कृष्ण अर्जुन से कहते हैं–ऊपर बैठे लोग जैसा आचरण करेंगे, नीचे के लोग उसी रास्ते पर चलेंगे। यही महाभारत में कहा गया–'महाजनो येन गतः सा पन्था।' बड़े लोग जिस रास्ते गये हैं, वही रास्ता है। हमारी लोकमान्यता है, यथा राजा तथा प्रजा। ऐसे ही थे गाँधी।

गाँधी, धरती को कैसे स्वर्ग बना रहे थे? अपने चरित्र से। अपने कर्मों से। भारतीय अध्यात्म को जीवन का मूल बताकर। ख़ुद उस पर चलते हुए। वे मौजूदा साधु–सन्तों के रास्ते नहीं चले। पन्थों का, सम्प्रदायों का, साधु–सन्तों का रास्ता, वह रास्ता है भी नहीं। हमारी

परम्परा में साधुओं को संग्रह की क्या ज़रूरत है? अध्यात्म की विलक्षण और समृद्ध विरासत के विपरीत अनेक स्वघोषित साधु–सन्त, मठ आज निजी दुकान चला रहे हैं। अपनी भौतिक इच्छाएँ पूरी करने में लगे हैं। इन्द्रिय सुख उनका ध्येय है। इन लोगों ने अध्यात्म की समृद्धि, विरासत और परम्परा को अविश्वसनीय बनाने का काम किया। पर, गाँधी का अध्यात्म, समाज और विश्व की मुक्ति का रास्ता है।

गाँधी इसे लेकर कोई द्वन्द्व–दुविधा में नहीं थे। वे साफ़–साफ़ अपनी बात कहते थे। 'हिन्द स्वराज' में एक जगह गाँधी कहते हैं, जिसका सारांश इस तरह है–'आज हिन्दुस्तान की रंक दशा है। मेरी पक्की राय है कि हिन्दुस्तान अंग्रेज़ों से नहीं, बल्कि आजकल की सभ्यता से कुचला जा रहा है। उसकी चपेट में वह फँस गया है। उसमें से बचने का अभी भी उपाय है, लेकिन दिन–ब–दिन समय बीतता जा रहा है। मुझे, तो धर्म प्यारा है, इसलिए पहला दुख मुझे यह है कि हिन्दुस्तान धर्मभ्रष्ट होता जा रहा है। धर्म का अर्थ मैं यहाँ हिन्दू, मुस्लिम या जरथुस्त्र धर्म से नहीं करता। लेकिन इन सब धर्मों के अन्दर जो 'धर्म' है वह हिन्दुस्तान से जा रहा है। हम ईश्वर से विमुख होते जा रहे हैं। सभ्यता की होली में जो लोग जल मरे हैं, उनकी तो कोई हद ही नहीं है। उसकी ख़ूबी यह है कि लोग उसे अच्छा मानकर उसमें कूद पड़ते हैं। फिर वे न तो रहते दीन के और न रहते दुनिया के। वे सच बात को बिल्कुल भूल जाते हैं। सभ्यता चूहे की तरह फूँककर काटती है। उसका असर जब हम जानेंगे, तब पुराने वहम मुक़ाबले में हमें मीठे लगेंगे। मेरा कहना यह नहीं कि हमें उन वहमों को क़ायम रखना चाहिए। नहीं, उनके ख़िलाफ़ तो हम लड़ेंगे ही, लेकिन वह लड़ाई धर्म को भूलकर नहीं लड़ी जायेगी, बल्कि सही तौर पर धर्म को समझकर और उसकी रक्षा करके लड़ी जायेगी।'

उस दौर में जब, ग्लोबल विलेज दुनिया की आहट नहीं थी। 'डेथ ऑफ़ डिस्टेंस' यानी दूरियाँ ख़त्म नहीं हुई थीं, सूचना क्रान्ति नहीं हुई थी, सोशल मीडिया की दस्तक नहीं थी, तब गाँधी ने विश्वसमाज, विश्वकुटुम्ब की चर्चा की। उनके साथ सीएफ एंड्रूज़ से लेकर हर धर्म और जाति के विशिष्ट लोग रहे।

राजनीति में गाँधी की धारा के विपरीत, जो भौतिक धारा धीरे–धीरे पूरी दुनिया में बलवती हुई, उसने मनुष्य से मनुष्य होने का स्वभाव या इनसान की इनसानियत को ही छीन लिया है। आज हम भौगोलिक और तकनीकी रूप से बनते विश्वग्राम में, सम्प्रदायों में बँटे हैं, जाति में बँटे हैं, धर्मों में बँटे हैं। अमीर–ग़रीब हैं, पर इनसान, इनसान नहीं रह गये। गाँधी इन सबके ख़िलाफ़ थे। वह टॉलस्टॉय के समर्थक थे। उन्होंने तब राष्ट्रवाद को स्वीकार किया था, लेकिन उस राष्ट्रवाद में उन्होंने ग्राम पंचायत और ग्राम व्यवस्था की बात की, तो उसके पीछे वैज्ञानिक सोच थी। वे समूहवादी अर्थव्यवस्था पर ज़ोर देते थे, जिसमें सबके लिए सोचा जाये यानी गाँव पंचायत, गाँव के हर व्यक्ति के लिए सोचें। उसकी ज़रूरतों को पूरा करे। इसके लिए उसे बाहर न्याय ढूँढ़ने की ज़रूरत न हो। वह प्रकृति के सान्निध्य में पर्यावरण ख़त्म करने के लिए न जीये, नैतिक शिक्षा ले, शारीरिक श्रम करे। वह, वह शिक्षा न पाये, जिससे वह अपनी जड़ और ज़मीन से कट जाये या नक़ल की शिक्षा अपनाकर नक़ल के बल पर डिग्री ले, जो उसके जीवन में कभी काम नहीं आनेवाली। गाँधी की समूहवादी अर्थव्यवस्था चिन्तन के अन्दर मनुष्य को बदलने की अवधारणा है। साम्यवाद क्यों विफल हुआ? क्योंकि वह बाहर से बदलाव थोपना चाहता है। पूँजीवाद क्यों पंगु हो रहा है, वह भोग और इन्द्रिय सुख में मुक्ति देखता है। बाज़ारवाद में उसे नये समाज का जन्म दिखाई देता है। ये दोनों व्यवस्थाएँ (पूँजीवाद या साम्यवाद) बाहर से समानताएँ थोपना चाहती हैं, इसलिए वे कारगर नहीं हुईं या नहीं हो पा रहीं। साम्यवाद (चीन) में आपने बाहर से थोपा कि व्यक्तिगत सम्पत्ति नहीं रहेगी। लेकिन 80 का दशक आते–आते व्यक्तिगत सम्पत्ति का दौर पुनः लौटा। रूस बिखर गया। उसी तरह पूँजीवाद के गर्भ से या बाज़ारवाद के गर्भ से यह क्रोनी कैप्टिलिज़्म निकला है। लोभी इनसान और समाज गढ़ने वाली भोगी व्यवस्था।

गाँधी मानते थे हर इनसान अपने आन्तरिक विकास से ही अपने स्वार्थ, लोभ या लालच से मुक्ति पायेगा। किसी तरह की योजना बनाइए, कोई भी शिक्षा पद्धति लागू कीजिए, विकास का कोई ख़्वाब

या ख़ाका खींचिए, जब तक अन्दर से इनसान नहीं बदलेगा, कुछ नहीं होने वाला। गाँधी ने इसे पहचाना था। आज भौतिक दुनिया में अन्दर का आदमी मर चुका है। साधु–सन्तों को अपनी सम्पत्ति, मन्दिर, मठ, जायदाद की चिन्ता है। दुनिया के बाज़ार से नया और संवेदनशील इनसान नहीं जन्मेगा। ऐसे माहौल में पूरी दुनिया में गाँधी का चिन्तन–सोच और जीवन पद्धति ही हमारा मार्गदर्शक है।

**(2018)**

# गाँधी के अन्तिम दिन

महापुरुषों के अन्तिम दिनों या जीवन के आख़िरी दौर के तथ्य जानने की दशकों पुरानी चाह रही है। 1985 में गाँधी के अन्तिम दिनों के बारे में पढ़ा। निष्कर्ष था कि गाँधी अपवाद नहीं। जो भी इतिहास के बड़े नायक रहे, जिन्होंने समाज, पीढ़ी और मुल्क की नयी तारीख़ (इतिहास) लिखी, वे ख़ुद अन्त आते–आते लगभग असहाय स्थिति में थे। अन्तिम दिनों में अप्रभावी हो जाने का अहसास महज़ भारतीय महापुरुषों के साथ ही नहीं हुआ, बल्कि दुनिया के समाज नायकों और चर्चित लोगों के जीवन में भी घटित हुआ है।

कृष्ण को भले इतिहास का हिस्सा नहीं मानें, लेकिन भारतीय जनमानस में पीढ़ियों से रचे–बसे वह महानायक हैं। हमारी स्मृति में 'भगवान' के रूप में दर्ज। वह भी जीवन के अन्त में निरुपाय होते हैं। यही राम के साथ होता है। मान भी लें कि 'राम' या 'कृष्ण' किंवदन्ती हैं, पर सिकन्दर, नेपोलियन, लेनिन, स्टालिन, माओ, टॉलस्टॉय जैसे अनेक इतिहास पुरुषों के जीवन का अन्तिम पड़ाव कैसा रहा है? यह जानना भी दिलचस्प है।

सेंट हेलेना द्वीप पर बन्दी हुए 'प्रतापी' नेपोलियन को समझ में आया कि 'मैं' नहीं, समय बलवान होता है। यही बात तो महाभारत का सत्त्व है कि 'काल की गति' ही सर्वोच्च है। वही अर्जुन, वही गाण्डीव, पर भील असहाय अर्जुन से द्वारिका की औरतें छीन ले जाते हैं।

125 वर्ष जीने की उनकी इच्छा मर गयी थी। जिस वैकल्पिक समाज के लिए वह आजीवन लड़ते रहे, वही समाज उनके आसपास छिन्न–भिन्न था। उनकी आस्था डिग गयी थी। उन्होंने कहा भी, 'सत्य और अहिंसा

में आस्था के कारण ही मैं पिछले 50 वर्षों से जीवित हूँ, लेकिन अब मेरी यह आस्था डिग गयी है।' बँटवारे का दर्द, साम्प्रदायिक फसाद, राजनीति में बढ़ता भ्रष्टाचार और विश्वस्त सहयोगियों द्वारा उपेक्षा के कारण गाँधी का अन्तर्मन बड़ा पीड़ित था।

वह बार–बार कहा करते थे, भारत विभाजन के पूर्व मेरे शरीर के दो टुकड़े करने पड़ेंगे, लेकिन स्वाधीनता आन्दोलन में, जो उनके शरीर के हिस्से की तरह थे, वे नेता पहले ही उनसे अलग हो चुके थे। गाँधी का शरीर कई टुकड़ों में बँट चुका था। वह निराश थे, फिर भी अपनी पूरी ऊर्जा लगाकर उम्मीदों की नयी रोशनी तलाशने में लगे थे। उनके अन्दर नयी राह बनाने की छटपटाहट थी।

इसकी झलक दिसम्बर, 1947 में हिन्दुस्तानी तालीम संघ की बैठक में डॉ. जाकिर हुसैन से गाँधी के संवाद में दिखती है। डॉ. जाकिर हुसैन ने गाँधी के सामने सवाल रखा–'विभिन्न संस्थाएँ कुछ विशेष कार्य करने के लिए तदर्थ समितियों के रूप में अलग–अलग बनायी गयी थीं। अब यदि उन्हें मिलाकर एक संस्था बना दिया गया, तो उस संस्था को सत्ता की राजनीति से दूर रखना असम्भव होगा?' गाँधी का जवाब था–'यदि संयुक्त रचनात्मक कार्यकर्ता संघ, सत्ता की राजनीति में पड़ने की कोशिश करेगा, तो उसका सर्वनाश हो जायेगा। अन्यथा क्या मैं स्वयं सत्ता की राजनीति में घुसकर सरकार को अपने तरीक़े से चलाने का प्रयास न करता? आज जो सत्ता की बागडोर सँभाले हैं, वे आसानी से अलग हो जाते और मुझे अपनी जगह दे देते, लेकिन जब तक सत्ता उनके अधिकार में है, वे अपने ही विवेक के अनुसार कार्य कर सकते हैं। मैं सत्ता अपने हाथ में लेना नहीं चाहता। हम सत्ता से परे रहकर और मतदाताओं की शुद्ध निःस्वार्थ सेवा करके उनका मार्गदर्शन करते हुए उन पर अपना प्रभाव डाल सकते हैं।

ऐसा करके हम उससे कहीं अधिक सच्ची सत्ता प्राप्त कर सकेंगे, जो हमें सरकार में शामिल होने पर प्राप्त होगी। मगर एक वक़्त ऐसा आ सकता है, जब लोग यह महसूस करें और कहें कि वे चाहते हैं कि कोई और नहीं बल्कि हम ही सत्ता सँभालें। तब इस सवाल पर विचार किया जा सकेगा। बहुत सम्भव है कि मैं तब तक जीवित ही

न रहूँ, लेकिन जब ऐसा समय आयेगा, तब संघों में से कोई ऐसा व्यक्ति ज़रूर आयेगा, जो शासन की बागडोर सँभालेगा। उस समय तक भारत एक आदर्श राज्य बन जायेगा।'

*(साभार : गाँधी मार्ग पत्रिका, नवम्बर–दिसम्बर, 2017)*

गाँधी ने बिना लाग–लपेट अपनी बात को बहुत साफ़–साफ़ रखा था। डॉ. जाकिर हुसैन ने अगला सवाल रखा–'क्या हमें एक आदर्श राज्य का शुभारम्भ करने और उसे चलाने के लिए आदर्श पुरुषों की आवश्यकता नहीं होगी?'

गाँधी ने जवाब दिया, 'हम स्वयं सरकार में शामिल हुए बिना भी अपनी पसन्द के लोगों को सरकार में भेज सकते हैं। आज कांग्रेस में हर आदमी सत्ता के पीछे भाग रहा है। यह बहुत बड़े ख़तरे का संकेत है। हमें सत्ता–लिप्सुओं की भागदौड़ में शामिल नहीं होना चाहिए।'

*(साभार : गाँधी मार्ग पत्रिका, नवम्बर–दिसम्बर, 2017)*

यह संवाद लम्बा है, लेकिन इन दो सवालों से ही गाँधी की पीड़ा और छटपटाहट साफ़ दिखती है। पर, मन में कोई अन्तर्द्वन्द्व नहीं दिखता। यह पीड़ा सिर्फ़ इसी संवाद में नहीं दिखती, बल्कि आख़िरी दिनों में गाँधी की यह पीड़ा अलग–अलग तरीक़े से बार–बार दिखती थी।

आज़ादी नहीं मिली थी, महज़ अन्तरिम सरकार बनी थी, पर गाँधी सत्ता में बैठे लोगों का आचरण देखकर देश के भविष्य के प्रति चिन्तित हो गये।

कहा–'हिन्दुस्तान की आज की हालत देखकर मुझे उस मुर्गी की मिसाल याद आती है, जो सोने के अण्डे देती थी। मुर्गी वाले ने सारे अण्डे एक साथ निकालने के लिए उस मुर्गी को मार डाला। आज जो हमारे हाथ में हुकूमत आयी है, वह उसी क़िस्म की मुर्गी है। हम अब यह उम्मीद करें कि उस मुर्गी के सोने के सब अण्डे आज ही निकालकर खा जायें, तो निश्चय ही वह मुर्गी मरेगी ही, उसके साथ हम भी मरने वाले हैं।'

*(साभार : 'प्रार्थना प्रवचन'– महात्मा गाँधी, राजकमल प्रकाशन)*

गाँधी जिस मुल्क को एक नयी राह पर ले जाना चाहते थे, उसकी स्थिति देखकर, चुप नहीं रह सके। उन्होंने कहा, 'हमारा इतना अधिक अधःपतन हो रहा है। मुझे आज ही इस संस्था कांग्रेस के बुरे दिनों की आगाही हो रही है। सब तरह की पहुँच रखने वाले और केन्द्र में बैठे जैसों के लड़के भी किस तरह पैसा कमाया जाये, इसके लिए धमाचौकड़ी मचाते हैं। सिर्फ़ कांग्रेस संस्था और खादी की बदौलत मनमाने ढंग से चारों ओर से अन्धाधुन्ध कमाई करते रहें, तो ये सब कहाँ जाकर रुकेगा? मैं तो ये सब जानकर स्तब्ध हो गया हूँ।'

हालात देखकर एक दिन यह भी कहा–'मैं सबसे कहूँगा कि हम हिन्दुस्तान के बनें, हिन्दुस्तान हमारा न बने। हिन्दुस्तान एक–एक का बने, तो हिन्दुस्तान कहाँ जाये?'

गाँधी ऐसी बातें बार–बार कह रहे थे। अद्‌भुत जीवटता थी उनमें। उनकी बातों से लगता था कि वह निराशा के गर्त में जा रहे हैं, लेकिन वह किसी हताश–निराश व्यक्ति की तरह चुप नहीं बैठे। अपनी बात कहते रहे और 'गीता' के भाव के तहत अनासक्त कर्मयोगी की उनकी भूमिका बनी रही। उन दिनों गाँधी को देखकर शाही वंश के माउंटबेटन का दर्प भी पिघल गया। जब माउंटबेटन दिल्ली पधारे, गाँधी बिहार के गाँवों में हिंसा–पाशविकता से अकेले जूझ रहे थे। माउंटबेटन ने अपना व्यक्तिगत विमान उन्हें लाने के लिए बिहार भेजने की पेशकश की, लेकिन गाँधी सामान्य सन्दर्भ में महान नहीं थे।

महानता को उन्होंने एक नया आयाम दिया। वह दिल्ली आये, पर वायसराय के विमान से नहीं, रेल के तीसरे दर्जे में। जब गाँधी के अदने सेवक सत्ता की दुनिया में रम गये थे, उन दिनों गाँधी अकेले गर्मी–लू के थपेड़ों से झुलसते, देश के उन्मादग्रस्त जगहों में बर्बरता और आक्रोश से जूझ रहे थे।

माउंटबेटन से मिलने जब गाँधी पहुँचे, तब वह बहुत उदास–खिन्न थे। बातचीत में गाँधी ने कहा कि अपरिग्रह उनका ध्येय है। 'गीता', खाने के बर्तन, तीन मशहूर बन्दर और इंगरसोल घड़ी, यही उनकी कुल सम्पत्ति थी। पटना से दिल्ली आते हुए तीसरी श्रेणी में किसी ने गाँधी की घड़ी चुरा ली थी। माउंटबेटन को लगा कि गाँधी, घड़ी जाने से चिन्तित नहीं हैं, बल्कि अपनी आस्था, अपने जीवन के आदर्शों

की हत्या होते देख वह टूट रहे थे। जिस मुल्क में नयी रोशनी लाने के लिए वह आधी शताब्दी से भी अधिक सक्रिय रहे, वहाँ लोग अभी चोरी भी न छोड़ सके थे। माउंटबेटन को लगा कि घड़ी की बात कहते समय उनकी आँखों से पीड़ा बह निकलेगी, लेकिन गाँधी की आस्थाओं पर तो चौतरफ़ा प्रहार हो रहा था।

दिल्ली की भंगी कॉलोनी में मई, 1947 में गाँधी, कांग्रेस महारथियों की बँटवारे सम्बन्धी दलीलें सुन रहे थे। अपनी इसी झोंपड़ी में महज़ 15 दिनों पूर्व उन्होंने बँटवारे के ख़िलाफ़ अपने इन्हीं सहयोगियों को समझाया–बुझाया था। उन्होंने कहा कि बँटवारा शल्य चिकित्सा नहीं है। इससे इस उपमहाद्वीप में मानव संहार का ख़तरा है। मित्र–पड़ोसी आपस में एक–दूसरे के जानलेवा शत्रु बन जायेंगे। ख़ून की नदियाँ बहेंगी। आने वाली पीढ़ियाँ शताब्दियों तक बँटवारे के इस नासूर को झेलती रहेंगी। गाँधी की ये आशंकाएँ भविष्य में शब्दशः सच हुईं।

1 मई, 1947 की शाम ही आगत भविष्य की पीड़ा से गाँधी विचलित थे। उस रात वह सो नहीं सके। अपने एक मित्र से उन्होंने कहा भी, ये (नेता) मुझे महात्मा कहते हैं, लेकिन भंगी के साथ जो सुलूक होना चाहिए, वैसा सुलूक भी मुझसे नहीं करते। बहुत पीड़ित होकर उस शाम उन्होंने कांग्रेसी नेताओं के सामने आर्तनाद किया था, 'अंग्रेज़ों से कहो कि हमें अव्यवस्था, अराजकता और भगवान के भरोसे छोड़ कर चले जायें। हम खुद इस आग के दरिया से गुज़रने के बाद पाक हो जायेंगे।'

गाँधी की यह आवाज़ अकेले में प्रलाप कर रहे, असाध्य कष्ट से छटपटाते एक व्यक्ति की पीड़ा थी। गाँधी के सहयोगी नेता थके योद्धा थे। उन्हें सत्ता मोह खींच रहा था। भारत–विभाजन का मन बना लेने और ब्रिटेन में गद्दीनशीन हुक्मरानों से इज़ाजत ले लेने के बाद भी माउंटबेटन अपनी योजना की सफलता के बारे में आशंकित थे।

हालाँकि उस समय देश के कई चोटी के नेता और गाँधी के ख़ासमख़ास पहले ही माउंटबेटन योजना को स्वीकृति दे चुके थे। माउंटबेटन ने उन दिनों को याद करते हुए बाद में कहा भी कि मुझे अजीब लगता था। कांग्रेस के चोटी के नेता और गाँधी के क़रीबी,

सभी उनके ख़िलाफ़ और मेरे साथ थे। ये सब मिलकर गाँधी को मेरे माध्यम से चुनौती देने के लिए मुझे उकसा रहे थे।

जिस दिन माउंटबेटन, लंदन से भारत–विभाजन का मसविदा स्वीकार कराकर दिल्ली लौट रहे थे, उसी शाम गाँधी ने अपनी प्रार्थना सभा में कहा कि पूरे राष्ट्र को जलने दो, लेकिन हम देश नहीं बँटने देंगे। गाँधी ने अपने एक नौजवान सहयोगी से कहा कि आज सभी लोग मेरी तस्वीरों और मूर्तियों को माला पहनाने के लिए उतावले हैं, लेकिन मुझे कोई छूता नहीं। उनका इशारा देश के बड़े नेताओं की ओर था। उन्हीं दिनों एक रात गाँधी आत्मप्रलाप कर रहे थे, जिसे बग़ल में लेटी मनु ने सुना–'आज मैं अकेला हो गया हूँ। यहाँ तक कि नेहरू और पटेल भी यह मानते हैं कि मैं ग़लत हूँ और उन्हें यकीन है कि बँटवारे के बाद शान्ति क़ायम होगी। काश, मैं आज इतना बूढ़ा न होता... शायद वे सभी सही हैं, मैं अकेले, अँधेरे में छलाँग लगा रहा हूँ।' फिर कुछ देर अँधेरे में करवटें बदलने के बाद गाँधी बुदबुदाये, 'शायद ये सब देखने के लिए मैं जीवित न बचूँ, लेकिन क्या मुझे जिन विपत्तियों की आशंका है, उनसे भारत और उसकी स्वतन्त्रता को छिन्न–भिन्न होने दूँ? आने वाली पीढ़ियाँ कम–से–कम यह जान सकें कि ये सब कुछ सोचकर किस पीड़ा से मैं गुज़रा।'

अगले दिन शाम में घूमकर लौटने के बाद गाँधी अपने पैर धो रहे थे, तो उन्हें भारत–विभाजन के अन्तिम निर्णय की सूचना मिली। 3 जून, 1947 को भारत–पाक के भावी भाग्य निर्माताओं ने ऑल इंडिया रेडियो से विभाजन की ख़बर देशवासियों को दी। 4 जून की शाम माउंटबेटन को सूचना मिली कि गाँधी कांग्रेसी नेताओं से नाता तोड़ने और विभाजन को नकारने की घोषणा अपनी प्रार्थना सभा में करने वाले हैं। तत्काल माउंटबेटन ने गाँधी के पास सन्देशवाहक भेजा। गाँधी–माउंटबेटन की मुलाक़ात हुई।

माउंटबेटन ने गाँधी को देखते ही भाँप लिया कि गाँधी उस चिड़िया की तरह फड़फड़ा रहे हैं, जिसके पंख नोच लिए गये हों। वह

बार–बार पीड़ा से अपने हाथ ऊपर–नीचे उठाते रहे और कहते रहे कि यह अति भयानक है। माउंटबेटन को लगा कि गाँधी ऐसी स्थिति में कुछ भी कर सकते हैं और जब गाँधी विभाजन के ख़िलाफ़ हो जायेंगे, तो फिर क्या होगा? माउंटबेटन को सूझ नहीं रहा था कि गाँधी से बातचीत की शुरुआत कहाँ से की जाये। तब माउंटबेटन ने उन्हें उनके अभिन्न शिष्यों द्वारा योजना को स्वीकार करने की बात उठायी। गाँधी ने सब सुनकर चुप्पी साध ली। आधे घण्टे तक माउंटबेटन की दलीलें सुनने के बाद वह चुपचाप लौट आये। टीकाकारों ने लिखा है कि अपनी सम्पूर्ण योग्यता और राजनयिक क्षमता का प्रदर्शन माउंटबेटन ने उसी आधे घण्टे में किया था।

जून में ही मुल्क में सूखा पड़ा। गाँधी ने अपना खाना कम कर दिया। जीवित रहने के लिए जो मात्रा आवश्यक थी, गाँधी उतनी ही लेते। गाँधी ने कहा कि सभी मन्त्री खादी पहनें और साधारण घरों में रहें। नौकर न रखें, उनके पास वाहन न हों, वे जातिवाद के विरोधी हों, कम–से–कम एक घण्टा खेत में काम करें और अन्न और सब्ज़ी उगायें, ताकि खाद्य संकट को हल किया जा सके। मन्त्रियों के पास विदेशी फर्नीचर, टेबल, कुर्सियाँ न हों और न बॉडीगार्ड हो। गाँधी की कल्पना यहाँ तक थी कि आज़ाद भारत का कोई भी मन्त्री अपना पाखाना ख़ुद साफ़ करने में हिचकेगा नहीं, लेकिन इस उपमहाद्वीप में एक नयी आग सुलग रही थी।

जुलाई, 1947 में ही साम्प्रदायिक हिंसा फूट पड़ी। पश्चिमी पंजाब से आनेवाले शरणार्थियों का सैलाब भारत की ओर उमड़ चुका था। पहली खेप में आये 32 हज़ार शरणार्थियों के कैंप में गाँधी, पण्डित नेहरू के साथ गये। गाँधी जब उन लोगों के बीच पहुँचे, तो बिलखते, क्रोध से फुँफकारते, घृणा से भरे शरणार्थियों की सूनी निगाहें गाँधी की सूखी काया पर अटक गयीं।

अशक्त और घायल शरणार्थियों के घाव अभी सूखे नहीं थे। मरे या भूले स्वजनों की याद में बिलखते लोगों की भीड़ में भविष्य की एक झलक देखकर नेहरू भी सहम गये। गाँधी दिनभर शरणार्थियों की सेवा करते रहे। शौच–सफ़ाई और छोटी–छोटी समस्याओं के बारे में उन्हें बताते रहे।

शाम को दिल्ली के लिए 77 वर्षीय गाँधी, नेहरू के साथ रवाना हुए। कार की पिछली सीट पर बैठे गाँधी सो गये।

नेहरू, कभी गाँधी के सौम्य चेहरे को निहारते, कभी अपना सिर थाम लेते। आसमान में टकटकी लगाये वह कहीं खो गये। गोधूलि में गाँधी की नींद खुली। उन्होंने गाड़ी रुकवायी, उतरे और प्रार्थना के लिए सड़क किनारे बैठ गये। 'गीता' के कुछ अंश पढ़े और भगवान से दुआ माँगी कि उनके सपनों के भारत में आगे ऐसा कुछ भी न हो, जो वह देखकर लौट रहे थे। इस सुनसान जगह पर गहराते अँधेरे में गाँधी का प्रलाप सुन रहे थे, पण्डित नेहरू। टूटे और निराश गाँधी की लड़खड़ाती आवाज़ में प्रार्थना सुनकर पण्डित नेहरू ने अपनी डबडबायी आँखें मूँद लीं।

उन्हीं दिनों राज्य सत्ता जब उन्मत्त हिंसा से हार गयी, तो गाँधी के सामने उसे नत होना पड़ा। कोलकाता (तब कलकत्ता) में जो हिंसा का ताण्डव शुरू हुआ, उसे माउंटबेटन और देश की सरकार नहीं रोक सकी। अन्ततः माउंटबेटन ने गुहार लगायी, 'गाँधी, आप कोलकाता जाइए, हमारी पूरी ताक़त लग चुकी है, लेकिन हम असफल रहे, अब आप ही बचा सकते हैं।'

माउंटबेटन के अनुरोध के बावजूद गाँधी, कोलकाता जाना नहीं चाहते थे। उन्होंने तय कर लिया था कि 15 अगस्त के दिन वह नोआखाली के भयभीत व सहमे लोगों के बीच रहेंगे। प्रार्थना करेंगे और चरखा कातेंगे, लेकिन परायी पीर की आग में झुलसने वाले गाँधी कोलकाता से अलग कैसे रह सकते थे? भारत को स्वाधीनता मिलने के 36 घण्टे पूर्व महात्मा गाँधी कोलकाता पहुँचे। यह उनके जीवन का सबसे कठिन और दुखद संघर्ष था। वह कोलकाता अंग्रेज़ों से लड़ने नहीं, अपने ही देश में फैलती घृणा और आपसी वैमनस्यता से जूझने पहुँचे थे। बेलियाघाटा के गन्दे इलाक़े में स्थित 'हैदरी हाउस' में वह ठहरे। उस टूटे–फूटे घर में कोई इन्तज़ाम नहीं था।

गन्दगी, कीचड़ और बदबूदार इलाक़े में स्थित 'हैदरी हाउस' के आसपास इतनी मात्रा में ब्लीचिंग पाउडर छिड़का गया कि साँस लेने में दिक्क़त हो रही थी। 'हैदरी हाउस' में जब गाँधी आये, तो उनके

इन्तज़ार में वह भीड़ थी, जिसका मन उन्हें बदलना था। मुस्लिम लीग के आह्वान पर सीधी कार्रवाई के दिन जिन लोगों ने अपने आत्मीय लोगों को घुट–घुट कर मरते देखा था, महिलाओं–बच्चों के साथ हुई बर्बरता के जो साक्षी थे, वे गाँधी के इन्तज़ार में 'हैदरी हाउस' के बाहर खड़े थे। जैसे ही गाँधी वहाँ पहुँचे, उन पर पत्थर और बोतलों की बौछार हुई। पत्थरों की बौछार के बीच गाँधी अकेले इस बेचैन, व्यथित और आत्मनियन्त्रण खो चुकी भीड़ के बीच पहुँच गये। जो लोग पत्थर और शीशे फेंक रहे थे, वे जड़ और स्तब्ध होकर गाँधी को निहारने लगे। गाँधी ने कहा, 'मैं अपने जीवन के अन्तिम पड़ाव पर हूँ। मुझे अब बहुत दूर नहीं जाना है। अगर आप फिर अपने होशोहवास खो बैठते हैं, तो यह देखने के लिए मैं ज़िन्दा नहीं रहूँगा।'

गाँधी ने इन लोगों के प्रतिनिधियों को बातचीत करने के लिए बुलाया, फिर अपने साथियों के साथ टूटते 'हैदरी हाउस' में चले गये। तब तक सुहरावर्दी आ पहुँचे, उन्हें देखकर बिखरती भीड़ पागल हो गयी। 'हैदरी हाउस' के चारों ओर पत्थरों की बौछारें होने लगीं। पूरे घर के शीशे चकनाचूर हो गये। गाँधी शान्त बैठकर ख़तों के जवाब लिखते रहे। सुहरावर्दी को लेकर गुस्सा इसलिए था कि सालभर पहले ढेरों हिन्दुओं का घर उजाड़ते हुए मौत की नींद सुलाये जाने की तोहमत उन पर थी।

सुहरावर्दी की पहचान हिन्दुओं से नफ़रतकर्ता के रूप में ही थी, लेकिन वही सुहरावर्दी उस दिन गाँधी के पास अपने तमाम अपराध कुबूल करने आये थे। अमन का पैगाम लेकर। गाँधी अपने काम में लगे रहे। भारत की आज़ादी के चन्द घण्टों पहले ही उस निहत्थे बूढ़े पर जानलेवा हमला हुआ था, जिसने हिन्दुस्तान के इतिहास को एक नया मोड़ दिया।

कोलकाता श्मशान हो चुका था, लोग ख़ुद अपने साये से भयभीत थे। अपनी साँस की आवाज़ सुनकर लोगों की धड़कनें तेज़ हो जाती थीं। कोलकाता में चंगेज़ ख़ाँ, नादिरशाह मुहल्ले–मुहल्ले पैदा हो गये थे। वहाँ जो भयानक दंगे हुए, उनमें छह हज़ार लोग मारे गये। इसकी प्रतिक्रिया नोआखाली और बिहार में हुई। गाँधी ने कहा, 'मेरे सपनों का

बिहार मर गया।' 14 अगस्त की शाम कोलकाता में उनकी प्रार्थना सभा में दस हज़ार लोगों की भीड़ आयी। उस दिन गाँधी पूरे दिन हिन्दुओं को अहिंसा का पाठ पढ़ाते रहे। उस शाम उन्होंने कहा–'आज आधी रात से भारत आज़ाद हो जायेगा। अंग्रेज़ों से हमें मुक्ति मिल गयी, लेकिन देश की एकता ख़त्म हो गयी। इसलिए ख़ुशी के साथ–साथ यह दुख का अवसर भी है। इस अवसर पर जो दुखी लोग हैं, मैं उनमें से एक हूँ।' उन्होंने अपने अनुयायियों को सलाह दी कि 15 अगस्त के दिन भारत की मुक्ति के लिए उपवास करें, चरखा कातें।

भारत के इतिहास में वह चिरप्रतीक्षित घड़ी भी आयी, जिसका सदियों से इन्तज़ार था। आधी रात को जब दुनिया सो रही थी, भारत जग रहा था। हज़ारों साल के बाद एक नये भारत का उदय हो रहा था। इतिहास में ऐसे क्षण बमुश्किल ही आते हैं। पूरी रात जश्न। नेताओं के उत्साह–उमंग की कोई सीमा नहीं थी। देश के सुदूर गाँवों में भी लोग थिरक रहे थे, लेकिन जो सेनापति इस देश को उस मुक़ाम तक पूरी तन्मयता–लगन और अनोखे रास्ते से ले गया था, वह 151, बेलियाघाटा रोड पर उस ऐतिहासिक रात सो रहा था या जग रहा था, नहीं पता? पर, वहाँ न पटाखे थे, न दिवाली थी, न थिरकती–उल्लास से भरी भीड़ थी। 'हैदरी हाउस' के उस सुनसान घर में, उस गेट पर टिमटिमाती रोशनी में कुछ हिन्दू–मुसलमान स्वयंसेवक साथ मिल कर पहरा ज़रूर दे रहे थे। गाँधी के सहयोगी नीचे के एक कमरे में सो रहे थे। गाँधी के पास 'गीता', नक़ली दाँत और चश्मा, यही कुल सम्पत्ति थी। इतिहास में ऐसी मिसाल कठिन है। जिस क्षण के लिए गाँधी ने अपना सब कुछ दाँव पर लगा दिया। वह क्षण आया और गाँधी मूकदर्शक बन गये। अकेले हो गये। उनकी उस क्षण की पीड़ा और दर्द के बारे में शायद बहुत ही कम लिखा गया है। हाँ, जो गाँधी के कन्धों पर उछल कर शिखर पर पहुँच गये, वे भी इस ऐतिहासिक अवसर पर गाँधी को भूल गये।

गाँधी ने 15 अगस्त, 1947 को बयान दिया–'मैं इतना ज़रूर मानता हूँ कि 15 अगस्त किसी तरह उत्सव मनाने का दिन नहीं है, यह दिन प्रार्थना और अन्तर्विचार का है। या तो 15 अगस्त को सब

भाई–भाई मिलकर ख़ुशी मनायें या बिल्कुल नहीं। आज़ादी की ख़ुशी मनाने का दिन तब ही हो सकता है, जब हम (हिन्दू–मुसलमान, हिन्दुस्तान–पाकिस्तान) सच्चे दिल से दोस्त बनें, लेकिन यह तो मेरा विचार है और इस विचार में मुझे कोई साथ देने वाला नहीं है।'

कोलकाता में गाँधी के आने के बाद एक भी वारदात नहीं हुई, उनकी सभाओं में लाखों लोग जुटते। जो हिन्दू–मुसलमान चन्द दिनों पूर्व तक एक–दूसरे के ख़ून के प्यासे थे, वे गलबहियाँ डाले, गाँधी के मक़सद को साकार करने में लग गये। अन्ततः सरकार में शामिल नेताओं ने नहीं, लार्ड माउंटबेटन ने गाँधी को लिखा, 'जिस पंजाब में हमारी 55 हज़ार फ़ौज तैनात है, वहाँ रोज़ सैकड़ों हत्याएँ, अमानुषिक काम हो रहे हैं, लेकिन बंगाल में सिर्फ़ आप हैं और कुछ नहीं हो रहा। अन्तिम वायसराय के रूप में आपकी उपलब्धियों के सामने मैं नतमस्तक हूँ।'

पर देश में अन्य जगह तो नफ़रत, द्वेष और उन्माद की आँधी चल रही थी। हिंसा की वह लहर पुनः कोलकाता भी पहुँची। यहाँ भी छिटपुट वारदातें हुईं। गाँधी जहाँ ठहरे थे, वहाँ झड़पें हुईं। उन पर हमला भी हुआ। गाँधी ने तब अपना अन्तिम अस्त्र छोड़ा। वह आमरण अनशन पर बैठे। अपने सहयोगियों को उन्होंने बताया, या तो कोलकाता में सच्ची शान्ति होगी या मैं मरूँगा।

उसी समय से लोग गाँधी के जीवन के लिए बेचैन हो उठे। उपवास के तीसरे दिन कोलकाता के 23 खूँखार उन्मादियों ने गाँधी के सामने आत्मसमर्पण किया। साथ में अपने हथियारों का जखीरा भी लाये। उनकी आवाज़ भर्रा रही थी। उन्होंने अपनी ग़लती क़बूल की और गाँधी से उपवास तोड़ने का आग्रह किया। इसके बाद तो उग्र दंगाइयों का ताँता लग गया। सबने अपना अपराध क़बूल किया और गाँधी से कहा, आप जो भी दण्ड देंगे, हमें स्वीकार्य है, पर आप उपवास तोड़ें। हैदरी हाउस में अपराधियों ने जो अस्त्र–शस्त्र छोड़े थे, उन्हें ट्रकों से हटाया गया। राजगोपालाचारी की लिखित सूचना प्रसारित हुई कि कोलकाता में अब एक भी घटना नहीं हो रही है। गाँधी ने अपना उपवास तोड़ा।

राजगोपालाचारी तब कोलकाता के गवर्नर थे। उन्होंने लिखा कि गाँधी की अनगिनत उपलब्धियाँ हैं, लेकिन कोलकाता में अमानवीय हरकतों पर उनकी विजय बेमिसाल है। स्वतन्त्रता की उपलब्धि से भी बढ़कर, लेकिन दिल्ली में हैवानियत, पाशविकता और क्रूरता का बोलबाला था। 4 सितम्बर, 1947 को वी.पी. मेनन ने माउंटबेटन को शिमला से दिल्ली लौटने के लिए फ़ोन किया। मेनन ने कहा कि आप 24 घण्टे के अन्दर दिल्ली नहीं आयेंगे, तो फिर आने का कोई तुक नहीं, क्योंकि मुल्क हमेशा–हमेशा के लिए मिट जायेगा। प्रधानमन्त्री और उप–प्रधानमन्त्री बेहद चिन्तित हैं, स्थिति क़ाबू से बाहर है।

माउंटबेटन लौट आये। नेहरू–पटेल ने उन्हें फिर से देश सँभालने की गुज़ारिश की। माउंटबेटन स्तब्ध थे। उन्होंने कहा भी कि आप लोग क्या करने जा रहे हैं, अपनी आज़ादी को फिर हमें सौंप रहे हैं, लेकिन नेहरू–पटेल ने देश बचाने के नाम पर विनती की, इमरजेंसी कमेटी बनी। माउंटबेटन ने अपनी इच्छा से उसमें लोगों को रखा। शर्त रखी कि मेरा निर्णय अन्तिम होगा। दोनों नेताओं ने सभी शर्तें मान लीं और देश के शासक एक बार फिर माउंटबेटन हो गये। यह राज और रहस्य बहुत कम लोगों को पता है।

लेकिन दिल्ली और देश की जनता माउंटबेटन की प्रतीक्षा में नहीं थी। उसे तो गाँधी का इन्तज़ार था। गाँधी दिल्ली आये। वह रोज़ाना हिन्दुओं–मुसलमानों–सिखों की बस्तियों व शरणार्थी कैंपों में जाते। हर समुदाय का उग्र तबका उन पर अपने गुस्से का इज़हार करता, पर गाँधी अलग मिट्टी के बने थे। फिर भी शरणार्थियों के बीच जाते। काम करते। ठहरते–समझाते और उन्हें एक कर लौटते। एक शाम वह अकेले अचानक पानीपत पहुँच गये। वहाँ पाकिस्तान से भारी तादाद में आये शरणार्थी, स्थानीय मुसलमानों पर हमला करने के लिए समूह में आगे बढ़ रहे थे। विक्षिप्त उन्मत्त भीड़ से निहत्थे और अकेले गाँधी का साबका हो गया।

गाँधी को देखकर भीड़ स्तब्ध! वह निहत्थे, उस भीड़ के सामने थे। गाँधी ने ही मौन तोड़ा। हथियारों को फेंकने और मुसलमानों से गले मिलने के लिए कहा। भीड़ से आवाज़ें आयीं, क्या आपके लड़के

की हत्या हुई है? आपकी पत्नी–बच्ची से किसी ने बलात्कार किया है? उस उग्र और हिंसक भीड़ के सामने निहत्थे गाँधी ने कहा– 'हाँ, हिन्दू–मुसलमान–सिख–ईसाई सभी को मैं समान मानता हूँ। इनमें से किसी एक समुदाय के एक व्यक्ति की माँ–बहन–भाई के साथ जो अत्याचार होता है, मैं समझता हूँ कि वह मेरी माँ–बहन–भाई के साथ हो रहा है।' गाँधी के आने की ख़बर पानीपत में आग की तरह फैली। अपने घरों में दुबके, डरे मुसलमान बच्चे–औरतें–बूढ़े और नौजवान निकल आये। जहाँ चन्द क्षणों में ख़ून की नदी बहने वाली थी, वहाँ गाँधी ने सन्ध्या सभा की।

हिन्दू–सिख–मुसलमान गले मिले, लेकिन देश में जो कुछ हो रहा था, उससे मुसलमान आतंकित थे। दो माह बाद पानीपत के हज़ारों मुसलमान पाकिस्तान चले गये, तो गाँधी ने लिखा, 'मुसलमान पानीपत की चौथी लड़ाई हार गये हैं और मैं भी।'

वर्षों ख़ुद को तपाकर गाँधी अपने अन्दर यह साहस विकसित कर सके थे कि वह उन्मादियों या हिंसक भीड़ के बीच बेधड़क अकेले जाते। आँख से आँख मिलाकर बात करते। एक इनसान के तौर पर उन्हें डर भी लगता होगा, तो कभी उन्होंने इसे ज़ाहिर नहीं होने दिया। याद कीजिए गाँधी पर बनी रिचर्ड एटनबरो की कालजयी फ़िल्म 'गाँधी'। उस फ़िल्म में एक दृश्य है। दक्षिण अफ्रीका में एक दिन गाँधी एक श्वेत पत्रकार के साथ रास्ते में चलते हुए बात करते हैं। गाँधी जब पत्रकार के साथ निकलते हैं, तो पहले से ही कुछ श्वेत युवा गाँधी को रोकने के लिए एक जगह इकट्ठे हो जाते हैं।

गाँधी जिस श्वेत पत्रकार के साथ बातचीत करते हुए जा रहे होते हैं, वह पत्रकार अपनी ही कम्युनिटी के उन युवाओं को इकट्ठा देखकर डर जाता है। पत्रकार गाँधी को रास्ता बदलने के लिए कहता है। गाँधी बातचीत जारी रखते हैं। पत्रकार के आग्रह को ठुकरा देते हैं। वह जिस रास्ते पर, जितनी तन्मयता से जा रहे होते हैं, उसी तन्मयता से आगे बढ़ते हैं। गाँधी उन युवाओं के पास पहुँचते हैं। उनकी आँखों में आँख मिलाते हुए तनकर खड़े हो जाते हैं। यह फ़िल्म का दृश्य नहीं, गाँधी के जीवन का एक जीवन्त पन्ना है। अहिंसा, शौर्य, आत्मबल और

नैतिक ऊर्जा से मनुष्य की गरिमा को नयी ऊँचाई देने वाले गाँधी किसी से आँख मिलाते थे, तो उनमें क्रूरता या हिंसा का भाव नहीं होता था। एक निश्चयात्मक आग्रह या नैतिक ताक़त या आभा होती थी। शायद ईश्वरीय सत्त्व या अन्तरात्मा की अन्दरूनी ऊर्जा। वही उनकी ताक़त थी, वही साहस भी।

कुछ ऐसा ही एक प्रसंग नेल्सन मंडेला की आपबीती 'लॉन्ग वॉक टू फ्रीडम' में है। 'टाइम' पत्रिका के सम्पादक रहे रिचर्ड स्टेंगल, मंडेला से जुड़े एक प्रसंग का उल्लेख करते हैं। एक बार मंडेला के साथ वे नेटाल जा रहे थे। छह सीटों वाले हवाई जहाज़ में यह यात्रा हो रही थी। जहाज़ में बैठते ही मंडेला अख़बार पढ़ने लगे। अख़बार पढ़ना उनका प्रिय शगल था। जहाज़ उड़ रहा था, तभी जहाज़ के पंखे में लगे प्रोपेलर ने काम करना बन्द कर दिया। मंडेला ने स्टेंगल से कहा कि यह बात पायलट को जाकर बता दें। मंडेला ने बहुत ही आराम से, संयत भाव में यह बात कही। स्टेंगल की हालत ख़राब थी। डर से बेहाल थे। घबराये हुए स्टेंगल तुरन्त पायलट को बताने गये। उधर से लौटे, तो पाया कि मंडेला उसी तरह अख़बारों में खोये हैं।

स्टेंगल ने बताया कि पायलट ने कहा है कि आपात्काल लैंडिंग के लिए पास वाले एयरपोर्ट से सम्पर्क किया जा रहा है। मंडेला ने स्टेंगल की बात सुनी। फिर अख़बार में रम गये। जहाज़ एयरपोर्ट पर उतरा। स्टेंगल ने मंडेला से पूछा कि आपको डर नहीं लगा? मंडेला ने कहा, 'अन्दर–ही–अन्दर काँप रहा था, लेकिन मैं ज़ाहिर कर देता तो तुम, पायलट और दूसरे सभी लोग घबरा जाते।'

स्टेंगल अपने संस्मरण में लिखते हैं कि उस दिन मुझे समझ में आया कि साहस क्या चीज़ होती है। स्टेंगल ने आगे लिखा है–'सम्भव है कि मंडेला में यह गुण जन्मजात हो और बहुत हद तक सम्भव है कि उन्होंने अपने गुरु महात्मा गाँधी से यह सीखा हो।' स्टेंगल ने जिस प्रसंग को लिखा है या कि रिचर्ड अपनी फ़िल्म में जिस दृश्य को दिखाते हैं और दोनों जिस तरह से उसे गाँधी के साहस से कनेक्ट करते हैं, वैसे जीवन्त प्रसंग गाँधी के जीवन में कई बार मिलते हैं।

नोआखाली में, हरियाणा में, पंजाब में, बिहार में, बंगाल में और भी कई जगह, कई मौक़ों पर।

स्टेंगल ने मंडेला पर गाँधी का प्रभाव दिखाया है। यह बात दुनिया भी जानती है कि मंडेला गाँधी को अपना गुरु मानते थे। उनके जीवन पर गाँधी का गहरा प्रभाव था, लेकिन गाँधी पर किनका प्रभाव था?

यूँ तो गाँधी ने अनेक जगहों से प्रेरणा ली, लेकिन उनके जीवन पर तीन लोगों का गहरा प्रभाव रहा। वे गाँधी के शिक्षक सरीखे थे– जॉन रस्किन, हेनरी थोरो और लियो टॉलस्टॉय। लियो टॉलस्टॉय से गाँधी बड़े प्रभावित थे। टॉलस्टॉय को गाँधी का आध्यात्मिक गुरु कहा जाता है।

गाँधी का जब उदय हो रहा था, तब टॉलस्टॉय अपने जीवन की सान्ध्य वेला में थे, लेकिन कई प्रसंग ऐसे हैं, जिनसे पता चलता है कि अपने विचारों से, कर्मों से गाँधी को गहराई से प्रभावित करने वाले टॉलस्टॉय आख़िरी समय आते–आते ख़ुद गाँधी के प्रभाव में आ गये थे। टॉलस्टॉय का जीवन अजीब था। अपनी उम्र के छठे दशक में टॉलस्टॉय ने अपना जीवन पूरी तरह बदल लिया था। वह सादा जीवन बिताने लगे। नंगे पाँव रहते। खेती करते। किसानों की तरह कपड़े पहनते। नशा छोड़ चुके थे। शिकार करना भी बन्द कर दिया था। मांसाहार से तौबा कर चुके थे। बाहरी ताना–बाना, तो बदला ही था, मन भी विरक्त था।

1891 आते–आते पूरी तरह से गाँव वालों की तरह एकाकार जीवन जीने लगे थे। दुनिया के हर धर्म में रुचि लेने लगे थे। उनसे संवाद कर जीवन का अर्थ तलाशने लगे थे। महान रचना 'वार एंड पीस' से दुनिया को शान्ति का महत्त्व समझाने की कोशिश की, लेकिन आख़िरी दिनों में वह अकेले पड़ गये। गाँधी का जीवन भी कुछ ऐसा ही रहा।

अन्तिम दिनों के गाँधी का जीवन इसका प्रमाण है। गाँधी का सर्वधर्म समभाव, सम्पत्ति के प्रति गाँधी का अनासक्त भाव। कहा जाता है कि गाँधी ने जिस 'सत्याग्रह' या अहिंसा को अपने जीवन और आन्दोलन में प्रमुख औज़ार या हथियार बनाया, वह टॉलस्टॉय के विचारों से ही प्रेरित था। टॉलस्टॉय हमेशा कहते–'एक इनसान,

दूसरे इनसान के लिए सबसे बड़ा उपहार है। किसी से झगड़ा नहीं करो। हिंसा का सहारा कभी नहीं लो। दूसरे को पीड़ा देने से अच्छा है कि ख़ुद पीड़ा सहो। बिना दूसरे का नुक़सान किये, बिना हिंसा का सहारा लिये, सामने वाले का सामना करो।' गाँधी और टॉलस्टॉय एक–दूसरे के सम्पर्क में भी आये, तो इसी तरह की विचारधारा की बुनियाद थी।

टॉलस्टॉय ने एक किताब लिखी थी–'द किंगडम ऑफ़ गॉड इज़ विदिन यू।' गाँधी ने इसी किताब को पढ़ने के बाद टॉलस्टॉय को पहला ख़त लिखा। उसके बाद दोनों के बीच पत्रों का दौर चला। गाँधी के जीवन पर टॉलस्टॉय की इस किताब का बड़ा असर था। गाँधी भी जीवनभर यही कहते थे कि सब एक समान हैं। सभी धर्म समान हैं। इनसान के अन्दर ही भगवान हैं। गाँधी, टॉलस्टॉय से प्रभावित होकर उस रास्ते पर चलने की कोशिश करते रहे, लेकिन यह एकतरफ़ा नहीं था।

टॉलस्टॉय ने भी गाँधी का 'हिन्द स्वराज' पढ़ा। अक्सर भेजी जाने वाली चिट्ठियों को पढ़ा। दक्षिण अफ्रीका में गाँधी के आन्दोलन को जानने लगे, तो अपनी डायरी में गाँधी का नाम बार–बार लिखते। जो टॉलस्टॉय से मिलने आते, उनसे भी वह गाँधी की चर्चा करते। टॉलस्टॉय की मौत 1910 में हुई।

उसी साल जीवन के अन्तिम दौर में, सितम्बर, 1910 में टॉलस्टॉय ने गाँधी को एक लम्बी चिट्ठी लिखी। अपने एकाकीपन के दौर में। चिट्ठी का सार है–'मैं अब मौत को क़रीब से देख रहा हूँ। मैं कुछ ज़रूरी बातें कहना चाहता हूँ। निष्क्रिय विरोध आज सबसे ज़रूरी कर्म है। यह एक तरीक़े से प्रेम का पाठ है। प्रेम ही इनसान के जीवन का सर्वोच्च नियम है। इसी प्रेम को तो दुनिया के सभी धर्मों के ज्ञानियों ने समझाया है। इस प्रेम में बल को कभी नहीं मिलाना चाहिए, नहीं तो वह हिंसा का रूप धारण कर लेता है...।' यह चिट्ठी लम्बी है। यह एक अंश है। मरने से पहले टॉलस्टॉय गाँधी को यह लम्बी चिट्ठी लिखते हैं। इससे लगता है, अपने जीवन की इच्छा–आकांक्षा को वह गाँधी में साकार होते देखना चाहते हैं। गाँधी भी टॉलस्टॉय के जाने

के बाद, उनके बताये मार्ग को निजी और सार्वजनिक जीवन का सूत्र ही बना लेते हैं। उनका सत्याग्रह भी एक तरीक़े से टॉलस्टॉय के कहे, इस वाक्य का विस्तार ही था कि 'निष्क्रिय विरोध आज सबसे ज़रूरी कर्म है, जिसमें किसी क़िस्म की हिंसा की मिलावट न हो।' संयोग देखिए कि टॉलस्टॉय की तरह गाँधी भी अपने आख़िरी दिनों में उसी तरह से अकेले पड़े, जैसे टॉलस्टॉय अकेले पड़ गये थे।

गाँधी अपने जीवन के आख़िरी दिनों में कैसे थे? इसे उनके साथ रहने वालों ने लिखा है। प्यारेलाल ने लिखा है कि दिसम्बर, 1947 में गाँधी दुनिया के सबसे दुखी व्यक्ति थे। भारत के तत्कालीन भाग्यविधाता गाँधी की उपेक्षा कर रहे थे। वह इससे वाक़िफ़ थे। उन्होंने मुम्बई के अपने एक पुराने दोस्त जहाँगीर पटेल को बुलाया और एक गोपनीय काम सौंपा।

कहा, आप कराची जाकर वहाँ मेरे जाने का कार्यक्रम तय करिए। पटेल ने कहा कि इस माहौल में कराची में लोग आपको मार डालेंगे। गाँधी ने कहा, अच्छे उद्देश्यों के लिए आत्मोत्सर्ग से बेहतर उपलब्धि दूसरी नहीं है, लेकिन पाकिस्तान जाने से पहले गाँधी अपना घर ठीक करना चाहते थे। उन्होंने अन्तिम उपवास किया। पाकिस्तान को पैसे देने, लोगों के मन में 'एका' के लिए गाँधी ने अपना अन्तिम उपवास 13 जनवरी को आरम्भ किया। सत्ता सँभाल रहे नेताओं में खेमेबन्दी, देश में साम्प्रदायिक झगड़े, भ्रष्टाचार और सत्ता हथियाने के ओछे हथकण्डों से गाँधी सिहर गये थे। उन्होंने इन सबके ख़िलाफ़ अपना सबसे कारगर अस्त्र इस्तेमाल किया।

गाँधी के इस निर्णय से डॉक्टर परेशान थे, लेकिन गाँधी अडिग। डॉक्टरों के अनुसार उनका जीवन ख़तरे में था। बाद में दिल्ली में कोलकाता की तरह हर समुदाय के लोग पश्चात्ताप की आग में जलते प्रायश्चित्त के लिए गाँधी के सामने आने लगे। पूरा देश गाँधी के लिए चिन्तित हो गया। दंगाइयों ने फिर गाँधी के सामने आत्मसमर्पण किया। गाँधी की प्रार्थना सभाओं में 'कुरान' का पाठ नियमित होता। 26 जनवरी, 1948 को गाँधी ने स्वीकार किया कि आज मैं, शायद सबसे अधिक निराश व्यक्ति हूँ।

फिर भी उस दिन वह कांग्रेस के लिए नये संविधान बनाने, देश में ग़रीबी दूर करने, गाँवों के उत्थान के सम्बन्ध में विचार करते रहे। उस दिन पाकिस्तान से आये उनके एक अतिथि ने कहा कि वह, तो उस दिन की प्रतीक्षा में हैं, जब गाँधी शरणार्थी हिन्दुओं–सिखों का 50 मील लम्बा जुलूस लेकर आयेंगे। पाकिस्तान से उनके मित्र जहाँगीर पटेल लौट आये थे। जिन्ना, गाँधी को पाकिस्तान में बुलाने के लिए सहमत हो गये थे, लेकिन इस ख़्वाहिश का हश्र क्या हुआ? पहले गाँधी पर बम से आक्रमण, बाद में उन्हें गोली मार दी गयी।

गोली से गाँधी की मृत्यु हो गयी, लेकिन मारे जाने से पहले, दुनिया से विदा होने से पहले नैराश्य के गहरे भाव के साथ, जो बातें वह बार–बार कहते थे, वे गाँधी के साथ ख़त्म नहीं हुईं। मारे जाने के 33 दिनों पहले उन्होंने पूछा–'जब मैं अपनी आवाज़ उठाता हूँ, तो सुनता कौन है?'

गाँधी जानते थे कि उनकी बात पहले की तरह नहीं सुनी जा रही, वह जानते थे कि उनकी बात को 'अरण्यरोदन' माना जा रहा है, फिर भी उन्होंने अपनी बात को कहना बन्द नहीं किया। वे कहते थे–'आज तो मेरी दीन हालत हो गयी है। एक ज़माना था, जब मैंने कहा ऐसा होना चाहिए, तो हो जाता था। आज ऐसी बात नहीं रही। वह ज़माना चला गया।' उस गुज़रे ज़माने पर भी उन्होंने टिप्पणी की। कहा, 'एक दिन था, जब गाँधी को सब मानते थे, क्योंकि गाँधी ने अंग्रेज़ों के साथ लड़ने का रास्ता बताया था। वे अंग्रेज़ भी कितने, केवल पौन लाख, पर उनके पास इतना सामान था, इतनी ताक़त थी कि बकौल एनी बेसेंट, रोड़े का जवाब गोली से दिया जाता था। तब अहिंसा से काम बनता दीखता था, इसलिए उस समय गाँधी की पूछ थी। पर, आज लोग कहते हैं कि गाँधी हमें रास्ता नहीं बता सकता है, इस वास्ते स्वरक्षा के लिए हमें शस्त्र हाथ में लेने चाहिए। उस समय हमको किसी ने एटम बम बनाना नहीं बताया था। अगर हम वह विद्या जानते होते, तो उसी से अंग्रेज़ को ख़त्म करने की

सोचते, पर दूसरा कोई चारा नहीं था, तब मेरी बात मानी गयी और मेरा सिक्का जमा।'

*(साभार : 'प्रार्थना प्रवचन'–महात्मा गाँधी, राजकमल प्रकाशन)*

गाँधी किस मनःस्थिति में थे, यह 2 अक्टूबर, 1947 के प्रार्थना–प्रवचन में और साफ़ दिखता है। आज़ाद भारत के पहले और अपने जीवन के अन्तिम जन्मदिन पर गाँधी ने कहा–'आज तो मेरी जन्मतिथि है, लेकिन मेरे लिए तो! आज मातम मनाने का दिन है। मैं आज तक ज़िन्दा पड़ा हूँ। इस पर मुझको ख़ुद आश्चर्य होता है, शर्म लगती है, मैं वही शख़्स हूँ कि जिसकी ज़बान से एक चीज़ निकलती थी कि ऐसा करो, तो करोड़ों उसको मानते थे, पर आज तो मेरी कोई सुनता ही नहीं है। मैं कहूँ कि तुम ऐसा करो, 'नहीं, ऐसा नहीं करेंगे'–ऐसा कहते हैं। ऐसी हालत में हिन्दुस्तान में मेरे लिए जगह कहाँ है और मैं उसमें ज़िन्दा रहकर क्या करूँगा? आज मेरे से 125 वर्ष की बात छूट गयी है। 100 वर्ष की भी छूट गयी है और 10 वर्ष की भी। आज मैं 79वें वर्ष में तो पहुँच जाता हूँ, लेकिन यह भी मुझको चुभता है।'

*(साभार : 'प्रार्थना प्रवचन'–महात्मा गाँधी, राजकमल प्रकाशन)*

वे मरने की इच्छा भी ज़ाहिर करने लगे। उनकी इच्छा साफ़ शब्दों में झलकी। 'मैंने अपना आख़िरी फ़ैसला कर लिया है कि मैं भाई–भाई की लड़ाई में हिन्दुस्तान की बर्बादी देखने के लिए ज़िन्दा नहीं रहना चाहता। मैं लगातार भगवान से प्रार्थना किया करता हूँ कि हमारी इस पवित्र और सुन्दर धरती पर इस तरह का कोई संकट आये, उसके पहले ही वह मुझे यहाँ से उठा ले। आप सब प्रार्थना में मेरा साथ दें।'

*(साभार : 'प्रार्थना प्रवचन'– महात्मा गाँधी, राजकमल प्रकाशन)*

गाँधी ने फिर कहा–'मैं तो कहता–कहता चला जाऊँगा, लेकिन किसी दिन मैं याद आऊँगा कि एक मिस्कीन (दीन/असहाय) आदमी जो कहता था, वही ठीक था।' या बार–बार वही बात कहते रहने की अपनी विवशता में यह 'मैं, तो आजकल का ही मेहमान हूँ। कुछ

दिनों में यहाँ से चला जाऊँगा। पीछे आप याद किया करोगे कि बूढ़ा जो कहता था, वह सही बात है।'

*(साभार : 'प्रार्थना प्रवचन'–महात्मा गाँधी, राजकमल प्रकाशन)*

गाँधी सिर्फ़ बातों के जरिये ऐसा कह भर नहीं रहे थे। वे ऐसा कर भी रहे थे। आपसी तनाव रोकने और भाईचारे का रिश्ता बनाने के लिए उन्होंने आख़िरी समय तक जो कोशिशें कीं, वे सब दर्ज हैं। देश में जहाँ–जहाँ नरसंहार होता, आगजनी होती, वहाँ सबसे पहले पहुँचने वाले गाँधी होते।

अनेकानेक प्रसंग हैं। नोआखाली का प्रसंग, तो सबसे चर्चित है। 7 नवम्बर, 1946 से 2 मार्च, 1947 के बीच गाँधी नोआखाली के जिस गाँव में जाते, वहाँ के लोग जो कुछ देते, वही खा लेते। भारत और पाकिस्तान के राजनेता सत्ता और कुर्सी की दुनिया में रमे थे। पर, गाँधी नोआखाली में एक नयी रोशनी तलाश रहे थे। नोआखाली को उन्होंने अपना अन्तिम बड़ा प्रयोग बताया था। यह प्रयोग था–भाईचारे–अपनेपन के उस रिश्ते को पुनर्जीवित करना, जो नोआखाली की गलियों में हिंसा, उन्माद और पाशविक घटनाओं ने दफ़न कर दिया था। गाँधी का मानना था कि इस रोशनी से पूरा देश प्रकाशमान होगा और हिंसक मानवीय इतिहास में एक नयी फ़िज़ाँ बनेगी।

गाँधी के लिए 'ब्रह्मचर्य' एक व्रत था। अपनी दृढ़ता परखने के लिए उन्होंने कई प्रयोग किये। नोआखाली की यात्रा में गाँधी को यह दर्द सालने लगा था कि उनके जीवन के सभी प्रयोग असफल हो रहे हैं। पाकिस्तान के बँटवारे का दर्द, लोगों की संवेदनहीनता और बढ़ते भ्रष्टाचार को देखकर उन्हें लगने लगा था कि देश एक अँधेरी सुरंग के मुहाने पर है। नोआखाली में गाँव–गाँव गाँधी जाते। जिस गाँव में रात होती, वहीं ठहरते। एक रात मनु ने उठकर देखा कि गाँधी ठण्ड से बुरी तरह काँप रहे हैं।

मनु ने उनकी मालिश की। झोंपड़ी में जो भी कपड़े मिले, उनके ऊपर डाले, लेकिन गाँधी की कँपकँपी कम नहीं हुई। अन्ततः मनु ने

अपनी गोद में गाँधी को सुलाया। निराश गाँधी को दर्द झेलने के लिए उनके अपने लोगों ने अकेले छोड़ दिया था। मनु और गाँधी के साथ सोने की बात से उन नेताओं की नैतिकता बोध को आघात पहुँचा, जो गाँधी को सीढ़ी के रूप में इस्तेमाल कर सत्ता पाने और बाद में सीढ़ी को अनुपयोगी मान हटाने से नहीं हिचके। गाँधी ने खुले तौर से अपने इस प्रयोग के बारे में लिखा–कहा। उनका जीवन कहीं से व्यक्तिगत या गोपनीय था ही नहीं।

दिल्ली में बैठे नेता, नोआखाली के दंगों से चिन्तित नहीं हुए, लेकिन गाँधी के इस प्रयोग में उन्हें 'विकृति' और 'पतन' की बू आयी। वे दिल्ली से दौड़कर नोआखाली उन्हें समझाने पहुँचे। आभा को जब एक दंगाग्रस्त गाँव में स्वतन्त्र रूप से कार्य करने का गाँधी ने आदेश दिया, तो उनके सहयोगियों ने इसका विरोध किया। जहाँ इनसान बर्बर हो गया है, वहाँ रात में एक युवा लड़की अकेले यात्रा व काम करेगी! 20 वर्ष की लड़की को आप अकेले कहाँ भेज रहे हैं?

गाँधी ने जवाब दिया, आभा जायेगी। उसका एक बाल भी कोई स्पर्श नहीं करेगा। हुआ भी यही। आभा ने अकेले उन्मादग्रस्त गाँवों में सफलतापूर्वक काम किया। यह वह समय था, जब अक्सर रात में बुदबुदाया करते थे, क्या करूँ, क्या करूँ? मेरे चारों तरफ़ अँधेरा है। मुझे मालूम नहीं कि यह अन्धकार कभी ख़त्म होगा या नहीं। मुझे कोई रोशनी नहीं दिखायी देती।

दरअसल, सियासत में लगे नेता और दूसरे लोग गाँधी के बारे में तमाम क़िस्म की बातें दूर से कर रहे थे। जो गाँधी को कोलकाता (कलकत्ता) या नोआखाली में काम करते देख रहे थे, वे चकित और हतप्रभ थे।

गाँधी की कार्यशैली के आगे नतमस्तक भी। नोआखाली में गाँधी के काम करने का तरीक़ा अलग था। जनवरी या फ़रवरी, 1947 का कोई दिन था। 78 वर्ष के गाँधी अपने कुछ साथियों के साथ गाँव–गाँव, एक जगह से दूसरी जगह नंगे पाँव घूम रहे थे। तब नोआखाली के अलग–अलग 47 गाँवों की उन्होंने यात्रा की। उनका प्रयास था कि नोआखाली के हालात बदलें।

गाँधी अपनी छोटी–सी टोली के साथ नोआखाली गये, जहाँ बहुसंख्यक मुसलमान थे। उस टोली में गाँधी के सचिव प्यारेलाल जी की बहन सुशीला, एक जाने–माने डॉक्टर, सतीश दासगुप्ता और विद्वान निर्मल बोस भी थे। साथ ही गाँधी के 19 वर्षीय नाती कनु गाँधी और कनु की बंगाली पत्नी आभा थी। नोआखाली में इस टोली का स्वागत करने वाले या यूँ कहें कि होस्ट की भूमिका में मोहम्मद इब्राहिम थे। फतेहपुर गाँव के रहने वाले। 8 जनवरी, 1947 को गाँधी उनके यहाँ ठहरे।

24 जनवरी को मुरैन हबीउल्लाह पटवारी के यहाँ। उन दिनों नोआखाली में गाँधी जिनके मेहमान होते, उनमें अधिकतर बुनकर, मोची, मछुआरे जैसे समुदायों के लोग होते। मनु ने अपनी डायरी में लिखा कि 'ये लोग अपने स्नेह, आदर और त्याग की प्रबल भावना में स्नान कराते हुए हमें डुबो देते हैं।' 23 जनवरी को डाल्टा गाँव में गाँधी एक धोबी राममोहन माली के आतिथ्य में रहे। 27 जनवरी को गाँधी पल्ला गाँव में एक बुनकर के घर ठहरे। वहाँ उन्होंने कहा, 'यह घर प्रेम और स्नेह से भरा है। यह घर बड़े–बड़े राजमहलों से, जहाँ प्रेम और स्नेह का राज नहीं होता, अत्यन्त श्रेष्ठ है।'

हर दिन निर्मल बोस, गाँधी को सुबह में बाँग्ला भाषा सिखाते–पढ़ाते। ठीक चार बजे या उससे पहले गाँधी उठ जाते। वह पढ़ते या लिखते। केरोसिन से जलने वाले लैंप या लालटेन की रोशनी में। फिर चरखा कातते। दो प्रार्थनाएँ करते और फिर गाँव वालों के बीच, जहाँ वे ठहरते, स्वास्थ्य, साफ़–सफ़ाई, धूप–स्नान, मिट्टी के लेप और इसके असर के बारे में बताते। मिट्टी का लेप कैसे माथे और पेट पर लगाने से लाभकारी होता है, यह बताते। बीमार बच्चे, चाहे वे हिन्दू हों या मुसलमान, बड़ी संख्या में, इस 'डॉक्टर गाँधी' के पास पहुँचते।

कम लोग जानते हैं कि देश के महान लेखक, जिनकी छाप, दुनिया में है, उस प्रेमचन्द ने भी स्वस्थ रहने का गुर गाँधी से सीखा था। अद्भुत थे गाँधी। यह उनके जीवन का अन्तिम दौर था। देश तनाव, उन्माद और हिंसा में डूबा था।

गाँधी, जिनका सब कुछ लुट गया था, चाहे वे हिन्दू हों या मुसलमान, उनके बीच होते। उन्हें तसल्ली देते। उनके आँसू पोंछते, पर साथ ही जीवन और आचार–व्यवहार के सुझाव भी देते। उनका पर्याप्त समय उन हिन्दू औरतों के साथ भी गुज़रता, जो भय से जड़ और स्तब्ध थीं।

निर्मल बोस ने ग़ौर किया कि गाँधी बिल्कुल स्नेह और प्रेम से रोज़ाना ऐसे लोगों की बातें सुनते। अत्यन्त नाजुक या संवेदनशील तौर–तरीक़े से एक–एक व्यक्ति को दुलारते, समझाते। उनकी पीड़ा के भागीदार बनते। यह महज़ सान्त्वना नहीं थी। जिनकी दुनिया उजड़ गयी थी, उनके पास जाकर उन्हें सान्त्वना देना, उनके दुख का हिस्सेदार बनना, यह असाधारण शौर्य भी था।

गाँधी ने 10 जनवरी को जगतपुर में पीड़ित और रोती हुई औरतों को कहा–ये आँसू मरे हुए को वापस नहीं लायेंगे। जब औरतें लौट गयीं, तो गाँधी ने मनु से कहा कि इन औरतों के चेहरे मेरे दिलोदिमाग़ में छाये हैं (हांट करते हैं)। जब वे खाने गये, तो शाम को खा नहीं सके। सिर्फ़ गुड़ का एक टुकड़ा लिया।

लगातार कई दिनों तक गाँधी नोआखाली घूमते रहे। आमतौर पर घास या दूब, जिस पर गाँधी चलते, जिससे होकर गुज़रते, वे नरम थे, पर एक शाम मनु ने देखा कि गाँधी के तलवे कटे हुए हैं, ज़ख़्मी हैं, तो मनु ने आपत्ति की कि यह क्या हुआ बाबा? आप क्यों नंगे पाँव चल रहे हैं? गाँधी ने कहा कि हम मन्दिरों में, मस्जिदों में, चर्चों में जूते पहनकर नहीं जाते। आज यहाँ इस पवित्र धरती पर, जहाँ लोगों ने अपने प्रियजनों को, अपना सर्वस्व खो दिया है, उस धरती पर हम नंगे पाँव चल रहे हैं।

आमतौर पर नोआखाली में रोज़ घूमना होता। प्रार्थना संगीत के साथ शुरू होती। 'वैष्णवजन' के साथ टैगोर की कविता– 'एकला चलो रे'। कभी–कभी गाँधी मनु को कहते कि सही मुस्लिम होने की जो अवधारणा मुस्लिम धर्म में है, उससे वह काम शुरू करते हैं। गाँधी की आवाज़ का स्तर या वॉल्यूम मद्धम होता, पर बात या टोन स्पष्ट व साफ़। यह साथ चल रहे डी.जी. तेंदुलकर ने इसे ग़ौर किया।

शादूल खलील गाँव में एक अत्यन्त प्रभावशाली मुस्लिम सलीमा साहा ने गाँधी को 4 फ़रवरी को अपनी ज़मीन पर प्रार्थना करवाने के लिए निमन्त्रित किया। उन्होंने यह भी कहा कि वहाँ प्रार्थना में हिन्दू धर्म के उद्धरण या राम के प्रति बातें कहीं जायेंगी, तो उन्हें कोई आपत्ति नहीं है।

उस प्रार्थना सभा में राम के भजन भी गाये गये। गाँधी ने उस गाँव में कहा, जिस राम की मैं पूजा करता हूँ, वे ख़ुद भगवान हैं, जो ऐतिहासिक राम हैं, उनसे अलग। वे हमेशा थे, हैं और रहेंगे।

*(मूलतः 1978 में लिखा गया। 2018 में संशोधित)*

# गाँधी : अग्नि परीक्षा के पल

गाँधी चरखा कातते, लिखते, ग़रीबों का इलाज करते और सबसे अधिक दुखियारों का दुख बाँटते। तड़के सुबह से देर रात तक घूमते। वे चार घण्टे से अधिक कभी नहीं सोते। इसके बाद भी वह उसी तरह से चुस्त, चौकस और अपने लिए ख़ुद से तय किये काम के प्रति सजग। मनु गाँधी के लिए खाना बनातीं। वह उनके सूजे पैरों को धोतीं। गाँधी, नंगे पाँव घूमते और लोगों से हुई बातचीत का नोट भी रखते।

वे मानते थे कि उनके सजग, चुस्त और सक्रिय रहने का राज़ ईश्वर की कृपा है। नोआखाली में ऐसे भी क्षण आये, जब गाँधी ने ख़ुद खाना बनाने, अपने कपड़ों को साफ़ करने का काम किया। जाड़े की एक शाम सूखी लकड़ियों से मनु ने गाँधी के लिए पानी गर्म किया, ताकि वह ठण्ड में अपने हाथ और चेहरा सोने से पहले धो सकें। गाँधी नाराज़ थे। उन्होंने मनु से कहा–'जहाँ लोगों के पास लकड़ियाँ नहीं, गोबर के उपले नहीं, ताकि वे अपनी रोटियाँ सेंक सकें, वहाँ मेरे चेहरे को धोने के लिए लकड़ियों से गर्म पानी करना सही नहीं है।'

देश में अन्तरिम सरकार थी। सरदार पटेल गृहमन्त्री थे। वे नोआखाली और पूर्वी बंगाल में गाँधी की सुरक्षा के लिए काफ़ी चिन्तित थे। गाँधी ने पटेल को पत्र लिखा–'देयर इज़ वन' सिर्फ़ एक है... जो सबसे ऊपर है। जो मेरी देखभाल करेगा और वह पूरी तरह सक्षम है।' सिर्फ़ इतने ही शब्दों में गाँधी ने सब कुछ कह दिया।

उन्हीं दिनों का एक और प्रसंग है। किसी ने दक्षिण भारत में हरिलाल गाँधी को देखा और गाँधी को लम्बा पत्र लिखा कि गाँधी के 58 वर्षीय पुत्र अपनी उम्र से ज़्यादा उम्रदराज़ और बूढ़े हो गये हैं।

गाँधी को नहीं पता था कि नोआखाली के इस गाँव से अपने पुत्र से कैसे सम्पर्क कर सकें? 22 जनवरी को गाँधी के पास जिस व्यक्ति के माध्यम से पत्र आया था, उन्हीं के ज़रिये एक पत्र भेजा और अपने पुत्र हरिलाल को नोआखाली आमन्त्रित किया।

हालाँकि हरिलाल गाँधी नहीं आ सके। यह गाँधी के जीवन में वह समय था, जब महादेव देसाई और कस्तूरबा, दोनों गाँधी के जीवन से जा चुके थे। 1942 में पुणे में यरवदा जेल में बन्द होने के दौरान, ये दोनों दुनिया से विदा हो गये थे। 1942 में महादेव देसाई की मृत्यु हुई और 1944 में कस्तूरबा की। गाँधी का जीवन अधिक अकेला और पहले से अधिक कठिन था।

1947 में शिवरात्रि का पर्व 19 फ़रवरी को पड़ा। शिवरात्रि को ही कस्तूरबा दुनिया से विदा हुई थीं। गाँधी उस दिन नोआखाली के विरकपुर गाँव में थे। शाम 7:35 बजे गाँधी ने अपनी डायरी में लिखा–शिवरात्रि के दिन ठीक इसी समय बा ने अपना भौतिक शरीर छोड़ दिया था।

निर्मल बोस, जो उनके सहयात्री भी थे, अनुवादक भी, उन्हें लगा कि गाँधी ख़ुद अपनी उम्र के इस पड़ाव पर अपने परफ़ेक्शन पर सवाल उठाते हैं। परखते हैं। अपनी पूर्णता पर ख़ुद आत्ममन्थन करते हैं, अपना विश्लेषण करते हैं। निर्मल बोस की नज़र में शायद गाँधी की इस प्रवृत्ति ने उन्हें अधिक संवेदनशील और दूसरों की पीड़ा में गहराई तक उतरने वाला इनसान बनाया।

ऐसे ही गाँधी के सम्पर्क में आकर सामान्य लोग, महिलाएँ अपने दुख से ऊपर उठने का अहसास करती थीं। निर्मल बोस का काम था कि गाँधी के उद्धरणों को, जो वह नोआखाली में कहते, संकलित करना। गाँधी ने निर्मल बोस को कहा कि वह इन कथनों से भ्रमित न हों, वह गाँधी के उन उद्धरणों से प्रभावित न हों। गाँधी कहते कि वह आकांक्षाओं के प्रतीक हैं, उपलब्धियों के नहीं।

निर्मल बोस ने गाँधी की इस टिप्पणी पर रवीन्द्रनाथ टैगोर को उद्धृत किया। उन्होंने कहा कि टैगोर कहते हैं–'एक आदमी की परख या मूल्यांकन, उसके जीवन के सर्वश्रेष्ठ क्षणों से होनी चाहिए, जब

उसने अपना सबसे उदात्त सृजन किया हो, बजाय इसके कि रोज़ाना जीवन में, जो छोटी–छोटी चीज़ें होती हैं, उससे उसका मूल्यांकन हो।'

निर्मल बोस के टैगोर के उस उद्धरण के जवाब में गाँधी ने जो कहा, उससे निर्मल बोस हतप्रभ रह गये। गाँधी ने कहा, 'हाँ, यह सही है, पर एक कवि के लिए, क्योंकि उसे तो आसमान के तारों की रोशनी इस धरती पर उतारनी है, लेकिन मेरे जैसे आदमी को तोलने के लिए जीवन के बड़े क्षणों से आपको नहीं मापना होगा, बल्कि इस बात से आँकना होगा कि वह अपनी जीवन–यात्रा में अपने पैरों पर कितनी धूल एकत्र करता है।'

गाँधी नोआखाली के तनाव में काम करते हुए एक अलग राह बना रहे थे। देखते–ही–देखते उनका असर कई गाँवों में फैल चुका था। मुस्लिम समाज के बड़े–बुज़ुर्ग, जो मुस्लिम, हिन्दू पड़ोसियों के साथ अन्याय या क्रूरता करते दिखते, उन्हें समझाते। इस तरह मुस्लिम इलाक़े से जो हिन्दू भाग गये थे, उन इलाक़ों के मुस्लिम बुज़ुर्गों ने हिन्दुओं को वापस गाँव बुलाया। फिर प्रार्थना या भजन शुरू हो गया। शंख बजने लगे। हिन्दू औरतें फिर से सिन्दूर लगाने लगीं, चूड़ियाँ पहनने लगीं।

भठियालपुर गाँव में मुस्लिमों ने यह प्रतिज्ञा की कि वे अपना जीवन ख़तरे में डाल देंगे, लेकिन हिन्दू भाइयों को बचायेंगे। उनकी लूटी सम्पत्ति और अपहरण की गयी औरतों को लौटा देंगे। मन्दिर की एक मूर्ति उस मुस्लिम ने वापस की, जिसने उसे तोड़ा था। अलग–अलग गाँव में गाँधी गये। गाँधी के जाने का चमत्कार और असर हुआ।

अब्दुस सरा वह महिला थीं, जो हमेशा क़ुरान के साथ सोती थीं। शिरडी गाँव में वह भूख हड़ताल पर गयीं और कहा कि जो तलवार हिन्दुओं के ख़िलाफ़ इस्तेमाल की गयी, जब तक वह तलवार समर्पित नहीं की जाती यानी जब तक सरेंडर नहीं किया जाता, तब तक वह उपवास नहीं तोड़ेंगी। वह जब तक उपवास करती रहीं, गाँधी हर रोज़ एक पत्र लिखते।

कभी–कभी दो–दो पत्र लिखते। 25 दिनों बाद जब तलवार वापस नहीं हुई, तो गाँधी ने उन्हें सहमत कराया कि आप अपना उपवास

तोड़ दें। 20 जनवरी को उन्होंने उपवास तोड़ा। शिरडी गाँव के 11 मुसलमानों ने संकल्प लिया कि वे हिन्दुओं के अधिकार की रक्षा करेंगे, ताकि वे अपने धर्म के अनुसार जीवन जी सकें, अपनी आस्था पर चल सकें। यह थे गाँधी। इसी तरह गाँधी ने पंजाब और बिहार के हिन्दू इलाक़ों में जाकर जिन मुसलमानों के साथ ऐसी क्रूरता हुई, उनके जीवन में पुनः रोशनी लौटे, इसके लिए काम किया।

ग़ौर करने वाली बात यह है कि पब्लिक फ्रंट पर गाँधी जो कर रहे थे, वह तो कर ही रहे थे, अपने एकाकीपन से जूझते हुए भी व्यक्तिगत स्तर पर भी बिना भटकाव के, पूरे अनुशासन से जो कर रहे थे, वह एक अलग मूल्य स्थापित कर रहा था। मानव इतिहास के एक नये अध्याय का लेखन था।

नोआखाली की घटना से बिहार जलने लगा था। 5 मार्च को गाँधी बिहार आये। वहाँ बलवाइयों ने उनके आते ही आत्मसमर्पण करना शुरू किया। वे गाँव में जहाँ जाते, हिन्दू बहुल इलाक़ों से पीड़ित मुसलमानों के लिए लोग उन्हें पैसे देते। महिलाएँ जेवर देतीं। नोआखाली और कोलकाता में परिजनों की हत्या के बाद बिहार के हिन्दू अलग मूड में थे। आक्रामक।

अख़बारों के समाचार आग में घी का काम कर उनकी आक्रामकता को और बढ़ा रहे थे। अजीब माहौल था बिहार में। ख़बर आयी कि बंगाल में हिन्दुओं के मारे जाने के विरोध में बिहार के हिन्दुओं ने पर्व–त्योहार नहीं मनाने का फ़ैसला किया है। जो स्थिति थी, सो थी ही, अख़बार अलग से अफ़वाह फैला रहे थे। तनाव चरम पर था। पटना, छपरा, भागलपुर, सन्ताल परगना और गया ज़िले दंगे की आग में झुलसने लगे थे, लेकिन गाँधी बिहार को जानते थे। उनका बिहार पर अपने तरीक़े का ख़ास असर था।

गाँधी ने बिहार आने से पहले नोआखाली में ही घोषणा कर दी थी कि वह रोज़ आधे दिन का उपवास तब तक रखेंगे, जब तक बिहार का पागलपन बन्द नहीं होगा। गाँधी की इस घोषणा का असर पड़ा। सरकार चला रहे नेताओं को गाँधी ने फटकार लगायी कि वे सत्ता पाकर सुस्त हो गये हैं, उनकी अहिंसा ऐशोआराम में डूबी जा

रही है। गाँधी ने कहा कि जिन नेताओं ने दंगे में भाग लिया है, उन्हें तुरन्त पुलिस के सामने आत्मसमर्पण करना चाहिए। कांग्रेस एक जाँच आयोग बनाकर ऐसे लोगों की पहचान करे।

गाँधी ने नोआखाली में जिस तरह से हिन्दुओं को उनके अपने गाँव, अपने घर वापस कराने की कोशिश की थी, वैसी ही कोशिश बिहार में मुसलमानों को अपने गाँव, अपने घर वापस कराने की की। गाँधी ने आवाहन किया कि वह बिहार की रक्षा अपने प्राण देकर भी करेंगे। जो मुसलमान उजड़ गये थे, उनको राहत पहुँचाने के लिए चन्दा इकट्ठा करना शुरू हुआ। राहत शिविर बने। विस्थापितों के कैंप में गाँधी दौरा करते रहे। गाँधी ने राहत शिविर के नियम बनाये। 20 मार्च, 1947 को बिहार की पुलिस ने हड़ताल कर दी।

परेशानी और बढ़ी, लेकिन जयप्रकाश नारायण के सहयोग से गाँधी ने पुलिस की हड़ताल ख़त्म करायी। गाँधी सार्वजनिक मोर्चे पर लड़ाइयाँ जीत रहे थे, नयी राह बना रहे थे, लेकिन राजनीति के मोर्चे पर, अपने ही लोगों से हार रहे थे। जूझते गाँधी ने अपना ध्यान जलते देश को शान्त करने में ही ज़्यादा लगाया।

15 नवम्बर, 1947 को कृपलानी ने कांग्रेस अध्यक्ष पद से इस्तीफा दे दिया। गाँधी उस कांग्रेस कार्यसमिति की बैठक में शरीक हुए, जिसमें कांग्रेस अध्यक्ष का चुनाव होना था। उस दिन महात्मा गाँधी मौन थे। जब नामांकन होने लगा, तो गाँधी ने अपने प्रत्याशी का नाम एक काग़ज़ पर लिखकर नेहरू को दिया। नेहरू ने पढ़कर उसे सभी को सुनाया। गाँधी के प्रत्याशी थे आचार्य नरेन्द्र देव। नेहरू ने अपनी सहमति दी। बाक़ी लोगों ने विरोध किया।

10 बजे सुबह कांग्रेस कार्यसमिति की बैठक स्थगित हो गयी, पर गाँधी की इच्छा के ख़िलाफ़ कांग्रेस अध्यक्ष बनाये गये। गाँधी को सत्ता चला रहे चोटी के नेताओं और सरकार में बैठे अपने लोगों ने ही परास्त कर दिया। अन्तिम दिनों में अपने ही घर में अनजाने हो गये थे। ऐसे तमाम तरह के उतार–चढ़ाव आते रहे। राजनीतिक मोर्चे पर गाँधी अपनों से हारते रहे, लेकिन जनता के बीच वह भरोसे के प्रतीक बनते गये।

नोआखाली से लेकर बिहार, पंजाब तक, जहाँ–जहाँ अशान्ति फैली, गाँधी इसी तरह से लोगों को समझाकर शान्त करते रहे।

लेकिन ये सब करते हुए गाँधी अपनी धुन में मगन थे। वह सत्ता के सियासी नेताओं की गतिविधियों से अपने को दूर कर रहे थे। जिस दिन पूरे देश में आज़ादी का जश्न मनाया जा रहा था यानी 15 अगस्त, 1947 को, उस दिन कोलकाता में रुके गाँधी न तो किसी बड़े समारोह में शामिल हुए, न किसी छोटे उत्सव में। उनकी दिनचर्या अपने तरीक़े से थी। उस दिन सुबह–सुबह उन्होंने लंदन की अपनी मित्र अगाथा हैरिसन को पत्र लिखा।

*मिस अगाथा हैरीसन*

*ओल्ड जॉर्डन हॉस्टल*

*बीकंसफील्ड बक्स के पास, एसडब्ल्यू–2*

*यह पत्र मैं चरखा कातते हुए लिख रहा हूँ। तुम्हें पता है कि आज जैसे बड़े अवसरों को मनाने का मेरा तरीक़ा यह है कि मैं भगवान को धन्यवाद देता हूँ और इसलिए पूजा करता हूँ। पूजा के साथ उपवास रखना भी ज़रूरी है, अगर फलों का रस लेने के बाद भी ऐसा कहा जा सकता है और इसके बाद ग़रीब–गुरबों के संघर्ष से जुड़ने और समर्पण के लिए चरखा कातना ज़रूरी है। इसलिए जितना चरखा मैं रोज़ कातता हूँ, उससे कभी सन्तुष्ट नहीं होना चाहिए और अपने दूसरे कामों के साथ जितना हो सके, उतना इसे करना चाहिए।*

*मुझे अमृत (राजकुमारी अमृत कौर) के हाथों सुबह चार बजे तुम्हारा पहला पत्र मिला। उसके द्वारा मुझे तुम्हारा दूसरा पत्र भी मिला। इसे पश्चिम बंगाल के गवर्नर, राजाजी लेकर आये थे, लेकिन वह ख़ुद नहीं आ सके। उनके घर को उनके प्रशंसकों ने बहुत बड़ी संख्या में घेरा हुआ है। इसलिए वह अपने ही घर में क़ैदी हो गये हैं। उन्होंने अपने सचिव के हाथों राजकुमारी (अमृत कौर) का पैकेट भिजवा दिया।*

*तुमने विंटर्टन के भाषण में मेरा ज़िक्र किया, लेकिन तुम्हें जानकर आश्चर्य होगा कि उसे मैंने नहीं पढ़ा है। इंडिपेंडेस बिल पर हुई बहस*

*के दौरान हुए भाषणों को भी मैं नहीं पढ़ सका। मुझे अख़बार पढ़ने का समय ही नहीं मिलता। उनके कुछ हिस्से या तो मुझे पढ़कर सुनाये जाते हैं या मैं कभी–कभार उन पर नज़र मार लेता हूँ।*

*इससे क्या फ़र्क़ पड़ता है कि कौन मेरे बारे में अच्छा या बुरा कहता है, अगर मैं बुनियादी रूप से सही हूँ। तुम्हें और मुझे तो जितना अच्छे से हो सके, अपने काम करने चाहिए और ख़ुश रहना चाहिए। इसलिए अख़बारों से छुट्टी। अब मैं चरखा बन्द करने वाला हूँ और मुझे और काम करने हैं।*

*सभी हमारे मित्रों को मेरा प्यार। मुझे यह जानकर प्रसन्नता हुई कि कार्ल हीथ इतने स्वस्थ थे कि तुम्हारे द्वारा बताये सम्मेलन की अध्यक्षता कर सके। मेरी कितनी इच्छा है कि मैं तुम्हें यहाँ जो चल रहा है, उसके बारे में बताऊँ। शायद होरेस बतायेंगे। वह कुछ दिनों तक मेरे साथ थे और कल रात ही गये हैं।*

*—बापू*

फिर रामेन्द्र सिन्हा को गाँधी ने जवाबी ख़त लिखा। रामेन्द्र सिन्हा के पिता दंगा रोकने की कोशिश में अपनी जान गँवा चुके थे।

*रामेन्द्र जी सिन्हा*
*गोपाल मलिक लेन,*
*बोबाज़ार, कोलकाता*

*प्रिय मित्र,*

*मुझे आपकी बात माननी पड़ेगी कि आपके पिता में वीरों वाली अहिंसा थी। ऐसे लोग कभी नहीं मरते। उनके लिए शरीर के नाश का कोई अर्थ नहीं है। इसलिए ऐसे वीर पिता की मृत्यु के लिए आपका या आपकी माँ का या फिर किसी का भी शोक करना ठीक नहीं है। अपनी इस मृत्यु से उन्होंने ऐसी समृद्ध विरासत छोड़ी है, जिसके बारे में मुझे आशा है कि आप सब लोग ख़ुद को उसके योग्य साबित करेंगे। सबसे अच्छी सलाह मैं, यही दे सकता हूँ कि आज हमें जो आज़ादी मिली है, उसको बनाये रखने के लिए आप सबको*

*हर मुमकिन कोशिश करनी चाहिए। और जो पहला काम आप कर सकते हैं, वह है अपने पिता की वीरता का अनुकरण।*

*अहिंसा से भरी वीरता कई तरह से दिखायी जाती है। इसके लिए ज़रूरी नहीं है कि आपको किसी हत्यारे के हाथ मरना पड़े। इसमें कोई दो राय नहीं कि अगर आप के प्रियजनों की मृत्यु के लिए आपको उचित न्याय मिलता है, तो यह भी अपने आप में बड़ी मुश्किलों से हासिल हुई आज़ादी को बनाये रखने में एक योगदान होगा।*

*आपका*

*एम. के. गाँधी*

*(दोनों पत्र साभार : सत्याग्रह डॉट कॉम)*

पश्चिम बंगाल के मन्त्री, गाँधी से मिलने पहुँचे। गाँधी ने उन्हें कहा कि सत्ता तो मिल गयी है, लेकिन यह काँटों का ताज है। सावधान रहिएगा। सबसे पहले एक इनसान की तरह विनम्रता को बनाये रखिएगा। याद रखिएगा कि यह सत्ता भारत की बड़ी आबादी, जो गाँवों में रहती है, ग़रीब है, उनकी सेवा के लिए मिली है। उस दिन गाँधी से मिलने सी. राजगोपालाचारी भी आये।

राजगोपालाचारी गाँधी को कोलकाता में दंगे को शान्त करने के लिए बधाई देने आये थे। गाँधी ने राजगोपालाचारी से कहा कि कोशिश इस बात की हो कि हिन्दू और मुसलमान, दोनों सामान्य रूप से एक–दूसरे के साथ सुरक्षित महसूस करें। 15 अगस्त, 1947 को ही गाँधी से मिलने कुछ छात्र आये, कम्युनिस्ट नेता आये।

गाँधी ने छात्रों से कहा कि आप लोग युवा हैं। याद रखिएगा कि भारत में रह रहे किसी भी व्यक्ति को कभी इसलिए परेशान नहीं किया जाना चाहिए कि उसका धर्म दूसरा है। कम्युनिस्ट नेताओं को गाँधी ने समझाया कि साम्यवादी हों या समाजवादी, अब सबको आपसी मतभेद भुलाकर देश बनाने की कोशिश करनी चाहिए।

ये सब करने के बाद गाँधी उस दिन प्रार्थना सभा सम्बोधित करने पहुँचे, तब तक उन्हें यह सूचना मिल चुकी थी कि आज के दिन हिन्दू और मुसलमान, दोनों साथ मिलकर तिरंगा लहरा रहे हैं। हिन्दू,

मुसलमानों को मन्दिर ले जा रहे हैं, मुसलमान हिन्दुओं को मस्जिद में। गाँधी ख़ुद किसी सरकारी या ग़ैर–सरकारी जश्न में शामिल नहीं हुए, लेकिन वह लोगों को समझा रहे थे कि यह याद रखना होगा कि किसी सरकारी सम्पत्ति का नुक़सान नहीं होना चाहिए, इससे उन्हें दुख होगा और गाँधी ने बार–बार उस दिन इस बात पर ज़ोर दिया कि यह जो आज़ादी मिली है, उसका इस्तेमाल संयम और बुद्धिमानी से करना है।

गाँधी के आख़िरी दिनों से जुड़े ऐसे ढेरों प्रसंग हैं। उन प्रसंगों से अलग बड़ा सवाल यह है कि गाँधी आज क्यों याद किये जाने चाहिए? आज, जब टेक्नोलॉजी के दौर में हर इनसान अकेला पड़ रहा है, आपस में दूरी बढ़ रही है, तब गाँधी की ज़रूरत महसूस होती है। कोई इनसान निकले, जो गाँधी से प्रेरित होकर आपसी द्वेष–नफ़रत को धो सके। सबको बता सके कि यह जाति, मज़हब, धर्म, सम्प्रदाय... सब बहुत बाद की बातें हैं।

मूल तौर पर दुनिया का इनसान एक है। एक माटी–पानी से बना हुआ। आज दुनिया के वैज्ञानिक सन्धान–अनुसन्धान करते हुए प्रामाणिक तरीक़े से निष्कर्ष निकाल चुके हैं कि इस दुनिया में सभी इनसानों की उत्पत्ति एक ही जगह से हुई है। सबका डीएनए एक है। गाँधी यह बात तभी ज़ोर देकर कहते थे, सबको समझाते थे कि सब इनसान एक ही हैं।

आज गाँधी की इस भूमिका को इसलिए भी याद करना ज़रूरी है कि दुनिया स्तर पर जोड़ने वाली ताक़तें कम हैं। मनुष्य की मनुष्यता छीन लेनेवाली ताक़तें बहुत। मनुष्य को मनुष्य बनाने वाली ताक़तें कम। इस सन्दर्भ में गाँधी एकमात्र उस प्रखर रोशनी की तरह मौजूद हैं, जिससे भविष्य का रास्ता दिखता है। विल डूरंट ने कहा था, 'इतिहास वह प्रकाश है, जो वर्तमान को स्पष्ट करता है, साफ़ करता है और भविष्य का रास्ता दिखाता है।'

गाँधी के इन प्रसंगों से मौजूदा संवेदनहीन होते समाज को आत्मनिरीक्षण का मौक़ा मिलेगा कि समाज और दुनिया कैसे क़ायम

रह सकते हैं, भविष्य में इसका रास्ता क्या हो सकता है? इसलिए गाँधी की 150वीं जन्मशती के अवसर पर इस रूप में याद करना ज़रूरी है। 'रीडर्स डाइजेस्ट' पत्रिका का जब 50वाँ विशेषांक निकला, लुइ फ़िशर ने उसमें गाँधी से सम्बन्धित एक लेख लिखा। उस लेख का प्रसंग है। एक बार मुम्बई के एक सख़्त धनकुबेर या संगदिल धनी ने कहा कि स्वर्ग के द्वार गाँधी की प्रतीक्षा में खुले थे, लेकिन गाँधी ने स्वर्ग द्वारों को प्रतीक्षारत रखा। अपने जीवन के आख़िरी दिन, आख़िरी क्षण तक वह धरती को ही स्वर्ग बनाने में लगे रहे। धरती को जीते जी इनसान आपस में मिल कर कैसे स्वर्ग बना सकें, यह रास्ता तो गाँधी ही बताते हैं, इसलिए उनकी 150वीं जन्मशती पर उनकी स्मृति प्रेरक और पाथेय है।

*(मूलतः 1978 में लिखा गया। 2018 में संशोधित)*

# डॉ. लोहिया की प्रासंगिकता

महापुरुषों की स्मृति और मूल्यांकन से समाज ऊर्जा ग्रहण कर निखर सकता है। हालाँकि मौजूदा उपभोक्तावादी दौर में इन चीज़ों के प्रति अनास्था है। ऐसी परिस्थिति में डॉ. राममनोहर लोहिया के शब्दों में कहें तो 'निराशा के कर्तव्य' ही इस देश–समाज को नयी राह दिखा सकते हैं।

गाँधी के बाद डॉ. राममनोहर लोहिया सबसे प्रखर विचारक–चिन्तक लगते हैं। अपनी धरती–मिट्टी, उसकी सुगन्ध से जुड़े हुए। उन्हें देखने का मौक़ा नहीं मिला। वे 1967 में गुज़रे, तो कक्षा छह का विद्यार्थी था। पर, उनके प्रेरक लेखन, मौलिक विचार और चिन्तन की ताज़गी ने गहराई से प्रभावित किया। वे आभिजात्य वर्ग के नुमाइन्दे नहीं लगते। उन्हें पढ़कर लगता है कि उनसे पुराना परिचय है। अपनापन है। हम गाँव से आये लोगों में टाई–सूट, अंग्रेज़ी और आभिजात्य श्रेणी का ख़ौफ़ था। पर, विदेश से लौटे, जर्मन और अंग्रेज़ी पर समान दख़ल रखने वाले, चप्पल–धोती पहनने वाले लोहिया हमें अपने गाँव के ही बेचैन बुज़ुर्ग–सयाने लगते हैं।

विस्तार में जाने के पहले बौद्ध दार्शनिक कृष्णनाथ जी से हुई चर्चा का उल्लेख करना चाहूँगा। गाँधी ने स्वराज की लड़ाई लड़ी। स्वराज मिला, तो वे कारगर न रह पाये। फिर मार डाले गये। जे.पी. दूसरी बार सत्ता परिवर्तन में कामयाब रहे। पर, रोग–आयु के कारण अप्रभावी हो गये। लोहिया ने भी ग़ैर–कांग्रेसवाद की कल्पना को 1967 में मूर्त रूप में कामयाब तो देखा, पर जीवन की सान्ध्य वेला में निराश

और हताश! ऐसी 'ट्रेजडी' समाज और क़ौम के जीवन में बार–बार क्यों होती है? क्यों बार–बार जीवन में प्रकाश आता है, किन्तु हम बार–बार अन्धकार का वरण करते हैं? क्यों अन्धकार के छा जाने पर हम बार–बार प्रकाश का स्मरण करते हैं?

शायद ऐसी स्मृति से ही अन्धकार से निकलने की ताक़त मिलती हो। डॉ. राममनोहर लोहिया के सन्दर्भ में ऐसी चर्चा से कम–से–कम ताक़त तो मिलती है। हम जैसे हाशिये पर रह रहे लोगों को भी उनके राजनीतिक रूप से अधिक उनका ग़ैर–राजनीतिक व्यक्तित्व लुभाता है। बाँधता है। मृत्यु के समय भगवान बुद्ध ने कहा–'जो मेरा धर्म है, वही धर्मकाय है। वही मेरे न रहने पर इस राह पर चलने वालों के लिए पथ प्रदर्शक, पाथेय और रास्ता होगा।' हर आदमी के जीवन के साथ यह सिलसिला अभिन्न रूप से जुड़ा है। आदमी के चले जाने के बाद, उसका बताया–चला रास्ता ही पाथेय है।

लोहिया जी जैसों के सन्दर्भ में यह बात और प्रासंगिक है, क्योंकि दूसरे महान चिन्तकों की तरह उन्होंने सुव्यवस्थित ढंग से अपने विचारों को स्पष्ट करते हुए पुस्तकें नहीं लिखीं। छिटपुट लेखन–भाषण, सभा–गोष्ठियों में दिये विचार, 'जन', 'मैनकाइंड' की लिखीं चीज़ें, पार्टी अधिवेशनों में हुईं बहसें, लोकसभा की बहसें ही, वे आधारभूत चीज़ें हैं, जिनसे लोहिया जी की वैचारिक मान्यताओं के बीच एक अटूट रिश्ता, श्रृंखला या तारतम्य की तलाश की जा सकती है, कोई सुव्यवस्थित–सम्पूर्ण विचारधारा उन्होंने नहीं दी। टुकड़े, सूत्र या नारों में कहीं उनकी बातों में एक समग्र दृष्टि झलकती है। मोटे तौर पर विस्तार में जाने के पूर्व लोहिया जी के सम्बन्ध में व्याप्त भ्रान्त धारणाओं–सार तत्त्वों का उल्लेख प्रासंगिक होगा।

1. आज भी लोहिया जी के सन्दर्भ में दो तरह से सोचने वाले लोग हैं। एक उनकी आलोचना को सुनना नहीं चाहते, दूसरे उन्हें क्रोधी, चिड़चिड़ा और सिरफिरा तक कहते हैं। दोनों ही अपूर्ण और अति के छोर पर हैं। वह महज़ नेहरू ख़ानदान के आलोचक, ग़ैर–कांग्रेसवाद के जनक या विवादास्पद नीतियों के प्रतिपादक नहीं थे।

2. देशज परम्पराओं/मान्यताओं के तहत उन्होंने भारतीय समस्याओं को मौलिक ढंग से परखा–देखा। अगर नवजागरण की भारतीय धारा जैसी कोई चीज़ है, तो वह ईश्वरचन्द विद्यासागर और गाँधी की परम्परा में ही एक कड़ी हैं। नवजागरण की पश्चिमी चकाचौंध पीड़ित भारतीय धारा के ख़िलाफ़ देशज समाजवाद व व्यवस्था का एक अलिखित ख़ाका उन्होंने दिया।

3. आप इसे हमारी कमी कह सकते हैं। शास्त्रीय ढंग से लोहिया जी की रचनाओं–विचारों मसलन 'इतिहासचक्र', 'सप्तक्रान्ति', 'मार्क्स के बाद अर्थशास्त्र', 'एशियाई समाजवाद' आदि की मौजूदा उपयोगिता पर यहाँ विचार नहीं किया गया है या लोहिया पर इतिहासकार टॉयनबी, यहूदी चिन्तक मार्टिन ब्यूबर, अरस्तू, अफ़लातून और सुकरात के विचारों का कितना असर था, जैसे सवाल शोध करने वाले, गहराई से अध्ययन करने वालों के लिए हैं, मेरे जैसे सामान्य लोगों के लिए नहीं। यह हमारी सीमा है।

4. दल के सम्बन्ध में डॉ. लोहिया की कल्पना अद्‌भुत थी। 'फ्रैगमेंट्स ऑफ़ वर्ल्ड माइंड' में उन्होंने कहा है कि 'सोशलिस्ट पार्टी की सबसे बड़ी कमज़ोरी, तो उसका नकारात्मक दृष्टिकोण है। शिकायत करने की ताक़त तो बची हुई है, पर सोचने और कर्म करने की ताक़त गायब हो गयी है। यह नकारात्मकता सोशलिस्टों का स्वभाव बन गयी है।' उन्होंने यह भी कहा कि 'सफल कर्म के लिए रचनात्मकता और संघर्षशीलता दोनों का मिश्रण ज़रूरी है।'

5. 'निराशा के कर्तव्य' और 300–400 वर्षों तक पिटने वाली पार्टी यानी लगातार पराजित होकर अपने संकल्प पर अडिग रहने वाले राजनीतिक दल की कल्पना उन्होंने की। लोहिया का चिन्तन, कर्म प्रसूत चिन्तन था।

6. साम्यवाद की विफलता और पूँजीवादी व्यवस्था की आन्तरिक रुग्णता के बाद लोहिया की प्रासंगिकता बढ़ी है।

7. भाषा के सम्बन्ध में उन्होंने जो विचार दिये, उनका राजनीतिक इस्तेमाल हुआ। उनके आर्थिक पहलुओं पर चर्चा नहीं हुई।

8. भारत के सन्दर्भ में आर्थिक, राजनीतिक क्रान्ति या बदलाव के साथ–साथ सामाजिक क्रान्ति या बदलाव नहीं होगा, तब तक बात नहीं बनेगी। यह लोहिया का चिन्तन था।

9. साम्प्रदायिकता, हिन्दू–मुसलमान एकता, भारत–पाक महासंघ जैसे लोहिया के विचारों के बाद भी साम्प्रदायिकता की आँच से देश मुक्त नहीं है। उनके ऐसे मौलिक विचारों में ताक़त तो है, पर उनके अनुयायी संगठनों ने इसे नहीं बढ़ाया। मोटे तौर पर ये कुछ मौलिक अवधारणाएँ हैं। यहीं वे नीतियाँ भी हैं, जिनके सन्दर्भ में लोहिया ने कहा था कि 'उनके आदर्शों को मानकर चलने वाली पार्टी भले ही ख़त्म हो जायें, उनकी नीतियाँ ख़त्म नहीं होंगी।' चिन्तक रमेशचन्द्र सिंह के शब्दों में कहें तो 'आज नहीं तो कल कोई पार्टी खड़ी होगी और इन्हीं नीतियों के इर्द–गिर्द मुल्क को आगे ले जायेगी। क्योंकि दूसरा कोई पथ नहीं है। आज यह पथ न केवल सुनसान है, बल्कि जोख़िम भरा भी। इस पर चलने से लोग डर रहे हैं, पर पथ कहीं है, तो पथिक आयेंगे ही।'

उनकी दृष्टि में समाजवादी आन्दोलन आर्थिक–राजनीतिक परिवर्तनों से अधिक एक नयी संस्कृति पैदा करने का आन्दोलन रहा है। समता, आज़ादी, बन्धुत्व पर आधारित। डॉ. लोहिया का राजनीतिक रूप निश्चित रूप से प्रभावी, जुझारू और अकेले चलने की ताक़त से भरा–पूरा था। अनोखा और साहसपूर्ण। वह दौर तो ऐसा रहा कि शाब्दिक अर्थों में अकेले ही दशकों तक चट्टान की तरह निर्विकार भाव से वे ताक़तवर राजसत्ता से जूझते रहे। विलक्षण ऊर्जा और ताक़त के साथ, लोकसभा के अन्दर और बाहर। हालाँकि जिन साथियों के साथ 1942 में अंग्रेज़ों से लड़ते बर्बर दमन का सामना किया था, वे अलग हो चुके थे। यहाँ आशय जे.पी., अच्युत पटवर्धन, अशोक मेहता, अरुणा आसफ़ अली जैसे महान लोगों से है।

संवेदनशील, चिन्तक, विचारक और भारतीय संस्कृति के व्याख्याता के रूप में डॉ. लोहिया के व्यक्तित्व का सम्यक मूल्यांकन होना शेष है। भारत के तीर्थ, भारत की नदियाँ, इतिहासचक्र, हिमालय, भारत की संस्कृति, भाषा, भारतीय जन की एकता, भारत का इतिहास लेखन और

विश्व एकता के सपने पर उन्होंने मौलिक और अनूठे ढंग से विचार किया है। उनकी बातें उद्वेलित करती हैं। वह तात्कालिक राजनीतिक लाभ–हानि की दृष्टि से विचार करने वाले या चलने वाले राजनेता नहीं थे। उनमें बदलाव की अधीरता थी, पर लम्बे संघर्ष का संकल्प भी।

बहुआयामी सोच थी उनकी। वशिष्ठ, वाल्मीकि, रामायण, कृष्ण, राम, शिव, जैसे विषयों पर मौलिक अवधारणाएँ–व्याख्याएँ, विचार–व्याख्याएँ हैं, उनकी। कृष्ण पर जिस ढंग से उन्होंने विचार किया है, वैसा किसी सन्त, साधक या महान बुद्धिजीवी ने भी नहीं सोचा। डॉ. लोहिया (जिन्हें हम आदर से डॉ. साहब पुकारते हैं) की राजनीति इन्हीं मौलिक विचारों–बिन्दुओं की बुनियाद पर खड़ी थी। राजनीति के उस भवन में कई चिन्दियाँ आज लग गयी हैं। झाड़–झंखाड़ भी हैं, पर वह बुनियादी स्रोत जिनसे उनकी राजनीतिक विचारधारा प्रस्फुटित हुई थी, आज और अधिक प्रासंगिक है।

हाँ, उनके राजनीति आचार–विचार में अन्तर्विरोध–द्वन्द्व है। आज ग़ैर–कांग्रेसवाद का सपना कहाँ है? या इससे देश को क्या मिला? कुछ राजनीतिक विश्लेषक आरोप लगाते हैं कि आज भाजपा इस ग़ैर–कांग्रेसवाद की सीढ़ी पर चढ़कर ही शीर्ष पर पहुँची है। वह पूर्णतया असत्य भी नहीं है। हालाँकि जनतन्त्र में डॉ. लोहिया रोटी (सत्ता) पलटने की अनिवार्यता पर बार–बार ज़ोर देते थे। वे निराश रहने और काम करने (निराशा के कर्तव्य) के पैरोकार थे।

संगठन नहीं चला पाने की उनमें ज़बरदस्त कमी रही। लोहियावादियों के बारे में वह जुमला ही चल पड़ा कि वे दल तोड़ने वाले होते हैं। खण्ड–खण्ड में बँटने को अभिशप्त, आप आज देख लें। ख़ुद को लोहियावादी मानने वाले कांग्रेस, भाजपा, जनता दल, सजपा, तेलुगू देशम से आइपीएफ तक फैले हैं। अर्थशास्त्रियों के सन्दर्भ में पुरानी प्रचलित कहावत है, पाँच अर्थशास्त्री होंगे, तो छह विचार होंगे। यही हालत उनके अनुयायियों की रही। समाजवादियों का अतीत चाहे जितना भी समृद्ध रहा हो, पर आज उनकी विरासत पर सवाल तो उठते ही हैं। 1942 के प्रखर क्रान्तिकारी, आज क्या विरासत छोड़ गये हैं? 1942 के 50 वर्ष पूरे हो चुके हैं। इस अवसर

पर आत्ममन्थन होना चाहिए। अग्रज और चिन्तक गणेश मन्त्री के अनुसार मसीहा मानने वालों की तरह लोहिया समर्थक भी वक़्ती राजनीति के हथियार के रूप में उनका इस्तेमाल कर रहे हैं, करते रहे हैं। कुछेक वर्षों पूर्व हैदराबाद में नयी सोशलिस्ट पार्टी बनाने की भी चर्चा हुई। जब–जब राजनीति में लोहियावादी हाशिये पर धकेल दिये जाते हैं, उन्हें लोहिया की याद आती है। राजनीति में मर्यादा–विहीनता, दल–बदल, सिद्धान्तहीन गठबन्धनों और विधायिका में असंयत आचरण के लिए लोहिया के कटु आलोचक उन्हें दोषी बताते हैं। पर, ऐसी खण्डित और आंशिक आलोचनाएँ उनके सम्पूर्ण व्यक्तित्व और समग्र सृजन को स्पष्ट नहीं करतीं।

गणेश मन्त्री के शब्दों में कहें, तो विचारक और आन्दोलनकारी, राजनीतिज्ञ और सामाजिक क्रान्तिकारी, विद्रोही और परम्पराशोधक की अन्तर्विरोधी भूमिकाएँ उन्होंने एक साथ निभायीं। पूँजीवाद विरोधी, साम्यवाद विरोधी, साथ ही गाँधी के व्याख्याकार भी, अधिनायकवाद विरोधी, पर संसदीय प्रणाली की सीमाओं के प्रखर आलोचक, दार्शनिक दृष्टि से उदारवादी, पर कार्यक्रम पर अमल की दृष्टि से उग्रवादी। अपरिमित करुणा और अपार क्रोध, साथ–साथ दबे–पीड़ित, पिछड़े हरिजन, नारी के अधिकार के सवाल पर सात्त्विक आक्रोश से भरे।

'महारानी के ख़िलाफ़ मेहतरानी' को खड़ा करने की सामाजिक समता के संकल्प से बद्ध, वह ख़ुद को नास्तिक मानते थे। परन्तु मनुष्य में विश्वास और उसके कल्याण में घोर आस्था रखने वाले वह आस्तिक थे। समता और समृद्धि पर आधारित, सभ्यता का सपना देखने वाले। भारतीय इतिहास के यक्ष प्रश्न उन्हें मथते रहे। वह जानना चाहते थे कि जब बुद्ध–आम्रपाली की भेंट हुई होगी, तो क्या हुआ होगा? आम्रपाली ने क्यों बुद्ध पर सर्वस्व न्योछावर किया और बुद्ध ने आम्रपाली को कैसे स्वीकार किया? कन्याकुमारी की शिला पर ध्यानमग्न विवेकानन्द किस दिशा की ओर मुँह किये बैठे होंगे?

भारत के तीर्थस्थल, सारनाथ, अजन्ता, एलोरा, कोणार्क, खजुराहो, महाबलीपुरम, रामेश्वरम, उर्वशीयम जैसी जगहें उन्हें बार–बार खींचती थीं। चित्रकूट से किस रास्ते राम दक्षिण की ओर निकले होंगे। यह

कौतूहल भी उन्हें कुदेरता था। उनकी अभिलाषा रही कि एक बार चित्तौड़ से द्वारका पैदल जाऊँ जिस रास्ते मीरा गयी थीं। चित्तौड़ में जौहर–इतिहास को महिमामण्डित करने के सवाल से बेचैन इनसान। श्रद्धेय डॉ. धर्मवीर भारती से एक अवसर पर पूछा कि 'पता नहीं राम ने कभी सागर पर सूर्यास्त देखा था या नहीं? वाल्मीकि रामायण देखकर मुझे लिखना। सागर पर सूर्यास्त का वर्णन नहीं है क्या?' सुन्दरता में कुछ करुणा का पुट होता है, तभी वह उदात्त होती है। सूर्योदय में चुहल है, वेग है। सूर्यास्त में करुणा है, सौम्यता है, जैसे रस से पक गया हो। राजगृह में जरासन्ध का अतीत ढूँढ़ने वाले, पासपोर्ट के बिना ध्रुव से ध्रुव तक के बड़े देश में यात्रा करने की आकांक्षा से प्रेरित, विश्व सभ्यता का सपना देखने वाले डॉ. साहब में भाषा, विचार, दर्शन, इतिहास, संस्कृति सबको मिलाकर सोचने और मौलिक सवाल उठाने की अद्भुत बौद्धिक प्रतिभा थी।

सत्याग्रह, सिविल नाफ़रमानी, घेरा डालो, दम बाँधो, सप्तक्रान्ति, नर–नारी समता, रंगभेद, चमड़ी सौन्दर्य, जाति प्रथा के ख़िलाफ़, मानसिक गुलामी, सांस्कृतिक गुलामी, दामों की लूट, शासक वर्ग की विलासिता, ख़र्च पर सीमा, 10 हज़ार बनाम 3 आने, संगठन सरकार के बीच का रिश्ता, जैसे असंख्य सवाल/मुद्दे उन्होंने उठाये और लड़े। पहली बार केन्द्र सरकार के ख़िलाफ़ अविश्वास प्रस्ताव पेश किया। धारा के ख़िलाफ़ चलने की राजनीति की परम्परा डाली। अपने निकट के लोगों को सही मुद्दे उठाकर, चुनाव हारने के लिए खड़ा किया। उन्हें शानदार हार पर बधाई दी।

चटगाँव विद्रोह के अपने साथी दिनेश दासगुप्त को हिन्दी के सवाल पर कोलकाता में लोकसभा चुनाव में खड़ा किया। उन्होंने पत्थर खाये, पर मुद्दे उठाना नहीं छोड़ा। उन्होंने ऐसी राजनीतिक पार्टी की कल्पना की–'मैं चाहता हूँ कि हमारी पार्टी ऐसी हो जाये कि पिटती रहे, पर डटी रहे। आख़िर वह कौन–सी ताक़त थी, जो तीन सौ वर्ष तक ईसाई मज़हब को बार–बार पिटने के बाद भी चलाती रही। समाजवादी आन्दोलन के पिछले 25 वर्ष के इतिहास को आप देखेंगे, तो पायेंगे कि सबसे बड़ी चीज़ जिसकी हम में कमी है, वह है

कि पिटना नहीं जानते। जब भी पिटते हैं। धीरज छोड़ देते हैं, मन टूट जाता है और हर सिद्धान्त और कार्यक्रम को बदलने को तैयार हो जाते हैं?' इस कसौटी पर उनके उत्तराधिकारियों को आप कस सकते हैं। इसके लिए उन्होंने 'निराशा के कर्तव्य' निरूपित किये। पिछले 1500 बरस में हिन्दुस्तान की जनता ने एक बार भी किसी अन्दरूनी ज़ालिम के ख़िलाफ़ विद्रोह नहीं किया। बग़ावत करते हैं। क़ानून तोड़ते हैं। इमारतें वग़ैरह को तोड़ते हैं या उन पर क़ब्ज़ा करते हैं, ज़ालिम को गिरफ़्तार करते हैं, फाँसी पर लटका देते हैं। मरने से एक माह पूर्व बिहार (गिरिडीह) में अपने अन्तिम भाषण में कहा—'मुझे इतना धीरज है कि अपने सपनों को अपनी आँखों से सच होते न देख पाऊँ और फिर भी मलाल नहीं करूँ। पर, आश्वस्त हूँ कि लोग मेरी बात सुनेंगे ज़रूर, पर मेरे मरने के बाद।' मरने के पूर्व वह अपनी पार्टी के लोगों की पदलोलुपता से परेशान थे। लोकसभा के उनके सभी साथी जब बिहार में मन्त्री बने, तो उन्होंने प्रेस में बयान देकर इसे सिद्धान्तहीनता बताया।

द्रौपदी को आदर्श मानने वाले डॉ. लोहिया 'ईश्वर' और 'औरत' को जीवन में सबसे महत्त्वपूर्ण मानते थे। गाँधी के रामराज्य के स्थान पर 'सीताराम राज' की कल्पना की। राधा के चरित्र के नये व्याख्याकार। मीरा के सात्त्विक सौन्दर्य–भक्ति से प्रभावित। हिन्दी के नये शब्दों–मुहावरों के प्रणेता। उस दौर की पूरी–की–पूरी सृजनशील पीढ़ी को झकझोरने वाले। 'कल्पना', 'जन', 'मैनकाइंड' और 'दिनमान' के माध्यम से हिन्दी जगत् को वैचारिक रूप से उद्वेलित करने वाले लोहिया, इतिहासचक्र के रचनाकार लोहिया का व्यक्तित्व एक बँधे–बँधाये साँचे में निरूपित नहीं किया जा सकता। अब तक की पूरी चर्चा उनके व्यक्तित्व की एक झलक जैसी थी, पर अपूर्ण। उनकी राजनीति की एक झलक, जिसे 'अल्पकालीन धर्म' (और धर्म को दीर्घकालीन राजनीति) वह कहते थे, उसका उद्देश्य बुराई से लड़ना था। राजशक्ति की राक्षसी ताक़त के ख़िलाफ़ साबुत खड़ा करना था। यूगोस्लाविया में मित्र मिलोवन जिलास की क़ैद, कांगो में लुमुंबा की हत्या, पाकिस्तान में ख़ान अब्दुल गफ़्फ़ार ख़ान की जेल और ख़ुद

एक पाँव जेल में और एक बाहर रहने वाले लोहिया, तत्कालीन विश्व स्थिति से निराश थे, पर एशिया–अफ्रीका में वह नयी राजनीति नये विकल्प की तलाश में बेचैन थे। गाँधी के जीवन–काम से उन्हें लगता था कि राष्ट्रीय आन्दोलन नयी सभ्यता का अगुआ होगा।

इसी नयी सभ्यता की आवश्यकता के सन्दर्भ में आज लोहिया की प्रासंगिकता गाँधी के बाद सबसे अधिक है। तीसरे विकल्प की तलाश में बेचैन उनकी पूरी राजनीति और विचार–यात्रा, इस नये विकल्प, नये मनुष्य, नयी व्यवस्था और नये सपनों के इर्द–गिर्द ही रही। इस भटकती दुनिया (सिर्फ़ भारत में नहीं), साम्यवाद और पूँजीवाद के विफल होने के बाद की बेचैन दुनिया को आज सबसे अधिक एक नये विकल्प, नयी सभ्यता और संस्कृति की तलाश है। अपना अस्तित्व क़ायम करने के लिए। इसी कारण लोहिया भारत में अब भी प्रासंगिक हैं।

साम्यवाद, जब दुनिया में विचार के रूप में आया, तब वह मोहक सपना था। ग़रीबी दूर करने की बात कार्ल मार्क्स ने की। इसके पहले ग़रीबी के सन्दर्भ में वैज्ञानिक–सामाजिक अध्ययन नहीं हुआ था। मार्क्स से पहले किसी पीर–पैगम्बर–धर्म प्रवर्तक ने यह प्रतिपादित नहीं किया था कि ग़रीबी–अमीरी का निवारण हो सकता है। 'अमीरी–ग़रीबी भगवान की बनायी हुई हैं।' मार्क्स के पहले यह सोच थी। पर, वर्ग संघर्ष कहाँ पहुँचाया, सर्वहारा की तानाशाही परिणति क्या रही? साम्यवाद अपने अन्दर के भारी अन्तर्विरोधों से ही टूटकर बिखर गया। रूस और पूर्वी यूरोप के देशों में साम्यवाद के ख़त्म होने के बाद लोहियावादी मुदित भाव से बताते थे कि डॉ. लोहिया ने इस स्थिति की कल्पना बहुत पहले की थी। अपने लेखों में अभिव्यक्त भी किया था। बग़ैर गहराई में गये, यह तो स्पष्ट ही है कि साम्यवाद के सपने में आज वह पुरानी ताक़त–ऊर्जा नहीं है। कठिन दौर से गुज़र रहे साम्यवादी भी बेचैनी से विकल्प ढूँढ़ रहे हैं। चीन को भी अन्ततः बाज़ारवाद में ही मुक्ति मिली है।

आज एक तरफ़ साम्यवाद में बिखराव है, दूसरी तरफ़ बीमार और अन्तर्विरोध से भरी है, पश्चिमी व्यवस्था। हालाँकि अमेरिका के महाबली

होने या इराक की पराजय के बाह्य संकेतों से, तो यही लगता है कि पूँजीवाद या 'मार्केट इकोनॉमी' ही आदर्श है। आज भारत भी इसी ग्लोबलाइज़ेशन ग्रन्थि से प्रेरित है। पर, नये विचार देने और मूल्यों के गढ़ने के सन्दर्भ में पश्चिम खोखला हो चुका है। अन्दर से तबाह, अवसादग्रस्त और आत्म साक्षात्कार की कोशिश में लगा है। गैलब्रेथ कहते हैं कि यह औसत प्रतिभा वालों का युग है। कवि आक्टोवियोपाज की पीड़ा है कि यह विचारशून्यता का दौर है। फिर भी भारत पश्चिम के इस आकर्षण–मोहपाश में बँधा है।

**(1993)**

# सादगी, शास्त्री जी और राजनीति

यह राजनीति का भोग युग है। गाँधी युग को 'सतयुग' मानें, तो द्वापर, त्रेता होते–होते अब कलियुग में राजनीति है। ऐसा नहीं है कि सतयुग में यानी गाँधी दौर में सब बड़ा पाक साफ़ था। पर, मुख्यधारा तप, त्याग, चरित्र, नैतिक आभा और सच की थी। पाप, मैल, झूठ और कीच–कादो, ख़ुद ही अलग–थलग पड़ जाते थे। आज की राजनीति की मुख्यधारा में पाप, झूठ, पाखण्ड, छल–छद्म और षड्यन्त्र का ज़ोर है। ऐसा नहीं है कि सच, चरित्र और नेक तत्त्व आज की राजनीति में हैं ही नहीं। पर वे 'साइड लाइंड' भी नहीं हैं, बल्कि कोने में कहीं पड़े हैं।

इसलिए इस कलियुग की राजनीति में 'सादगी', 'फ़िज़ूलख़र्ची', 'मितव्ययिता' जैसे शब्द गूँजे, तो मीडिया में बड़ी–बड़ी ख़बरें आने लगी। हालाँकि सोनिया गाँधी, राहुल गाँधी के कंसर्न (चिन्ता) से अचानक पुरानी राजनीति के ये स्वाभाविक शब्द पुनर्जीवित हुए, तो यह भी लगा, सोनिया जी–राहुल जी जेनुइनली इन शब्दों की वापसी चाहते हैं। कांग्रेस में, कांग्रेसियों में और सरकार में। पर, दोनों चाह कर भी कुछ कर–करा नहीं सकते, क्योंकि इसके उद्गम में कांग्रेसी संस्कृति है, जो धीरे–धीरे सारे दलों की संस्कृति बन गयी। अब पूरी राजनीति इस भोग संस्कृति की गिरफ़्त में है। यह भी सच है कि इस भोग–धारा को पलटे बिना, देश नहीं बदलने वाला।

गाँधी युग की राजनीति का बड़ा गुण था, अपरिग्रह। गाँधी के बाद लोहिया–जेपी वगैरह ने (उसी पीढ़ी के कांग्रेसी नेताओं ने भी) कभी व्यक्तिगत माल–असबाब रखा ही नहीं। लोहिया तो निसंग थे।

एक बक्सा और किताबें, यही सम्पत्ति थी। उस युग का अघोषित एजेंडा था, सादगी। यह सर्वस्वीकृत विचार था कि यही भारत की समृद्धि की सीढ़ी है। वह युग इस विचार के ख़िलाफ़ था कि गाँधी के राजनीतिक वारिस, अंग्रेज़ों के द्वारा खाली महलों में रहें। वही भाषा, भूषा और संस्कृति अपनाएँ और बढ़ाएँ। 1962 में राममनोहर लोहिया ने सवाल उठाया कि प्रधानमन्त्री पर इतना अधिक फ़िज़ूलख़र्च, तामझाम और शानो–शौक़त क्यों? तब देश के बुद्धिजीवियों और राजनीतिक दलों ने या तो मखौल उड़ाया या चुप हो गये। धीरे–धीरे मन्त्रियों का खर्च बढ़ता गया। अब मनमोहन सरकार के दो मन्त्री महीनों–महीनों, रोज़ाना लाख रुपये किराये के होटल–सूट में रहें, तो आश्चर्य क्यों?

60 के दशक में ही ऊपर की फ़िज़ूलख़र्ची देखकर, नक़लकर नौकरशाह–कार्यकर्ता भी उसी रास्ते पर चल पड़े। सच यह है कि शीर्ष पर बैठे लोगों का फ़िज़ूलख़र्च और भोग–विलास, समाज को भ्रष्ट बनाता है। आज यह फ़िज़ूलख़र्च या विलासख़र्च समाज की संस्कृति का हिस्सा बन गया है। इसी धारा से जन्मे रिश्वत, ग़बन, सार्वजनिक धन की चोरी, स्विस बैंक में जाता भारत के अपार पैसे... और अब तो सार्वजनिक जीवन में निर्लज्जता पराकाष्ठा पर है। राष्ट्रपति से लेकर नीचे के नेता के वंश के भविष्य की हिफ़ाज़त में राजनीतिक दल चौकस हैं। सार्वजनिक जीवन में भ्रष्टाचार मुद्दा नहीं रहा। साधन, साध्य शब्द ही वनवास में हैं। जहाँ निज स्वार्थ, भोग और धन से राजनीति चल रही हो, वहाँ 'सादगी', 'मितव्ययिता' वगैरह की चर्चा? दृष्टि वंचित को देखने की सलाह देने जैसा ही है।

पर, सोनिया जी या राहुल जी चाहें, तो कांग्रेस की ही पुरानी परम्परा, कांग्रेसियों को स्मरण करा सकते हैं। आज देश बापू को याद करेगा, पर लालबहादुर शास्त्री का जन्मदिन भी 2 अक्टूबर ही है। लालबहादुर जी की पुण्य स्मृति से ही कांग्रेस व अन्य दल कुछ सीख सकें, तो वे अपने पाप भण्डार को कुछ कम कर सकेंगे।

प्रसंग 1964 का है। लालबहादुर शास्त्री प्रधानमन्त्री थे। यह प्रसंग लिखा है, डॉ. वर्गीस कुरियन ने। पेंगुइन से प्रकाशित पुस्तक

'आइडियाज दैट हैव वर्क्ड' (विचार जो कामयाब रहे) के अध्याय 'बूँद से बाढ़ तक' में। डॉ. वर्गीस, श्वेत क्रान्ति के सूत्रधार–आणन्द दुग्ध विकास कार्यक्रम के जनक रहे।

प्रधानमन्त्री लालबहादुर शास्त्री एक कार्यक्रम में आणन्द आ रहे थे। उनका सन्देश आया। वे रात में एक छोटे किसान के घर अतिथि रहेंगे। अकेले। लोगों को पसीना छूटने लगा। यह कैसे सम्भव है? सुरक्षा में एक आदमी नहीं, यह असम्भव है। पर, इच्छा तो प्रधानमन्त्री की थी। वह भी गाँधीयुग के चरित्रवान राजनेता की।

रास्ता निकाला, डॉ. कुरियन ने। एक गाँव, आणन्द से सात किमी दूर, वह गये। गाँव के लोगों से कहा, दो विदेशी मेहमान आ रहे हैं। किसी एक घर में रहेंगे। एक किसान तुरन्त सहमत हो गया। कुरियन ने उस किसान से कहा, घर की थोड़ी साफ़–सफ़ाई कर दे। पूरी योजना गोपनीय रही। यहाँ तक कि गुजरात के मुख्यमन्त्री को भी उस गाँव की जानकारी नहीं दी गयी। कार्यक्रम की रात प्रधानमन्त्री लालबहादुर शास्त्री और गुजरात के तत्कालीन मुख्यमन्त्री को लेकर अचानक डॉ. कुरियन उस छोटे किसान के घर पहुँचे। किसान देखते ही स्तब्ध। उसने डॉ. कुरियन को अलग हटाया, बोला, 'यह आपने मेरे साथ क्या किया? मैंने तो खाने में कुछ भी ख़ास नहीं बनाया। प्रधानमन्त्री क्या खायेंगे? अब मेरा क्या होगा?' वह अवाक् और घबड़ाया था। कुरियन ने उस किसान से कहा, 'चिन्ता मत करो, कुछ नहीं होगा। वे बहुत अच्छे लोग हैं। बिल्कुल मेरी और तुम्हारी तरह।' डॉ. कुरियन प्रधानमन्त्री और मुख्यमन्त्री को उस किसान के घर पहुँचा कर उस गाँव से लौट गये। सिर्फ़ पीएम और सीएम गाँव में रह गये। बिना सुरक्षा या किसी और सहयोगी के। शाम के साढ़े सात बजे थे। शास्त्री जी और मुख्यमंत्री ने उस किसान परिवार के साथ रात का भोजन किया। पंगत में बैठ कर। फिर शास्त्री जी ने कहा कि वे गाँव की हर झोंपड़ी में जाना चाहते हैं। एक झोंपड़ी में वे किसानों के परिवारों के साथ बैठे। बातचीत की कि ज़िन्दगी कैसी चल रही है? क्या सब सहकारी समिति के सदस्य हैं? यह समिति कैसे काम कर रही है? ठीक–ठाक चल रही है? वे समिति के कामों

से सन्तुष्ट हैं? वगैरह–वगैरह। चौपाल में लम्बी बातचीत के बाद प्रधानमन्त्री ने पूछा, इस गाँव में मुसलमान रहते हैं? मैं उनके घरों में जाना चाहता हूँ। इस तरह उनके घर गये। वहाँ भी बैठे, बातें कीं। फिर पूछा, क्या यहाँ हरिजन हैं? वहाँ से वे हरिजन के घर गये। भीड़ को पीछे छोड़कर। उनसे पूछा कि क्या आपका दूध भी उसी बर्तन में डाला जाता है, जिसमें औरों का डाला जाता है? क्या आप उसी कतार में खड़े होते हैं, जिसमें ब्राह्मण खड़े होते हैं? इस तरह रात दो बजे तक प्रधानमन्त्री गाँव के लोगों के साथ बातें करते रहे, घर–घर घूम कर। इसके बाद डॉक्टर ने उन्हें सोने के लिए ज़ोर दिया। अगली सुबह डॉ. कुरियन तड़के पहुँचे, तो देखा, प्रधानमन्त्री लोगों के साथ भीड़ में बैठकर बतिया रहे हैं।

प्रधानमन्त्री और गाँव वालों की बातचीत बड़ी दिलचस्प और रोचक है। पर, वह अलग विषय है। यहाँ यह बताना भर मक़सद है कि तब के कांग्रेसी नेता कैसे आदर्श जीवन जीते थे। उनके लिए 'सादगी', 'मितव्ययिता' महज़ शब्द नहीं कर्म थे।

2 अक्टूबर शास्त्री जी का भी जन्मदिन है और गाँधी का भी। गाँधी ने भी यह सपना पाला कि आज़ाद भारत के मन्त्री कैसे रहेंगे, उनका काम–काज, चाल–चरित्र और जीवन कैसा होगा? गाँधी ने इस सन्दर्भ में पश्चिम बंगाल के तत्कालीन गवर्नर राजगोपालाचारी को पत्र भी लिखा। 15 अगस्त, 1947 को। यह पश्चिम बंगाल के मन्त्रियों को गाँधी जी की सलाह थी। उन्होंने कहा, 'आज से आपके सिर पर काँटों का ताज है। हमेशा सच और अहिंसा बरतें। विनम्र बनें। अब आपकी परख होगी। सत्ता से सावधान रहें। सत्ता भ्रष्ट बनाती है। सत्ता के दिखावे और चकाचौंध से बचें। याद रखिए, आप भारत के ग़रीब लोगों की सेवा के लिए सरकार में हैं। भगवान आपकी मदद करे।' यह थी, गाँधी की सलाह।

एक भारतीय राज्यपाल कैसा हो, इस पर 17 अगस्त, 1947 को गाँधी ने लिखा। यह सब पढ़कर, अब यक़ीन नहीं होता कि इस देश में ऐसे सपने देखने वाले लोग भी थे। पर यह सिर्फ़ सपना और

आदर्श ही नहीं था। इस पर गाँधीयुग के लोग चले भी। गाँधी द्वारा आहूत आज़ादी के यज्ञ में 2 अक्टूबर को ही जन्मे शास्त्री जी ने भी आहुति दी थी। बापू के न रहने पर, उस शास्त्री जी ने प्रधानमन्त्री पद पर रहकर दिखाया भी कि बापू के यज्ञ में दीक्षित सिपाही कैसे देश के सात्त्विक सेवक बन सकते हैं? क्या आज के शासक इनसे कुछ सीखेंगे?

**(2009)**

# लौटा दो हमें कामराज

कई महीने बाद दिल्ली जाना हुआ। नहीं जानता, दिल्ली हमसे दूर है या हम दिल्ली से दूर। इस यात्रा का मक़सद था। आईसी सेंटर फॉर गवर्नेस द्वारा आयोजित, करप्शन फ्री गवर्नेस (भ्रष्टाचारमुक्त शासन) पर बोलना। इंडिया इंटरनेशनल सेंटर में। दिल्ली और देश–दुनिया में अपने काम–ज्ञान के कारण पहचान रखने वाले अनेक विशिष्ट लोगों के बीच बोलना एवं उनसे मिलना, अनुभवों से भरा रहा। पर, दिल्ली की फिजाँ में एक गन्ध है। बेचैनी है। शीर्ष संस्थाओं के कमज़ोर, लाचार और असहाय होने का बोध एवं अहसास।

दिल्ली से लौटते हुए लक्ष्मीचन्द जैन (एलसी जैन के नाम से मशहूर) की पुस्तक 'सिविल डिसओबेडिएंस टू फ्रीडम स्ट्रगल्स' ली। जैन साहब गाँधीवादी थे। जयप्रकाश नारायण के अभिन्न सहयोगी। वे योजना आयोग के सदस्य भी रहे। पुराने पवित्र गाँधीवादी नेताओं की धवल परम्परा की एक कड़ी। कुछ ही दिन पूर्व उनका निधन हुआ। कुछेक बार 'प्रभात ख़बर' के काम को देखकर, उन्होंने अपने स्तम्भ में इसका उल्लेख भी किया था। कुछेक जाने–माने मित्रों के माध्यम से उनसे मिलना हुआ था। बहुत नज़दीकी का सम्बन्ध नहीं रहा। पर, उनके जीवन एवं काम ने उनके प्रति मन में आदर और श्रद्धा का भाव पैदा किया। उनकी पुस्तक में कई महत्त्वपूर्ण चीज़ें हैं। एक सूचना, जिसे पढ़कर आघात पहुँचा। पण्डित नेहरू, चीन के युद्ध के बाद अस्वस्थ हो गये थे। तब भारत सरकार की महत्त्वपूर्ण फ़ाइलें इन्दिरा जी के माध्यम से उन तक पहुँचने लगीं। जैन जी कहते हैं, हमें कभी पता

नहीं चलेगा कि ऐसा आदेश ख़ुद नेहरू ने दिया था या नहीं, पर अगर ऐसा था, तो यह उस पवित्र नियम का उल्लंघन था कि बिना शपथ लिये कोई कैसे भारत सरकार की गोपनीय फ़ाइलें देख सकता है? उल्लेखनीय है कि इन्दिरा जी किसी सरकारी पद पर नहीं थीं। पर, नेहरू की मौत के बाद सत्ता के महलों में कैसे षड्यन्त्र रचे गये? यह जान कर सत्ता की भूख का अहसास होता है। कामराज के नेतृत्व में एसके पाटील, एस निजलिंगप्पा, अतुल्य घोष, नीलम संजीव रेड्डी ने तुरन्त पहल की कि प्रधानमन्त्री की गद्दी को तत्काल भरा जाये। इस समूह ने लाल बहादुर शास्त्री को प्रधानमन्त्री के लिए चुना। इन्दिरा जी ने शास्त्री जी के चयन को रोकने की हरसम्भव कोशिश की। तब कांग्रेस के एक महासचिव थे, श्रीनिवास मलय्या। वह एलसी जैन के राजनीतिक अभिभावक भी थे। 1952 से 1965 (मरने तक) के बीच लोकसभा के सदस्य रहे। कमला देवी चट्टोपाध्याय ने एलसी जैन की मुलाक़ात मलय्या से करायी थी। मलय्या और शास्त्री जी तब कांग्रेस के सचिव थे। कामराज, कांग्रेस के अध्यक्ष थे। मलय्या ने जैन जी को तब बताया कि शास्त्री जी के चयन की आहट पाकर इन्दिरा जी ने तुरन्त कामराज को पत्र भेजा।

कांग्रेस कार्यसमिति की बैठक होने वाली थी। इन्दिरा जी ने पत्र में लिखा, यह सही नहीं होगा कि नेहरू का उत्तराधिकारी चुना जाये, क्योंकि अभी देश शोक मना रहा है। 13 दिनों का राजकीय शोक था। पत्र पाते ही कामराज भाँप गये कि कुछ गड़बड़ है। कामराज को सूचना मिल गयी कि इन्दिरा जी के दो ख़ास लोग वीके कृष्ण मेनन और केडी मालवीय ने यह पत्र तैयार किया है। ये दोनों पण्डित नेहरू के ख़ास लोग थे। उनके न रहने पर अपनी प्रतिबद्धता इन्दिरा जी के साथ जोड़ ली थी। इन्दिरा जी का यह पत्र लेकर जो व्यक्ति कामराज के ऑफ़िस गया, उसने कहा कि इस पत्र की प्राप्ति पर दस्तख़त कामराज ही करेंगे। कांग्रेस कार्यसमिति की बैठक चल रही थी। पत्र मिलते ही कामराज ने बैठक स्थगित कर दी। कामराज ने मलय्या से तमिल में बातचीत की और कहा कि वे तीन मूर्ति हाउस

जा रहे हैं। ऊपरी मंज़िल पर शोक में लोग बैठे थे। कामराज भी वहाँ जाकर बैठे।

इन्दिरा जी का पत्र उनके पॉकेट में था। सबके साथ वह कुछ देर बैठे। फिर निकलने लगे। वह दो–तीन सीढ़ी उतरे होंगे कि इन्दिरा जी लगभग दौड़ती हुई उनके पास आयीं। उन्होंने पूछा, आपको मेरा पत्र मिला है? उन्होंने अपना पॉकेट दिखाया। कहा कि हाँ मिला है। इस पॉकेट में है। वह रुके नहीं। सीढ़ियों से उतरते रहे। तब इन्दिरा जी ने उन्हें ठहरने को कहा और पूछा, अब आप क्या करने जा रहे हैं? कामराज का जवाब विलक्षण है। यह जवाब दिखाता है कि गाँधी युग में कैसी मिट्टी से निकले लोग इतने बड़े स्टेट्समैन और दूरदृष्टि वाले हुए। कामराज रुके। इन्दिरा जी की ओर मुड़े और कहा कि वह आपके पिता थे, इसलिए आपके दुख का अहसास है। पर, हम सब आज अनाथ हैं, क्योंकि वह हमारे भी पिता थे। हम आपकी भावना और दुख की घड़ी में साथ हैं। पर, एक पार्टी के रूप में हमारा दायित्व है कि पण्डित जी के उत्तराधिकारी का तत्काल बगैर विवाद के चयन हो, अन्यथा पूरे देश–विदेश में एक संशय और ग़लत सन्देश जायेगा कि भारत में हो क्या रहा है? हम इसकी इज़ाजत नहीं दे सकते। हम यह नहीं होने दे सकते हैं। इसलिए हम लोग अपने निर्णय पर आगे बढ़ रहे हैं। यह जवाब सुनकर इन्दिरा जी स्तब्ध और जड़ बन गयीं। कामराज चुपचाप उतर कर कांग्रेस कार्यसमिति की बैठक में सीधे गये। कुछेक मिनट बाद बैठक ख़त्म हुई और कांग्रेस कार्यसमिति के लोगों ने बाहर आकर इस चयन की सूचना दी।

जब शास्त्री जी के नाम की घोषणा हुई, तो कामराज ने शास्त्री जी को बुलाया और कहा कि मेरा सिर्फ़ एक सुझाव है। अपने मन्त्रिमण्डल में इन्दिरा जी को रखें। शास्त्री जी ने तत्काल इस पर अपनी सहमति दिखायी। उन्होंने तुरन्त इन्दिरा जी को फोन किया, पर इन्दिरा जी ने मन्त्री बनने से इनकार कर दिया। इस बीच नियमतः तीन मूर्ति निवास खाली करने की चर्चा शुरू हुई, क्योंकि वह प्रधानमन्त्री का आवास था। शास्त्री जी ने मना किया कि वह कहीं

और रहेंगे। बाद में इन्दिरा जी ने इंग्लैंड जाकर अपने बच्चों के साथ रहने की इच्छा दिखायी। पर, पता चला कि बिना किसी सरकारी पद के भारतीय दूतावास उनकी यात्रा या दूसरे खर्च का वहन नहीं कर पायेगा। इन्दिरा जी ने अपने विश्वस्त उमाशंकर दीक्षित को मलय्या के पास भेजा। मलय्या ने कामराज से इन्दिरा जी की मुसीबतों का उल्लेख किया। कामराज ने शास्त्री जी से अनुरोध किया। शास्त्री जी फिर मन्त्री बनाने पर राजी हो गये। पर, पता चला कि मन्त्रिमण्डल में इन्दिरा जी से वरिष्ठ तीन लोग हैं। वरिष्ठता में उनका नाम चौथे स्थान पर है। इन्दिरा जी वरिष्ठता की सूची में चौथे स्थान पर रहने को तैयार नहीं थीं। उमाशंकर दीक्षित फिर मलय्या के घर आये। उनसे इन्दिरा जी की बात बतायी। मलय्या ने कहा कि इन्दिरा जी ग़लती कर रही हैं। नम्बर चार पर होना भाग्यशाली है। शास्त्री जी भी चौथे नम्बर पर थे और वे प्रधानमन्त्री बन गये। उमाशंकर दीक्षित ने यह सन्देश इन्दिरा जी को दिया और वह तुरन्त मन्त्रिमण्डल में शामिल होने को सहमत हो गयीं।

आगे भी जो कुछ हुआ, उससे कामराज की महानता, जीवटता और स्टेट्समैन की अद्भुत छवि उभरती है। एक वर्ष में शास्त्री जी नहीं रहे। पुनः पुराना गुट हरकत में आया। मोरारजी देसाई और इन्दिरा जी के बीच चयन होना था। यह भी चर्चा थी कि कामराज ख़ुद प्रधानमन्त्री बनना चाहेंगे। कामराज के नेतृत्व में सिंडिकेट के नेताओं ने महसूस किया कि प्रधानमन्त्री वो बने, जिसकी अखिल भारतीय पहचान हो और पूरे देश के लिए स्वीकार्य हो। कामराज और उनके साथियों ने इन्दिरा गाँधी को नये प्रधानमन्त्री के रूप में चुना। इन्दिरा जी ने अपने मन्त्रियों की सूची बनायी और राष्ट्रपति भवन जाने से पहले कामराज के यहाँ पहुँचीं। उन्होंने कामराज को मुड़ा हुआ एक काग़ज़ दिया। वह काग़ज़ खोलें, इसके पहले इन्दिरा जी ने कहा कि यह मन्त्रियों की सूची है। पर, इसमें कोई फेरबदल नहीं होगा। कामराज ने बिना पढ़े रख लिया। कामराज ने पूछा, चाय पीयेंगी? इन्दिरा जी ने कहा, हाँ। चाय पिलाने के बाद वह पेपर जस का तस इन्दिरा जी को वापस कर दिया। इन्दिरा जी ने पूछा,

अरे आप इसे पढ़ नहीं रहे हैं। जिस कामराज ने इन्दिरा जी को प्रधानमन्त्री के रूप में चुना, उसी इन्दिरा जी को उनका जवाब था, पढ़ना ज़रूरी नहीं। आपने इसे अत्यन्त सावधानी से तैयार किया है और जब कोई परिवर्तन इसमें नहीं होना है, तो फिर इसे वापस ही कर देना चाहिए।

दो बार, दो प्रधानमन्त्री को चुनने वाले व्यक्ति थे कामराज। विकट परिस्थितियों में एक स्टेट्समैन की तरह उनके निर्णय अद्भुत थे। शास्त्री जी के चयन के वक़्त इन्दिरा जी का पत्र और तीन मूर्ति भवन में खड़ा–खड़ा उनका वह ऐतिहासिक जवाब। फिर से इन्दिरा जी को प्रधानमन्त्री बनाने के बाद, इन्दिरा जी द्वारा राष्ट्रपति भवन जाने से पहले कामराज को सम्भावित मन्त्रियों की सूची दिखाना, परिवर्तन न कहने की बात करना और फिर कामराज का शालीन पर साफ़ जवाब, सामयिक इतिहास के अविस्मरणीय प्रसंग हैं। आधिकारिक तौर पर प्रधानमन्त्री का पद दो बार पास आने और उसे दूसरों को सौंप देने का काम कामराज ने किया। वह कामराज थे, कौन? ठेठ बिहारी लफ्ज़ में कहें, तो वह जाति से नाडार थे। दलित। केरल में दलितों से ऊपर की मान्यता। बिहार में जैसे ताड़ी का धन्धा करने वाले होते हैं, उसी कौम से। वह 1903 में जन्मे। परिवार में मामूली काम–धाम था। पिता नारियल का धन्धा करते थे। वह जब छह वर्ष के थे, पिता चल बसे। माँ ने गहने बेच कर पढ़ाये। 1914 में कामराज ने पढ़ाई छोड़कर, परिवार पालने–पोसने का काम किया। वह एक दुकान में लग गये। पर, राजनीति में रुचि थी। वह धरना–प्रदर्शन में शामिल होने लगे। जाने–माने वक्ता एवं प्रखर सांसद एसएस सत्यमूर्ति उनके राजनीतिक गुरु थे। उन्होंने कामराज में अद्भुत सांगठनिक क्षमता, अथक कार्यकर्ता, अत्यन्त सक्षम इनसान की झलक देखी। जब कामराज तमिलनाडु के मुख्यमन्त्री बने, तो सबसे पहले सत्यमूर्ति के घर गये और उनकी विधवा से आशीर्वाद लिया।

तमिलनाडु के गाँवों में शिक्षा के जनक वही माने जाते हैं। मुख्यमन्त्री के रूप में मिड डे मील योजना के वही जनक थे। सी राजगोपालाचारी को हराकर वे मुख्यमन्त्री बने। अंग्रेज़ों के ज़माने में

वहाँ शिक्षा सात प्रतिशत थी। कामराज के काल में 37 प्रतिशत तक पहुँच गयी। राजा जी के काल में 12 हज़ार स्कूल थे। कामराज के समय में 27 हज़ार स्कूल हुए। स्कूलों में पढ़ाई के दिन बढ़ाये गये, ताकि शिक्षा की गुणवत्ता बेहतर हो। अनावश्यक छुट्टियों में कटौती की गयी। पाठ्यक्रम बदले गये, ताकि छात्रों के सम्पूर्ण व्यक्तित्व में वृद्धि हो सके। कामराज के प्रयास से आईआईटी मद्रास की स्थापना 1959 में हुई। उनके कार्यकाल में कोई गाँव बिना प्राइमरी स्कूल के नहीं रहा। हर पंचायत में हाई स्कूल खुला। अशिक्षा ख़त्म करने के लिए उन्होंने कक्षा 11 तक मुफ़्त अनिवार्य पाठ्यक्रम शुरू किया। खेती पर भी उनकी निग़ाह रही। पाँच बड़े नहरों का निर्माण कराया। 150 लाख एकड़ खेतों में सिंचाई होने लगी। उन्हीं के कार्यकाल में भेल (त्रिची में) की स्थापना हुई। नेवेली लिइट कॉरपोरेशन शुरू हुआ। मनाली रिफाइनरी लिमिटेड की स्थापना हुई। बिजली के लिए कई योजनाएँ शुरू हुईं। वह अपने साथी मन्त्रियों को कहते थे–सीधे समस्या से जूझें, उनसे भागें नहीं। उसका हल निकालें, चाहे समस्याएँ कितनी भी छोटी हों। अगर काम करेंगे, तो जनता में सन्तोष रहेगा कि हमारे मन्त्री परिश्रम कर रहे हैं।

एक अर्थ में कामराज अनपढ़ थे। समाज के सबसे कमज़ोर तबके से आते थे। वह पैदा भी अत्यन्त ग़रीब परिवार में हुए। वह न तो आभिजात्य वर्ग से थे और न ग़ौर वर्ण के थे। न रूप–रंग आकर्षक था। पर, 1964 और 1966 में दो–दो बार प्रधानमन्त्री के चयन में जिस विलक्षण बुद्धि, धैर्य, संयम और श्रेष्ठ आचरण का कामराज ने परिचय दिया, वह बेमिसाल है। विकास के मोर्चे पर भी उनके विजन और सपनों का पर्याय ढूँढ़ना मुश्किल है। राजनीति में ईमानदारी, सादगी और शुचिता के, तो वह ख़ुद पर्याय बने। वह मुख्यमन्त्री थे, तब का एक प्रसंग है। यह घटना इन्दिरा गाँधी के प्रेस सलाहकार रहे और भारत के महान पत्रकारों में से एक एचवाई शारदा प्रसाद के छोटे भाई और 'नवनीत' के विलक्षण सम्पादक रह चुके नारायण दत्त जी ने हमें बेंगलुरु की यात्रा में सुनायी। कामराज मुख्यमन्त्री बने, तब उनकी माँ जीवित थीं। माँ से उनका बहुत ज़्यादा

लगाव था। असमय पिता की मौत के बाद माँ ने बचे–खुचे गहने बेचकर घर चलाया था। मुख्यमन्त्री कामराज हर माह अपने गाँव जाते थे। निजी वाहन से। रात में उसी घर में ठहरते थे। माह भर के खाने–पीने की चीज़ें और दूसरे सामान का बन्दोबस्त करते थे। उनके एक मित्र ने उनसे पूछा, आप अपनी माँ को अपने साथ क्यों नहीं रखते? क्यों अकेले रह रहे हैं? कामराज का जवाब जानकर अवाक् रह गया। मूल्य और निष्ठा (वैल्यूज एंड एथिक्स) की कितनी ऊँचाई थी, उस अनपढ़ इनसान में। कामराज ने कहा, आप जानते नहीं, मेरी माँ पढ़ी–लिखी नहीं हैं। कोई रिश्तेदार या परिचित आकर उन्हें कुछ कहेगा, वह मुख्यमन्त्री आवास में रहेंगी, तो उनसे किसी को कोई आग्रह या आदेश करायेगा, इससे सत्ता की पवित्रता भंग होगी।

कल दिल्ली से लौटते हुए यह प्रसंग स्मरण आया। लगा, विकास की क्या समझ थी, कामराज में। हमारे मित्र डॉ. शैवाल गुप्ता ने एक प्रसंग सुनाया। कामराज मुख्यमंत्री बने। वह नाडार जाति के थे। अत्यन्त पिछड़े और ग़रीब समूह से। नाडार लोग कामराज से मिले, तब तमिलनाडु में ब्राह्मण अत्यन्त पढ़े–लिखे व आगे थे। कामराज ने उन्हें सलाह दी–पढ़ो, शिक्षित हो। पर, किसी जाति विशेष से शिक्षा में मुक़ाबला कर उसे पछाड़ने का स्पर्धात्मक मानस छोड़ दो। आरक्षण के पीछे मत दौड़ो। उद्यमी बनो। उसके बाद कामराज ने एक जापानी कंसलटेंसी कम्पनी बुलायी। शिवकाशी में बारिश कम होती थी। वह रेन शैडो का इलाक़ा था। नमी कम थी। उस समूह ने पूरा अध्ययन कर तीन सुझाव दिये और कहा कि तीन चीज़ें यहाँ पर सम्भव हैं–1. प्रिंटिंग (छपाई काम), 2. पटाखे का उद्योग और 3. दियासलाई उद्योग। यह सब आज से 50–60 साल पहले एक अनपढ़ व्यक्ति के विज़न से हुआ। इस जापानी कंसलटेंसी के सुझाव पर अमल हुआ।

आज शिवकाशी, एशिया के बेस्ट प्रिटिंग सेंटर, पटाखे और माचिस उद्योग के रूप में स्थापित हो गया है। यहाँ के उद्यमी भी नाडार जाति के हैं। कामगार भी। सरकार ने शिवकाशी को इंडस्ट्रियल स्टेट बना दिया। बिजली दी, ज़मीन दी, सड़क बनवायी

और राज्य का भरपूर संरक्षण दिया। इंस्पेक्टर राज के कुप्रभाव को बन्द किया। कल–कारख़ानों में अफ़सरों के तंग करने की प्रवृत्ति या लालफीताशाही पर रोक लगायी। इस तरह शिवकाशी दुनिया में विख्यात हुआ। आज उसी नाडार क़ौम के शिव नाडार एचसीएल टेक्नोलॉजी जैसी कम्प्यूटर कम्पनी के चेयरमैन और चीफ़ स्ट्रैटजी ऑफ़िसर हैं। लगभग 35 वर्ष पहले वह और उनके पाँच साथियों ने डीसीएम कॉरपोरेट जगत की सुरक्षित नौकरी छोड़ कर माइक्रोप्रोसेसर का काम शुरू किया, तब भारत में कुल 250 कम्प्यूटर थे। आज उनकी निजी सम्पत्ति 15 हज़ार करोड़ आँकी जाती है। वह समाज को मदद पहुँचाने और शिक्षण संस्थानों के खोलने वगैरह में अगले पाँच वर्ष में चार हज़ार करोड़ खर्च करेंगे। उनके नाम से एक विश्वविद्यालय बन रहा है। एक कला संग्रहालय उनकी पत्नी के नाम से बन रहा है। शुरू से अब तक लगभग पाँच हज़ार छात्रों के बीच 36 करोड़ के स्कॉलरशिप बाँट चुके हैं। उत्तर प्रदेश के बुलन्दशहर के पास 20 एकड़ में उन्होंने विद्या ज्ञान स्कूल शुरू किया। कक्षा छह से 12 तक के लिए। एक लाख से कम आय वाले परिवार के बच्चों के चयन की व्यवस्था की गयी है। अन्ततः यहाँ पाँच हज़ार बच्चे पढ़ेंगे। इसके लिए संसाधन नाडार फ़ाउंडेशन से मिलेंगे।

यह समाज में उद्यमी पैदा करने का परिणाम है। कामराज की दूरदृष्टि की देन है। आज आन्ध्र प्रदेश में कम्मा और रेड्डी समूहों को देखें। खेतिहर समुदाय, फिर तम्बाकू उत्पाद से जुड़े, फिर फ़िल्म उद्योग से, चिट फंड उद्योग में गये, मीडिया में उतरे। अब नॉलेज इंडस्ट्री से भी जुड़ गये हैं। अब वहाँ से पूरी दुनिया में अपनी छाप छोड़ रहे हैं। दिल्ली और हैदराबाद में सुन्दर और नये हवाई अड्डे बनाने वाले लोग या समूह कौन हैं? जीएमआर कम्पनी आन्ध्र प्रदेश से जुड़ी हुई है। पीडब्ल्यूडी में एक एक्जीक्यूटिव इंजीनियर रहे व्यक्ति की उद्यमिता का परिणाम है। आन्ध्र बैंक ने इस तेलुगू पूँजी और ऐसे कॉरपोरेट समूहों को प्रश्रय देकर आगे बढ़ाया है? पर, याद करें, कामराज का शिवकाशी प्रयोग। क्या अद्भुत दृष्टि थी? 60 वर्षों पहले। आचरण की गरिमा क्या थी?

जिस सत्यमूर्ति ने उन्हें राजनीति में उतारा, वह आजीवन उनके ऋणी रहे। वह अन्धभक्त कांग्रेसी और नेहरू के अनुयायी रहे। पर, फ़र्ज़ व भूमिका की बात उठी, तो उस अनपढ़ कामराज ने तुरन्त प्रधानमन्त्री का गद्दी भर कर दुनिया को सन्देश दिया कि भारत में लोकतन्त्र जड़ें जमा चुका है।

पश्चिम मानता था कि नेहरू के न रहने पर भारत बिखरेगा, लेकिन कामराज ने तत्काल शास्त्री जी को उस पद पर बैठा कर भारत के लोकतन्त्र को एक नयी ऊँचाई दी। इन्दिरा जी के दरबारियों ने और इन्दिरा जी ने, शास्त्री जी को प्रधानमन्त्री बनाने के रास्ते में जो अवरोध उत्पन्न किये, उनको जिस तरीक़े से कामराज ने हैंडल किया, वह इतिहास का एक प्रेरक अध्याय है। इन्दिरा जी की चिट्ठी मिलते ही कांग्रेस कार्यसमिति की बैठक स्थगित कर उनके घर गये, जो जवाब गरिमा के साथ इन्दिरा जी को दिया, उससे भारतीय राजनीति में नया अध्याय लिखा गया। गरिमा का, स्टेट्समैनशिप का, दूरदृष्टि का। पर, उसी इन्दिरा गाँधी को, ज़रूरत पड़ी तो दुबारा कामराज ने ही प्रधानमन्त्री बनवाया। बिना किसी कटुता के। वहीं इन्दिरा गाँधी ने जब अपने मन्त्रिमण्डल के सदस्यों की सूची उन्हें दी, इस आग्रह के साथ कि इसमें अब फेरबदल सम्भव नहीं, तो बिना देखे कामराज ने जिस श्रेष्ठ आचरण और मर्यादा के साथ पत्र लौटाया, उत्तर दिया, वह सिर्फ़ उनके व्यक्तित्व या उनके क़द के बारे में नहीं, बल्कि उनके माध्यम से भारतीय राजनीति की ऊँचाई का अध्याय है।

आज उसी देश में ऑक्सफोर्ड, कैंब्रिज, हार्वर्ड, स्टैनफोर्ड से पढ़े–लिखे सांसद हैं, प्रधानमन्त्री हैं। मन्त्री हैं। इनमें से कोई कामराज जैसे ग़रीब परिवार से नहीं आता। न फूहड़ खद्दर पहनता है। न उनके जैसा अनपढ़ है, फिर भी देश में चरित्र का यह संकट? स्टेट्समैनशिप का यह अभाव? 60 वर्ष में मुल्क आगे गया है या पीछे? पढ़े–लिखे लोगों ने देश को आगे बढ़ाया है या पीछे धकेला है? एक दिन की दिल्ली यात्रा ख़त्म कर राँची लौटा, तब से यही सवाल मन में है। इसका उत्तर ढूँढ़ सकने की क्षमता नहीं है। पर,

दिनकर की वर्षों पहले पढ़ी कविता की पंक्तियाँ याद आ रही हैं– *युधिष्ठिर नहीं चाहिए, हमें अर्जुन, भीम चाहिए*। मेरी कामना है ईश्वर से, प्रकृति से या संसार में कोई मनुष्येत्तर शक्ति है, तो उससे कि हमें अर्जुन, भीम, गाण्डीव–गदा भी नहीं चाहिए, बल्कि अनपढ़ कामराज जैसे रहनुमा चाहिए, जो अपने आचरण, चरित्र, दृष्टि से नयी ऊँचाई, गरिमा और भव्यता दे सकें।

**(2011)**

# अविश्वसनीय हैं बाबा आमटे की उपलब्धियाँ

*अमेरिका के न्यूजर्सी में बैठा, भारत की ख़बरें देख रहा था कि बाबा आमटे के निधन की सूचना मिली। जानता तो उन्हें 'धर्मयुग' (1977–81) में काम करने के दिनों से था। पर, उनका स्नेह मिला, 'रविवार' में काम करते हुए। 'आनन्दवन' (चन्द्रपुर, महाराष्ट्र) में उनके साथ रहना हुआ। फिर जब पूरब–पश्चिम (अरुणाचल से द्वारका) 'भारत–जोड़ो' यात्रा उन्होंने (इटानगर–द्वारिका) शुरू की, तो कोलकाता से बुलाया। डिब्रूगढ़ से गुवाहाटी तक की यात्रा में साथ रहा। मनुष्य के संकल्प, पवित्रता और ऊँचाई के प्रतीक थे, बाबा।*

जब राष्ट्रीय जीवन पाखण्ड, पराजय, पाशविकता का पर्याय बन जाये, छल, कपट और ओछापन विश्वास को खण्डित कर दें, मनुष्य की सृजनतात्मक क्षमता पर संहार–विनाश के बादल मँडराने लगें, मानवीय संवेदना कुण्ठित, खण्डित और विगलित हो जाये, साहस और संकल्प का क्षय हो जाये, तब भी क्या इस घोर नैराश्य की आँधी में कोई दीप टिमटिमाता रह सकता है? साहस और संकल्प के बल उस अँधेरे की चुनौती को सहजता से स्वीकार कर सकता है? सामाजिक रुग्णता–अपसंस्कृति के ख़िलाफ़ तनकर खड़ा हो सकता है? अपने अखण्ड आत्मविश्वास की लौ से अन्धकार के लिए चुनौती बन सकता है? भय, अविवेक, संकल्पहीनता और निरुद्देश्य हिंसा को अकेले अपने पौरुष से ललकार सकता है? देश पर छाये

घटाटोप अन्धेरे के विरुद्ध अकेले ज़िहाद छेड़ सकता है? पिछले कुछ वर्षों से ये यक्ष प्रश्न राष्ट्रीय मानस में तैर रहे हैं, लेकिन राजनीति के गलियारे से किसी युधिष्ठिर की आवाज़ नहीं गूँज रही है, किसी गाँधी, लोहिया, जेपी, साने गुरु जी जैसे विराट व्यक्तित्वों की आहट नहीं मिल रही, फिर भी इस बियाबान में सृजनशील (समाजसेवा) क्षेत्र से, संकल्प की प्रतिमूर्ति बाबा आमटे की अकेली आवाज़ और अँधेरे से निकलने का उनका आवाहन आशा व विश्वास का चिराग है। बाबा, जिनमें हज़ारों वर्ष की भारतीय मनीषा, करुणा, मैत्री, संकल्प और साहस का समागम है। गाँधी, लोहिया, जेपी और साने गुरु जी की सौम्यता, कल्पनाशीलता, जिजीविषा और देवत्व मुखर हैं, बाबा के संकल्प–पुष्ट व्यक्तित्व में।

तकरीबन 40 वर्ष पूर्व की बात है। चन्द्रपुर (महाराष्ट्र) के वरोडा तहसील से कुछ दूर पथरीली, ऊबड़–खाबड़ ज़मीन में निचाट जंगल था, पानी उपलब्ध नहीं था। बाघ, तेंदुए और ख़तरनाक जंगली जानवर स्वच्छन्द विचरते थे। अनुपजाऊ जमीन थी। ख़तरनाक साँप फुफकारते थे। बिच्छुओं की भरमार थी। इसी जंगल में कुछ कुष्ठ रोगियों, एक लँगड़ी गाय और 14 रुपये की कुल जमा पूँजी लेकर बाबा आमटे ने 'आनन्दवन' की स्थापना की थी। वही 'आनन्दवन', आज स्वर्ग बन गया है। हरा–भरा, लहलहाते खेत, करीने से तराशे गये फूल–पौधे, पेड़ों पर अद्‌भुत हरीतिमा और हर तरफ़ खिले हुए फूल। बाबा कहते हैं 'आनन्दवन' में आउटकास्टलैंड पर आउटकास्ट लोग' (बहिष्कृत ज़मीन पर बहिष्कृत लोग) रहते हैं। अजेय संकल्प और दृढ़ इच्छाशक्ति के धनी बाबा 'आनन्दवन' बसाने से पहले ही अपने जीवन में अनेक अविश्वसनीय प्रयोग कर चुके थे। बचपन से ही विलक्षण और लीक से हटकर सोचने–करने वाले बाबा का जन्म 1915 में एक धनाढ्य ज़मींदार परिवार में हुआ। लाखों की जागीरदारी और घर–बार। उन दिनों नागपुर में वह फिटन गाड़ी में कॉलेज जाया करते थे। पढ़ाई के बाद वकालत आरम्भ की। मन नहीं रमा। उन्हें बार–बार यह बात खटकती थी कि एक व्यक्ति पाँच मिनट परामर्श के लिए सैकड़ों रुपये लेता है, दूसरा हाड़तोड़ परिश्रम के बाद भी

भरपेट रोटी नहीं पाता। बाबा उन्हीं दिनों वरोडा नगरपालिका के उपाध्यक्ष हुए। मैला ढोने वाले अपनी पीड़ा लेकर उनके पास पहुँचे। भंगियों ने बाबा से कहा कि हमें रात में संडास साफ़ करने का हुक्म मिला है। लेकिन, हमें इसके लिए कुछ भी अतिरिक्त भुगतान नहीं हो रहा। हम मुक़दमा लड़ना चाहते हैं। बाबा ने कहा कि वे ख़ुद एक साल मैला ढोयेंगे, बाद में मुक़दमा लड़ेंगे। हड्डियों को भेदने वाली सर्दी हो या मध्य भारत की भयानक गरमी, बाबा बिना नागा हुए मैला ढोते रहे। यह उन दिनों की बात है, जब बाबा कथित भद्र लोगों की बस्ती छोड़कर क़ब्रिस्तान में चले गये थे, सपरिवार क़ब्रिस्तान में ही रहने लगे थे।

आरम्भ में ही उन्होंने जीवन को चिर नवीन और जीवन्त बनाने का संकल्प लिया। हर क्षण को बाबा, नित नूतन मानते हैं। आज भी वह कहते हैं, 'संसार के हर क्षण को, एक दिन और हर दिन को उम्र जानकर जीना चाहिए।' उनका जीवन अद्‌भुत प्रयोगों की कहानी है। शराब छककर पी, फिर हमेशा के लिए मुँह मोड़ लिया। लगातार बारह वर्षों तक मांसाहार किया। फिर ईश्वर की तलाश में हिमालय की गुफाओं में दर–दर की ठोकरें खायीं। 'गीतांजलि' का मर्म समझने के लिए बाँग्ला सीखी। गुरुदेव के शान्ति निकेतन भी गये। गायिका मुमताज को सुनने के लिए 15 वर्ष की उम्र में कोलकाता भाग गये। हॉलीवुड की मशहूर अभिनेत्री ग्रेटागार्बो से पत्राचार हुआ, फिर हमेशा के लिए दोनों मित्र बन गये।

एक शादी में शरीक हुए, तो एक बूढ़ी कामगार दाई की सेवा करते हुए एक युवती को देखकर उस पर रीझ गये। फिर प्रेम विवाह किया। गुण्डों के छुरे भी खाये। विवाह के दिन पूरे शरीर पर पट्टियाँ बँधी हुई थीं। जबलपुर में गोरे सिपाहियों ने एक युवती को बलात् अपने डिब्बे में खींच लिया, बदतमीज़ी की। गाड़ी स्टेशन से सरक रही थी। दौड़कर बाबा उस डिब्बे में लटक गये। गोरे सिपाहियों ने बन्दूक के कुन्दों और लात–हाथ से बाबा की जमकर धुनाई की, लेकिन बाबा ने गाड़ी आगे बढ़ने नहीं दी। चेन खींचकर उस युवती की रक्षा की। हैदराबाद में दंगाई जानकर पुलिस ने बाबा की इतनी

पिटाई की कि वे बेहोश हो गये। 1933 में क्वेटा (अब पाकिस्तान में) बड़ा भूकम्प आया। लोगों की पीड़ा और विनाश से सिहर कर बाबा वहाँ भी राहत कार्य करने पहुँच गये। परतन्त्र भारत में क्रान्तिकारियों से भी जुड़े। उन्हें शस्त्र उपलब्ध कराने का जोखिम लिया और जेल भी गये।

अंग्रेज़ सिपाहियों से युवती को अकेले बचाने की घटना गाँधी तक पहुँची। बाबा के अद्भुत साहस–पराक्रम से गाँधी अवाक् रह गये। उन्होंने बाबा को 'अभय साधक' की संज्ञा दी। बाबा मूलतः श्रमर्षि हैं। श्रमर्षि बाबा आमटे के जीवन में अनेक ऐसी घटनाएँ हुईं, जिन्होंने उनके जीवन को नया मोड़–अर्थ दिया है।

जब वह वरोडा नगरपालिका के उपाध्यक्ष रहते हुए भी मैला ढोते थे, उन दिनों की बात है। बरसात की एक अँधेरी रात थी। सुनसान सड़क के किनारे से वह गुज़र रहे थे। अचानक रिरियाने–मेमियाने की आवाज़ सुनकर बाबा ठहर गये। भय तो उन्हें छू भी नहीं पाया है। वहाँ विकृत आकृति के मुँह से अस्फुट स्वर निकल रहे थे। ग़ौर से निहारा, तो वह सन्न रह गये। रोंगटे खड़े हो गये। उस आकृति के पास कुछ भी साबुत नहीं था। न हाथ, न पाँव, न नाक और न आँख। वह मांस का लोथड़ा भर था। सम्पन्न ब्राह्मण कुल में जन्म कर भी बाबा भंगियों के साथ मैला ढोने में नहीं हिचके। बचपन में ही अछूतों के साथ खाना खाया। हर वर्जना को चुनौती के रूप में स्वीकार किया। अनेक जानलेवा कठिनाइयों से वह रू–ब–रू हुए, लेकिन इस जीवित लाश को देखकर 'अभय साधक' बाबा सिहर गये। आत्म विवेचन किया। उनके मन ने धिक्कारा कि महात्मा जी ने तो तुम्हें 'अभय साधक' की उपाधि दी है। पर, तुम भी उस मामूली मिट्टी के ही हो ना? लेकिन बाबा कहाँ झुकने वाले।

उस रात के नये अनुभव ने बाबा का जीवन–दर्शन ही बदल दिया। उन्होंने नया संकल्प लिया। अपनी पत्नी और ममता की साक्षात् प्रतिरूप, साधना ताई से परामर्श कर दोनों कुष्ठ रोगियों की सेवा–शुश्रूषा में लग गये। कोढ़! कभी इसे दुनिया का सबसे वीभत्स और भयानक रोग माना जाता था। मध्यकाल में पश्चिमी देशों में कुष्ठ

रोगी जिन्दा दफ़न कर दिये जाते थे। उनके गलों में घण्टियाँ बाँध दी जाती थीं। उनके लिए ही कहा जाता था, 'डेड इन दिस वर्ल्ड एलाइव टू हेवेन।' हज़ारों–हज़ार वर्ष से चले आ रहे अन्धविश्वासों–ग़लत परम्परा और कुरीतियों के ख़िलाफ़ बाबा ने बग़ावत कर दी। कोढ़ियों को आम रास्ते पर चलने का हक़ नहीं था। लोग उन्हें दूर से देखकर बिदक जाते थे। समाज से वे बहिष्कृत थे। गाँव–घर में घुसने की इज़ाजत नहीं थी। आज से करीब 40 वर्ष पूर्व कमोबेश भारत में भी कोढ़ियों के प्रति ऐसी ही नफ़रत और तिरस्कार का भाव था। लेकिन, बाबा को तो कुरूपता से चिढ़ है। वह कहते हैं, 'टूटे और निराश इनसानों को मैंने सुन्दर बनाने की कोशिश की है।' बाबा के इस काम में धैर्य की प्रतिमूर्ति साधना ताई उनके साथ रहीं। वह उल्लेख करते हैं, 'साधना की प्रीति ही मेरी चिरस्फूर्ति रही।' इसके बाद बाबा कोढ़ रोग के बारे में सांगोपांग अध्ययन करने में जुट गये। पर, बाबा का जिज्ञासु मन भला इतने से ही शान्त रहता! 1944 में वह कुष्ठ चिकित्सा के बारे में विस्तृत अध्ययन के लिए स्कूल ऑफ़ ट्रॉपिकल मेडिसिन में भरती होने कोलकाता पहुँचे। काफ़ी अड़चनों के बाद दाखिला मिला। वहाँ उन्होंने डॉक्टरों के सामने प्रयोग के लिए ख़ुद को प्रस्तुत किया। उनके शरीर में कोढ़ के कीटाणु दो बार इंजेक्शन दिये गये। सफल रहे कि कुष्ठ रोग, छुआछूत से नहीं फैलता है। श्रेष्ठ ब्राह्मण कुल और प्राचीन वांग्मय–साहित्य के प्रकाण्ड विद्वत परिवार में जन्मीं साधना ताई बाबा के हर प्रयोग में साये की तरह उनके साथ रहीं।

कोलकाता से लौटकर बाबा ने कुष्ठ रोगियों के साथ रहने का निर्णय किया। सरकार से ज़मीन माँगी। वरोडा से तकरीबन पाँच किमी की दूरी पर उन्हें 50 एकड़ जंगल सरकार ने दिया। यह जंगल क्या था, मानो साक्षात् मौत का घर। शेर, तेंदुआ, बाघ, भालू, साँप और बिच्छू..., निरी पथरीली ज़मीन। पीने का पानी भी 10–12 किमी दूर उपलब्ध था। जून, 1951 में बाबा उस जंगल में पहुँचे। उसे नाम दिया 'आनन्दवन'। साथ ही महारोगी सेवा समिति की स्थापना की। उनके साथ उनकी पत्नी, दो छोटे पुत्र विकास और प्रकाश।

छह कुष्ठ रोगी और एक लँगड़ी गाय थी। जमापूँजी कुल 14 रुपये। साधना ताई बताती हैं कि यहाँ झुलसा देने वाली गर्मी पड़ती थी। धूप बहुत तेज और बारिश की बौछारों का, तो कहना ही क्या! ऊपर से टाट डालकर एक छोटी मड़ई बनायी गयी, जो चारों तरफ़ से खुली थी। रात–बिरात बगल में बाघ टहला करते थे। सबसे पहले बाबा ने यहीं कुआँ खुदाई का काम हाथ में लिया। कुष्ठ रोगियों के कारण बाबा के मित्र उनके पास आने से कतराते थे। उनके बच्चों के साथ खेलने के लिए अभिभावक अपने बच्चों को मना करते थे।

महीनों तक उस पथरीली ज़मीन में बिना थके तन और अनबुझे मन से श्रम करने के बाद पानी मिला। उस पानी को देखकर बाबा का परिवार आनन्दित हो गया। धीरे–धीरे आश्रम में जीवन से निराश और हारे, अपनों से परित्यक्त कुष्ठ रोगियों की संख्या बढ़ने लगी। चहल–पहल बढ़ी। आश्रम के बगीचे में सब्ज़ी उगाने का काम शुरू हुआ। बाबा ख़ुद कन्धे पर सब्ज़ी लाकर फुटपाथ पर बेचते थे। वह मोलभाव नहीं करते थे। सब्जी के उत्पादक बनकर भी वह याचक ही रहे 'भाई जितनी क़ीमत जँचे, देकर ले लीजिए।' भला ऐसा विक्रेता सफ़ेदपोश लोगों को कहाँ मिलता! लोग आते एक–आध पैसा थमाते और मनमानी सब्ज़ी उठा ले जाते। बीमारी के कारण यह प्रयोग कुछ दिनों बाद बन्द करना पड़ा।

आरम्भ से ही बाबा ने कहीं हाथ न फैलाने का निर्णय किया था। अद्‌भुत बात, तो यह है कि साये की तरह गम्भीर बीमारियों ने कभी बाबा का पीछा नहीं छोड़ा। देश–विदेश में क़रीब छोटे–बड़े सोलह ऑपरेशन हो चुके हैं। वह या तो लेटे रह सकते हैं या खड़े। बैठ नहीं सकते। फिर भी बाबा का संकल्प, मनोबल रत्ती भर भी प्रभावित नहीं हुआ। वस्तुतः बाबा उत्फुल्ल जीवन के पर्याय हैं। जीवन से निराश और बुझे लोगों में उनकी उपस्थिति ही जीवन्तता का अहसास भरती है। हर सुबह वह 'आनन्दवन' में रोगियों, उनके बच्चों और निराश बूढ़ों के बीच पहुँचते हैं। उनकी बेलौस, स्नेह भरी पुकार सुनकर सभी रोगी और बच्चे आनन्दित हो जाते हैं।

आज 'आनन्दवन' में मानवीय संकल्प, श्रम और दृढ़ इच्छा से नयी और स्वस्थ दुनिया बस गयी है। बाबा अक्सर कहते हैं और आगन्तुक आश्रम में पैर रखते ही महसूस करते हैं कि 'आनन्दवन' में असली संक्रामक रोग आनन्द का है। 'आनन्दवन' के वातावरण में अद्‌भुत ताज़गी और प्रसन्नता है। आज (1985 में) भारत के कोने–कोने से क़रीब 3500 लोग यहाँ आकर रह रहे हैं। अपनी आवश्यकताओं के लिए वे बाहरी दुनिया पर निर्भर नहीं हैं। नमक और केरोसिन छोड़ कर सभी चीज़ों के लिए ये आत्मनिर्भर हैं। बाबा को न यश का लोभ है, न सत्ता की चाह और न भौतिक उपलब्धि की आकांक्षा। वह कर्मयोगी हैं। इस कारण देश में उनके अद्‌भुत कामों से बहुत लोग वाक़िफ़ नहीं हैं।

बाबा ने महज़ कुष्ठ रोगियों में ही नयी रोशनी नहीं दी है, बल्कि ग्रामीण अर्थ–व्यवस्था के कायाकल्प के लिए एक वैकल्पिक और व्यावहारिक विकास तकनीक भी ईजाद की है। गाँधी ने गाँवों को स्वायत्त और आत्मनिर्भर बनाने का सपना देखा था, बाबा ने यथार्थ के धरातल पर उसे साकार किया है। 'आनन्दवन' में बसे कुष्ठ रोगी अलग–अलग उद्योगों में लगे हैं। खेती, राजगीरी, कताई, बुनाई, धुलाई आदि से यह पथरीला जंगली भूखण्ड साक्षात् 'आनन्दवन' बन गया है। समाज के बहिष्कृत, अपंग और रोगी कुल राष्ट्रीय उत्पादन में महत्त्वपूर्ण योगदान करें, यह आश्चर्यजनक उपलब्धि है। जो समाज पर भार बने रहते थे, वे अस्वस्थ लोग (आर्थिक शब्दावली में सिक सेक्टर) स्वस्थ–समाज को बहुत कुछ दे रहे हैं। बाबा का आदर्श वाक्य है, 'श्रम से सृजन होता है और दान नष्ट करता है।'

'आनन्दवन' से स्वस्थ होकर लौटने वाले रोगी कुशल और दक्ष कारीगर बन कर लौटते हैं। बड़े–बड़े भवनों का निर्माण, देसी तकनीक का विकास, छपाई, चप्पल, जूता, कपड़े आदि का निर्माण, सिलाई, बुनाई जैसे असंख्य काम यहाँ के लोग करते हैं, जिनकी अँगुलियाँ, हाथ या शरीर साबुत नहीं हैं। बाहर की दुनिया में जिन कार्यों के लिए विदेश पलट दक्ष व्यक्तियों की तलाश होती है, 'आनन्दवन' में ऐसे काम बहुत ही कलात्मक और सुरुचिपूर्ण ढंग से सभ्य समाज में

घृणास्पद समझे जाने वाले ये लोग करते हैं। अभागों के भाग्य विधाता के रूप में बाबा की करुणा पूरी ऊर्जा के साथ आज भी क्रियाशील है, जबकि उनका शरीर अनेक व्याधियों से ग्रस्त है। उधर, उम्र भी शरीर को सचेत करने लगी है।

1951 में महारोगी सेवा समिति की कुल वार्षिक आय 12,907 रुपये थी। 1981–82 में यह बढ़ कर 7,214,349 रुपये हो गयी। इस आय का बड़ा हिस्सा आश्रम के रोगियों के उपार्जन से आता है। बाहरी और सरकारी सहायता आश्रम की कुल आय की एक तिहाई है। बाबा आपकी ऊर्जा–संक्रामक आत्मविश्वास का उत्स कहाँ है? वह खिलखिला कर हँसते हैं और जवाब देते हैं, 'परसूट अलोन इज़ माय स्ट्रेंथ' (अकेले तलाश ही मेरी एकमात्र शक्ति है)। आगे कहते हैं–'जिसकी प्रतियोगिता स्वयं से है, उसे जीतने वाला कौन है?'

अगर बाहरी आय बन्द हो जाये तो? इस सवाल के जवाब में हमेशा उत्फुल रहने वाले बाबा कहते हैं–'पूँजी प्रधान कार्य मसलन, सड़क निर्माण, बड़े भवनों के निर्माण जैसे काम प्रभावित होंगे।' मुदित बाबा कहते हैं, 'आनन्दवन' में कुओं की खुदाई के दौरान जो पसीना बहा है, वह उनमें उपलब्ध पानी से अधिक है। ख़ूबसूरत पार्क, करीने से लगी बागवानी, फूलों की खेती, कृत्रिम जंगल, तरह–तरह के गुलाब 'आनन्दवन' की शोभा बढ़ा रहे हैं। सब्ज़ी उगाने, डेयरी फॉर्म, फ़सलों के उत्पादन आदि जैसे अलग–अलग कामों के लिए अलग–अलग खाते हैं। 'अकाउंटिंग' के लिए भी यहाँ चार्टर्ड एकाउंटेंट या प्रबन्धन के लिए अहमदाबाद–बेंगलुरु से प्रशिक्षित प्रबन्धक नहीं हैं। हर यूनिट का अलग खाता है और हिसाब 'अप–टू–डेट'। ये तकनीकी काम करने वाले भी आश्रम में रह रहे स्वस्थ रोगी ही हैं। 'आनन्दवन' में रोग के इलाज के साथ ही वह रोगियों में खोये आत्मसम्मान–आत्मविश्वास को लौटाने के काम को तरजीह देते हैं। स्वस्थ रोगियों के लिए, आश्रम में ही अनेक कम्यून बने हैं, एक कम्यून में औसतन 25 परिवार रहते हैं। यहाँ हर चीज़ की व्यवस्था है। ख़ुद कम्यूनवासी अपनी हर आवश्यकता की भरपाई करते हैं।

तकरीबन 2000 कुष्ठ रोगी उपचार के लिए आश्रम में हैं। 4000 अपंग, मानसिक रूप से अविकसित लोगों के लिए भी आश्रम में अलग–अलग व्यवस्था है। अन्धों के लिए अलग स्कूल है, कुष्ठ रोगियों ने इसे बनाया और सजाया–संवारा है। इसमें छह शिक्षित अन्धे अध्यापक हैं, ये पुराने कुष्ठरोगी हैं, अब स्वस्थ हो गये हैं। विवाहित रोगियों के लिए सुख सदन है।

एक बार वरोडा स्टेशन पर एक नवजात परित्यक्त बालिका मिली। लोग उसे उठा कर आश्रम में ले आये। बाबा ने तत्काल 'गोकुल' की स्थापना की, जिसमें ऐसे अनेक परित्यक्त बच्चे रहते हैं। बूढ़े लोगों के प्रति समाज में बढ़ती उपेक्षा–संवेदनहीनता को देखकर बाबा ने 'उत्तरायण' आरम्भ किया। कोढ़ से प्रभावित बच्चों के लिए भी यहाँ स्कूल है। पोस्ट ऑफ़िस, बैंक, मुक्ताँगन (थियेटर) सब कुछ 'आनन्दवन' में है। इनमें काम करने वाले यहीं के रोगी हैं। पिछले वर्ष महज़ सब्ज़ी बेचकर आश्रमवासियों ने 60 हज़ार रुपये अर्जित किये। दूध से प्रतिवर्ष तकरीबन दो लाख रुपये की आय होती है। इस पूरी व्यवस्था में पग–पग पर आत्मनियन्त्रण और स्वअनुशासन है।

देश–समाज में बाबा को आज जो बात खटकती है, वह है–'सम्पन्न लोगों का दरिद्र मन।' 'दरिद्र लोगों का सम्पन्न हृदय', उन्हें आनन्दित करता है। आश्रम के बीमार लोगों के मस्तिष्क स्वस्थ हैं, लेकिन बाहर स्वस्थ शरीर में बीमार मन बसा हुआ है। बाबा मूलतः मन के कवि हैं और काम में कलाकार। विज्ञान से बाबा को परहेज नहीं है। कृषि उत्पादन में आधुनिक यन्त्रों का ख़ूब इस्तेमाल होता है। 'आनन्दवन' में आज अनेक केन्द्र हैं। उच्च शिक्षा के लिए नागपुर विश्वविद्यालय से सम्बद्ध 'आनन्द निकेतन कॉलेज ऑफ़ आर्ट्स, साइंस, कॉमर्स' है। यहाँ 1500 छात्र पढ़ते हैं। बाबा कहते हैं–अस्वस्थ लोगों ने अपने श्रम के बल इस कॉलेज का निर्माण कर स्वस्थ समाज को उपहार दिया है। 'आनन्द निकेतन कॉलेज ऑफ़ एग्रीकल्चर' में बी.एससी. (कृषि) तक पढ़ाई होती है। 'आनन्द बुनियादी विद्यालय', 'आनन्द अन्ध विद्यालय'। अन्धों, अपंगों और बहरों के लिए एक

अलग विद्यालय और 'सन्धि निकेतन' भी आश्रम में है। तीन सौ एकड़ ज़मीन में आधुनिक ढंग से खेती होती है। एग्रो इंडस्ट्रीज़ के तहत नाना प्रकार के सफल प्रयोग–काम हो रहे हैं। आईआरडीपी और 20 सूत्री के बदले आश्रम की आर्थिक प्रणाली पूरे देश में फैल जाये, तो अर्थव्यवस्था की कायापलट हो सकती है।

'उत्तरायण' और 'स्नेह साँवली' में बड़ी तादाद में बुजुर्ग और बूढ़े निवास करते हैं। आश्रम की प्रमुख गतिविधियों में आनन्द मित्र मेला और वन महोत्सव कार्यक्रम हैं। सांस्कृतिक कार्यक्रमों के लिए प्रसिद्ध मराठी लेखक व्यंग्यकार पीएल देशपाण्डे की पहल पर 'मुक्ताँगन' बना हुआ है। 1962 में चीन के साथ लड़ाई के दौरान कुष्ठ रोगियों ने आसपास के गाँवों में नाटक का आयोजन किया और राष्ट्रीय सुरक्षा कोष में 2000 रुपये दान दिये। योजना आयोग के पूर्व उपाध्यक्ष एमएस स्वामीनाथन ने आश्रम की विकास नीति की मुक्त कण्ठ से सराहना की है और देश के विकास के लिए इसे श्रेष्ठ माना है।

बाबा का पौरुष–व्यक्तित्व अद्‌भुत है। उनका व्यक्तित्व 'रेडियेट' करता है। समाज से लांछित और परित्यक्त बीमार लोगों के बल बाबा ने भारत के आधुनिक तीर्थ 'आनन्दवन' को सजाया–सँवारा है। वह बार–बार कहते हैं कि देश में करोड़ों लोग बेरोज़गार और स्वस्थ हैं। अगर अस्वस्थ लोग इतनी बेहतर दुनिया का सृजन कर सकते हैं, तो इन बेकार लोगों को राष्ट्र निर्माण में क्यों नहीं लगाया जा सकता?

विदेशों में छपी चार पुस्तकों में बाबा के अद्‌भुत कामों की चर्चा है। 'द अनबीटेन ट्रैक' (आर्थर ट्रानवसकी), फ्रेंच में 'लि दियाकनि, लिसेमई', (ज्याँ बुले), 'इको सोसाइटी' (रॉबर्ट जीजे हर्ट) और ग्राम टर्नर की 'मोर दैन कानकरर्स'।

लेकिन, इस मुल्क का प्रशासन आश्रम की गतिविधियों पर निगाह रखता है। मामूली ट्रांसपोर्ट अधिकारी, आयकर अधिकारी, स्थानीय अधिकारी आश्रम के कामों में अड़ंगे डालते हैं। देश के विभिन्न कोनों से जो भूले–भटके पत्रकार यहाँ पहुँचते हैं, वे आग्रह

करते हैं कि बाबा के 38 वर्ष के कार्यों का हमें घण्टे भर में मूल्यांकन करना है।

हर क्षण कुछ नया करने की प्रवृत्ति के कारण ही आज 'आनन्दवन' के तत्त्वावधान में 13 प्रकल्प चल रहे हैं। 'आनन्दवन', अशोकवन, नागेपल्ली, हेमलकसा, सोमनाथ आदि जगह अनगिनत कोढ़ी आदिवासी, अपंग, परित्यक्त, लूले–लँगड़े और अन्धे रह रहे हैं। इनमें से कई जगहें ऐसी हैं, जो वर्ष में छह महीने तक आवागमन से कटी रहती हैं।

आरम्भ से ही बाबा को माँड़िया जाति के आदिवासियों ने आकर्षित किया है। वह उनकी निश्छलता, श्रम और साहस से अभिभूत हैं। उनकी संस्कृति पर जब शहरी सभ्यता ने हमला किया, तो बाबा मूकदर्शक नहीं रह सके। वह पहुँच गये उनके बीच काम करने। उन आदिवासियों को विस्थापित करने के लिए वहां अनेक सरकारी योजनाएँ चल रही हैं। बाबा के नेतृत्व में इन आदिवासियों ने ऐसी योजनाओं के ख़िलाफ़ संघर्ष किया। दुर्गम पहाड़ों, आवागमन से कटे गाँवों में जाकर काम करने की प्रेरणा आपको कहाँ से मिली? इसके जवाब में बाबा कहते हैं, 'महात्मा गाँधी कहा करते थे, भारत की आत्मा गाँवों में बसती है। भारतीय गाँव पूरे राष्ट्र को नारी की तरह गर्भ में ढो रहे हैं। अगर इस नारी की अच्छी तरह देखभाल नहीं होगी, तो राष्ट्र ज़िन्दा नहीं रह सकता।'

वस्तुतः बाबा कवि–कलाकार हैं। उनके हर काम में एक सांस्कृतिक या काव्यात्मक झलक मिलती है। आश्रम की विभिन्न संस्थाओं के सांस्कृतिक और आकर्षक नामकरण के पीछे बाबा की अनूठी कल्पनाएँ हैं। आश्रम में ही 'अनाम वृक्षाची स्मरणशिला' है। तत्कालीन प्रधानमन्त्री इन्दिरा गाँधी जब अस्वस्थ बाबा को देखने यहाँ आयी थीं, तो बाबा से पूछा, 'आप इस बरामदे में लेटकर क्या देखते हैं? बाबा का उत्तर था, 'सामने हज़ारों–लाखों गुमनाम सूखने–कटने वाले वृक्षों की याद में एक स्मारक है, उसे निहारता हूँ! वह स्मारक मुझसे कह रहा है कि मैंने तो शरीर की सुस्ती झेली और वसन्त के आनन्द का लुत्फ उठाया है, फिर भी मैं परेशान नहीं हूँ। तुम बीमारी

से क्यों परेशान हो।' बाबा का उत्तर सुन श्रीमती गाँधी की आँखें भर आयीं।

बाबा का कहना है कि हमारे कार्य ही हमारे 'साइलेंट पोएम' (मूक कविता) हैं, इसलिए बाहरी स्तुति का भरोसा क्यों? 'पद्मश्री' (1971), 'राष्ट्ररत्न' (1978), 'जमनालाल बजाज पुरस्कार' (1979), 'देमिन दत्ता अवार्ड' (1983), 'मैग्सेसे पुरस्कार' और न जाने कितने पुरस्कार बाबा को मिले हैं। लेकिन, बाबा को उन पुरस्कारों से परहेज़ है। पुरस्कारों से मिली चीज़ें आश्रम के किसी कोने में बिखरी पड़ी हैं। न बाबा को उनकी सुध है और न उनसे कोई अपेक्षा। न ही वह किसी को इन पुरस्कारों का हवाला देते हैं। मशहूर अर्थशास्त्री बारबरा वार्ड ने अपने नेहरू पुरस्कार की राशि भी आश्रम को ही दे दी थी और नोबल पुरस्कार के लिए बाबा का नाम अनुमोदित किया था।

ज़िन्दगी भर रीढ़ की हड्डी की बीमारी है। लेकिन, उनके उत्साह और उन्मुक्तता में रत्ती भर फ़र्क़ नहीं। अपने इस कार्य के दौरान उन्हें बहुत कुछ बिन कहे सहना पड़ा है। 15 जनवरी, 1981 की सुबह तड़के बाबा घूमने निकले थे। उन पर एक ट्रक की ओट से सरिये से जानलेवा प्रहार किया गया। वह बुरी तरह घायल हो गये। कई जगह फ्रैक्चर हुआ। बाबा को मरा समझकर आक्रमणकारी भाग गये। काफ़ी दिनों तक अस्पताल में रहे। लेकिन, कभी भी आक्रमणकारियों के बारे में ज़बान नहीं खोली।

रचनात्मक काम के बिना राजनीति को बाबा, बाँझ मानते हैं। देश को जलता देख बाबा बेचैन हैं! इस उम्र में उन्होंने कन्याकुमारी से कश्मीर तक 'भारत जोड़ो' की अभिनव यात्रा की। इस यात्रा की यादें और राष्ट्रीय एका का सपना 'भारत जोड़ो फ़िल्म' में क़ैद है। वस्तुतः प्राचीन भारतीय साहित्य में सेवा के लिए जैसे साधक की कल्पना की गयी है, बाबा उसके जीते–जागते प्रतिरूप हैं।

*न त्वहं कामये राज्यं न स्वर्गं नापुनर्भवम्।*
*कामये दुःखतप्तानां प्राणिनामार्तिनाशनम्।।*

न राज्य चाहता हूँ, न स्वर्ग, न पुनर्जन्म के चक्कर से मुक्ति, मैं केवल दुखितों की पीड़ा निवारण का अवसर चाहता हूँ। श्रम और

सेवा को ही पूजा मानने वाले बाबा के चरित्र के बखान के लिए भला इससे उपयुक्त श्लोक क्या होगा?

'आनन्दवन' का उद्घाटन करते हए 1951 में विनोबा जी ने कहा था, 'आनन्दवन' के जंगल में दूसरी रामायण का सृजन हो रहा है, मुझे ऐसा लगता है कि एक दिन सीता और राम की कहानी (जिसे हम श्रद्धा की दृष्टि से देखते हैं) से यह कम मशहूर नहीं होगा।

'आनन्दवन' में सचमुच मानवीय प्रेम–करुणा का एक नया अध्याय लिखा गया है। बाबा बार–बार कहते हैं, 'दुख, धर्म–जाति और सम्प्रदाय की बाड़ों को नहीं पहचानता।' वे कहते हैं कि यह अद्भुत है कि मानव पुराने मन्दिरों–खण्डहरों और चर्चों में जाकर शान्ति तलाशता है। लेकिन, जो मनुष्य खण्डहरनुमा बन चुके हैं, उन्हें दरकिनार करता है।

1952 में जब सामुदायिक विकास योजनाओं की घोषणा हुई थी, तब प्रो. अर्नाल्ड टॉयनबी ने कहा था, भारत में एक नयी सभ्यता का अवतरण हो रहा है। मानवीय प्रेम, सद्भावना और स्थानीय हितों के अनुकूल नयी आर्थिक विकास की नीति बन रही है। इस आर्थिक विकास से मानव, मानव से अलग नहीं होगा, शोषण बन्द होगा। मानवीय रिश्तों और भावनाओं पर बाज़ार हावी नहीं होगा। भौतिक आकांक्षाओं की भूख नहीं बढ़ेगी, परिवार नहीं टूटेंगे, बूढ़े उपेक्षित नहीं होंगे। वस्तुतः जिस सामुदायिक विकास योजना को टॉयनबी ने नयी सभ्यता की सुबह माना था, देश की नौकरशाही और राजनेताओं ने उसका गला घोंट दिया। काश! टॉयनबी जीवित होते और 'आनन्दवन' देखा होता, तो उन्हें लगता कि सचमुच पूर्व में ही नयी सभ्यता का जन्म हो सकता है। बाबा आमटे की एक कविता से ही खत्म करना चाहूँगा–

*'मैंने अपनी आत्मा की तलाश की, मैं उसे नहीं देख पाया।*
*मैंने अपने ईश्वर को ढूँढ़ा, वह भी मुझसे दूर ही रहा।*
*मैंने अपने 'पड़ोसी' को देखा, और मुझे तीनों मिल गये।*

अन्तिम पंक्ति में 'पड़ोसी' शब्द की जगह अगर 'बाबा आमटे' का उल्लेख करने की इज़ाजत दें और पुनः कविता पर ग़ौर करें, तो शायद बाबा की वास्तविक छवि उजागर हो सके!

**(1985)**

# सुपर पावर के जन्मदाता : जॉर्ज वाशिंगटन

*नेतृत्व क्या है? जो साहस का, धैर्य का, निःस्वार्थ सेवा का पर्याय हो। नेतृत्व वह जो ख़तरे उठाये, अपने लिए नहीं, दूसरों के लिए, देश के लिए। नेतृत्व समाज की ख़ुशी में ही अपनी ख़ुशी देखता है। मानवीय साहस, दूरदृष्टि, उपलब्धि, धैर्य और सृजनशीलता का पर्याय है, नेतृत्व। नेतृत्व जो प्रेरित करता है, जो हमें मूल्यों की सीख देता है और दायित्व का अहसास कराता है। ऐसा ही नेतृत्व देश गढ़ता है, इतिहास का पुनर्लेखन करता है। समाज को आगे ले जाता है।*

जॉर्ज वाशिंगटन, अमेरिका के पहले राष्ट्रपति रहे। ब्रिटेन के ख़िलाफ़ आज़ादी की लड़ाई में अमेरिकी सेना के कमांडर भी। भद्र इनसान थे। गुणों से सम्पन्न। पर, विनम्र और शालीन भी। आज भारत में राजनेता होने का अर्थ है, उद्दण्ड होना, क़ानून से ऊपर होना। अहंकारी होना भी। लेकिन वाशिंगटन भिन्न थे। जन्म से ही नेतृत्व गुणों से सम्पन्न। वाशिंगटन ने ही ईमानदारी और सत्यनिष्ठा के वे मापदण्ड तय किये, जिनका हर आने वाले अमेरिकी राष्ट्रपति ने अनुकरण किया।

1732 में वह वर्जीनिया में पैदा हुए। एक भूस्वामी के घर। उनके पिता 1657 में उत्तरी इंग्लैंड से अमेरिका आकर बसे थे। एक बेचैन युवा के रूप में वाशिंगटन ने मिलिट्री में नौकरी शुरू की। वर्जीनिया में ही। मई, 1754 में उनके अधीन सेना की एक छोटी टुकड़ी थी। इस टुकड़ी ने ही अमेरिका–फ्रांस के बीच युद्ध की वह नींव डाली, जो सात वर्ष तक चला। पर, इस युद्ध में वाशिंगटन बन्दी बने। जीवन

में पहली बार और अन्तिम बार भी। उन्हें आत्मसमर्पण करना पड़ा। अगले वर्ष वह ब्रिटिश जनरल के नेतृत्व में फिर लड़े। कामयाब हुए। उनकी सैन्य प्रतिभा, प्रशासकीय क्षमता देखकर 23 वर्ष की उम्र में ही उन्हें वर्जीनिया की सेना का कमांडर इन चीफ़ बनाया गया। फिर उन्होंने फ्रांस का एक मज़बूत स्तम्भ (क़िला) फ़तह किया। इसके बाद एक सम्पन्न विधवा मार्था कट से शादी की। राजनीति में भी प्रवेश किया। 1774 जून में उन्होंने ब्रिटेन की उपनिवेशवादी नीतियों के ख़िलाफ़ विरोधियों को एकजुट किया। जून, 1775 में ब्रिटेन के ख़िलाफ़ युद्ध शुरू हो गया। कांग्रेस ने जॉर्ज वाशिंगटन को कमांडर इन चीफ़ के रूप में चुना।

इस तरह अमेरिका में आज़ादी की लड़ाई शुरू हुई। वाशिंगटन ने अमेरिकी सेना का प्रशिक्षण शुरू किया। तरह–तरह के गुटों और खेमों को एकजुट किया। अलग–अलग सोच और धारा के लोगों को एक मंच पर खड़ा किया। सबसे उल्लेखनीय बात है कि पराजय और ज़बरदस्त कठिनाइयों के बीच भी इन सभी को जोड़े रखा। हार के बावजूद उनके समर्थक न पस्त हुए, न बिखरे। आज भारत में क्या है? एक चुनाव हारे नहीं कि दल बिखर जाते हैं। नाते–रिश्तेदार भी गद्दी के लिए साथ छोड़ रहे हैं। विचारधारा और संगठन, तो अतीत की बातें हैं। न किसी के प्रति निष्ठा है, न समर्पण। सिर्फ़ गद्दी चाहिए। पैसा चाहिए। स्व सबके ऊपर।

1776 में वाशिंगटन ने ब्रिटिश सेना को बोस्टन छोड़ने पर मजबूर कर दिया। पर, न्यूयार्क की रक्षा करने में वह असफल रहे। उन्हें पीछे लौटना पड़ा। एक साल तक प्रतीक्षा की। फिर अचानक धावा बोलकर ब्रिटिश सेना को परास्त किया।

अमेरिका की यात्रा के दौरान न्यूजर्सी के उस पहाड़ी स्थान पर खड़े होकर लोग रोमांच का अनुभव करते हैं, जहाँ वाशिंगटन एक साल तक छिपे रहे। वहीं से वह विरोधी सेना को देखते थे। वहीं से उन्होंने धावा बोला और निर्णायक जीत हासिल की। वाशिंगटन का व्यक्तित्व ऐसा था कि उन्होंने प्रतिकूल परिस्थितियों में भी अपनी टूटी–फूटी, बिखरी सेना को बाँधे रखा। भयानक सर्दियों के बीच

भी उनका मनोबल टूटने नहीं दिया। ज़रूरत पड़ने पर सेना में वह तानाशाह की भूमिका में भी रहे। साहसिक क़दम उठाये। चतुर रणनीति अपनायी। पर, आम जनता को असुविधा न हो, इसका ध्यान रखा अन्ततः ब्रिटिश कमांडर कार्नवालिस को पराजित कर दिया।

जीत के बाद वाशिंगटन, पहाड़ी गाँव माउंट वेरमोन लौट गये। 1787 में वह फिलाडल्फिया सम्मेलन में शरीक हुए, जहाँ नयी अमेरिका सरकार या व्यवस्था की कल्पना की गयी। इस सम्मेलन में वाशिंगटन अध्यक्ष चुने गये। पर, उन्होंने बहस में हिस्सा नहीं लिया। अमेरिका की नयी सरकार या व्यवस्था के मुखिया के रूप में प्रेसीडेंट पद का यहीं सृजन हुआ। 1788 में वाशिंगटन पहले प्रेसीडेंट चुने गये। 1792 में वह दोबारा चुने गये। राष्ट्रपति के रूप में उन्होंने अपनी तटस्थता बनाये रखी। तब अमेरिकी प्रशासन में दो तरह की धाराएँ थीं। ब्रिटेन समर्थक और फ्रांस समर्थक। वाशिंगटन का दूसरा टर्म पूरा हुआ। उन्होंने तीसरे टर्म में प्रेसीडेंट बनने से मना कर दिया। इस तरह उन्होंने एक परम्परा डाल दी कि दो बार से अधिक कोई प्रेसीडेंट न बने। भारत के राजनेताओं को देखिए। पैर क़ब्र में हैं, पर चुनाव लड़ना चाहते हैं। गद्दी पाने को लालायित हैं। लाश बन चुके हैं, पर युवाओं की रहनुमाई की बात करते हैं। इस देश में भी मधु लिमये सरीखे व्यक्तित्व हुए, जो राज्यसभा से कभी संसद नहीं गये। एक सीमा बाद चुनावी राजनीति भी छोड़ दी। सिद्धान्तों की राजनीति की। चरित्र और मान्यता में फ़र्क़ नहीं रहा, साध्य–साधन एक। कथनी–करनी एक।

वाशिंगटन का व्यक्तित्व मर्यादित था। राष्ट्रपति पद छोड़कर वह माउंट वेरमोन गाँव लौट गये। सार्वजनिक जीवन से निजी जीवन में। इसी गाँव में 'फ्यूचर सुपर पावर' की नींव डालने वाले, अमेरिका के संस्थापक (प्रतिभा और मर्यादा के डेमोक्रेटिक हीरो कहे जाने वाले) वाशिंगटन का चुपचाप अन्त हुआ। थ्रोट इनफ़ेक्शन (गले का रोग) से। वाशिंगटन जब बालक थे, तो उन्होंने अपने पिता के सबसे प्रिय पेड़ को काट डाला। जब उनसे पूछताछ हुई, तो कहा–हाँ, यह मेरा अपराध है। उनके शब्द थे, मैं झूठ नहीं बोल सकता। और जीवनभर वह इसी रास्ते चले। न देश से झूठ बोला, न जनता से। भारत में

हर रोज़ बयान और स्टैंड बदलने वाले नेताओं की भीड़ में जनता को चिराग़ लेकर ढूँढ़ना पड़ेगा कि सच कौन बोलता है? 'ढूँढ़ते रह जाओगे' की स्थिति है। एक नेता जिस पर देश यकीन करे या उसका जनता पर यकीन हो? पर, ऐसे नेता यहाँ भी हुए हैं। ख़ूब हुए हैं। लाल बहादुर शास्त्री जैसे लोग हुए। रेलमन्त्री थे। दुर्घटना हुई। नैतिक दायित्व लिया। इस्तीफा दे दिया। प्रधानमन्त्री भी बने। खाद्यान्न का उत्पादन कम हुआ। नारा दिया सप्ताह में एक दिन उपवास का। ख़ुद प्रधानमन्त्री का किचन बन्द हो गया। फिर देशभर में एक शाम चूल्हे बन्द हो गये। यह है नेतृत्व की नैतिक और चारित्रिक ताक़त। 2009 के चुनावों में दूर क्षितिज तक भी ऐसी ताक़त झिलमिलाती दिखायी नहीं देती।

**(2009)**

# चे का जादू

चे ग्वेरा को हमने 'धर्मयुग' (हिन्दी की साप्ताहिक पत्रिका, जो मुम्बई टाइम्स ऑफ़ इंडिया समूह से प्रकाशित होती थी) से जाना। विद्यार्थी दिनों में। 'धर्मयुग' प्रति सप्ताह छह से सात लाख प्रतियाँ बिकने वाली पत्रिका थी। घर में पहले कौन पढ़े, इसे लेकर छीना–झपटी होती थी, इस पत्रिका के लिए। जीवन का संयोग कितना अजीब होता है कि वर्षों बाद 'धर्मयुग' से ही नौकरी शुरू की। वहाँ नौकरी के दिनों में प्रखर चिन्तक–पत्रकार (जो डॉ. धर्मवीर भारती के बाद 'धर्मयुग' के सम्पादक हुए) गणेश मन्त्री जी ने मुझे दो श्वेत–श्याम तस्वीरें भेंट की थीं। एक गाँधी की। आधी तस्वीर में काली छाया (शैडो), शेष में सफ़ेद बादल जैसी छाया। तस्वीरों में भी प्राण होते हैं, यह इससे जाना। दूसरी तस्वीर चे ग्वेरा की थी। लम्बा सिगार पीते। बोलती आँखें। अन्दर तक भेदने वाली नज़र। गम्भीर, पर आकर्षक चेहरा। बाद में जाना, यह हवाना सिगार है। मन्त्री जी, मुम्बई एशियाटिक लाइब्रेरी के सदस्य थे। उनसे ही चे ग्वेरा पर अंग्रेज़ी में प्रकाशित पुस्तकें लीं, एशियाटिक लाइब्रेरी से उधार लेकर।

चे (इसी नाम से तब लोग पुकारते थे) हमारी पीढ़ी के लिए चुम्बक जैसे थे। पूरी दुनिया के युवा उनके दीवाने थे। आज जब विद्यार्थी जीवन, युवापन पीछे छूट गये हैं, तब उन दिनों का मानस याद आता है। 14 जून चे का जन्मदिन है। ग्लोबल बनती दुनिया में चे को कितने लोग याद करेंगे, नहीं पता। पर, जब दुनिया ग्लोबल नहीं थी। भाषा–संस्कृति–संवाद के स्तर पर दूरी थी, दुनिया की सम्पर्क भाषा के रूप में अंग्रेज़ी प्रतिष्ठित नहीं हुई थी, तब महज़

38 वर्ष आठ महीने में एक इनसान तूफ़ान की तरह दुनिया में छा गया। एक अलग कल्ट (पन्थ) बनकर। ख़ासतौर से युवाओं के मन–मस्तिष्क को उद्वेलित करते हुए। वह चे थे। अपनी शानदार शहादत के बाद चे एक अग्निपुंज की तरह अन्धकार में डूबे संसार को रोशनी दे रहे थे। उनकी कीर्ति–यश महाद्वीपों की सीमाओं, समुद्रों को लाँघकर दुनिया के बुझे दिलों, हताश चेहरों को नयी ऊर्जा–तेज से भर रहे थे।

आज दो दशक बाद सोचता हूँ, चे में कौन–सा तेज–पुंज था, जिसने एक नयी आस्था दी। जीने का नया सन्देश–अर्थ दिया। जीवन को सोद्देश्य बनाया। तेजस्वी युवाओं–प्रतिभाशाली विद्यार्थियों को अपनी आस्था पर चलने की ताक़त दी। सम्पन्न घरों से निकले प्रतिभाशाली विद्यार्थियों की पीढ़ी, ग़रीबों के घरों में पहुँच गयी।

नक्सली आन्दोलन ने सामाजिक बदलाव की एक गम्भीर आहट पैदा की, उसके पीछे सीमा पार से, बहुत दूर से आने वाले चे जैसे लोगों की प्रेरणा भी थी। चे का जीवन ही सन्देश की तरह फैला।

वह जीवन क्या था? अपने आदर्शों–मान्यताओं के लिए जीना। एक व्यक्ति जीते–जी किंवदन्ती बन जाता है। अर्जेंटीना में पैदा होता है, पेरू, कोलम्बिया, वेनेजुएला आदि मुल्कों में जाकर कुष्ठ रोगियों के बीच काम करता है। डॉक्टरी की पढ़ाई करते हुए ग्वाटेमाला जाता है। मार्क्सवाद पढ़ता है। क्यूबा के क्रान्तिकारियों से मिलता है। सीआईए ग्वाटेमाला में तख़्तापलट कराता है, तो चे भागकर मेक्सिको जाते हैं। वहीं फिदेल कास्त्रो से मुलाक़ात होती है। चार वर्षों के कठिन संघर्ष के बाद क्यूबा में कास्त्रो–चे सत्ता सँभालते हैं। चे भारत भी आते हैं। दक्षिण–अफ्रीका–लातिनी अमेरिका के ग़रीब देशों में जाते हैं।

क्यूबा के सरकारी पद–सरकार उन्हें बाँध नहीं पाते। वह दुनिया के थके, हारे और ग़रीबों की मुक्ति के लिए निकल पड़ते हैं। मन्त्री पद, सुविधा, सब कुछ छोड़कर। पूरी दुनिया में अर्जित अपने यश–लोकप्रियता से आँखें मूँदकर वह कांगो के मुक्ति–संग्राम में शरीक होते हैं। विफल होते हैं। बोलिविया जाते हैं। अन्ततः मौत अपरिहार्य जानकर भी लड़ते हैं और शहीद होते हैं।

पूरे सशस्त्र अभियान में वह अपनी डायरी लिखते हैं। कहते हैं– 'बहुत लोग मुझे दुस्साहसी (एडवेंचरर) कहेंगे, मैं हूँ। लेकिन भिन्न तरीक़े का। अपने उसूलों के लिए अपनी जान ख़तरे में डालने वाला।' वह बताते हैं–'हमने बलिदान चुना है, जिस मुक्ति की नींव हम डाल रहे हैं, यह उसकी क़ीमत है।' उन्हें युवा शक्ति पर अटूट भरोसा था। अपने एक लेख में लिखते हैं–'हमें जो बनाना है, उसकी आधारभूत मिट्टी युवाओं के अन्दर है। हम अपनी आशाएँ उनमें रखें और कमान अपने हाथ में लेने के लिए उन्हें तैयार करें।' वे कहते हैं–'एक अकेला व्यक्ति जनता को संगठित करने और नेतृत्व करने में अपनी भूमिका निभा सकता है, यदि उसमें उच्चतम मूल्यों और जन–आकांक्षा का मूर्तन हो और पथ से विचलित न होता हो।' अपने उसूलों के पक्के चे सोवियत ब्यूरोक्रेसी की आलोचना करने में भी पीछे न रहे। आम जनता के हित में पार्टी लाइन की भी उन्होंने परवाह न की।

आज ख़ुद से सवाल करता हूँ, उसूलों पर जीना, उसके लिए कुर्बानी करना, इस ग्लोबल दुनिया में क्या अर्थ रखता है? वह कौन–सी ताक़त थी, जिसने चे को क्यूबा का सबसे ताक़तवर सरकारी मन्त्री पद छोड़कर जंगलों में जाने के लिए प्रेरित किया? जब वह संयुक्त राष्ट्र संघ में बोलने आये, तो अमेरिकी युवक–युवतियाँ उनके दीवाने हो गये। उनकी लोकप्रियता शिखर पर थी। माओ, खुश्चेव, नेहरू समेत दुनिया के बड़े नेताओं के सम्मान और आकर्षण का केन्द्र बने। पर, वही चे राजपाट छोड़कर जंगलों की ख़ाक छानने चले गये। जीवन का आकर्षण छोड़कर विचारों के लिए जीने मुक्ति–संग्राम में चले गये। वह प्रेरणा क्या थी? वह कनविक्शन (आस्था) कैसा था? वह आग कैसी थी, जो उसूलों पर चलने और मौत को गले लगाने के लिए प्रेरित करती है? जो व्यक्ति नोबेल पुरस्कार विजेता ज्याँ पॉल सार्त्र, सीमोन–द–बुआ, रेजिस देब्रे जैसे महान चिन्तकों–लेखकों का आकर्षण केन्द्र था, वह दुनियावी यश, मोह, माया से इतना वीतरागी कैसे था? उस पीढ़ी की प्रेरणा क्या थी, जिसने साधन और साध्य के अनुरूप जीवन को जिया? आस्था के अनुसार जीने की ताक़त कहाँ से मिली?

आज ग्लोबल दुनिया का मानस, विचारों के लिए शहादत, आस्था के लिए कुर्बानी का गणित किस सूत्र से समझेगा? अब तो सारा उद्योग कुछ पाने के लिए है। एक आन्दोलन का ही अर्थ हो गया है, उसकी क़ीमत वसूलना। सत्ता, पद, पैसा पाना।

पराजय अपरिहार्य देखकर भी पराजय के लिए कुर्बानी, ताकि दुनिया देख सके कि उसूल वाले कैसे जीते हैं? अन्तिम दिनों में चे और उनके साथियों को महीनों–महीनों खाने को नहीं मिलता था। दमे का प्रहार, दुश्मन की घेराबन्दी, फिर भी उत्साह से मुक़ाबला? ऐसे लोगों का मानस कैसा होता है? रवीन्द्र बाबू की कविता आपात्काल में बड़ी प्रेरणादायी बनी कि 'एकला चलो रे।' पर, अकेले चलने का संकल्प और साहस, लाभ–हानि के सूत्र से हर चीज़ तोलने वाले समाज में कहाँ से मिलेंगे?

चे जैसे लोगों का व्यक्तित्व कैसे बनता है? जो सिद्धान्त–उसूलों की बलि नहीं चढ़ाता। जो सुनिश्चित हार जानकर भी कर्म पर अग्रसर होता है। जो सत्ता का शीर्ष छोड़कर समाज के अन्तिम आदमी के साथ जीना चुनता है। यह मानस समझने के लिए नयी दृष्टि चाहिए।

आज छल, षड्यन्त्र, झूठ, पाखण्ड, आदर्शों की दुहाई, किसी भी क़ीमत पर पद, पैसा, सत्ता पाना जब हमारा राष्ट्रीय चरित्र हो गया हो, लोग उसूल पर जीने को मूर्खता मानते हों, तब चे का स्मरण कोई अर्थ रखता है या नहीं, यह आप तय करें।

**(2005)**

# क्रान्ति और प्रेम का कवि : पुश्किन

मास्को से हम सेंट पीट्सबर्ग ट्रेन से पहुँचे थे। रात में। ख़ून को बर्फ़ बना देने वाली ठण्ड। थकान ऊपर से। पर, इस ऐतिहासिक शहर में आने का रोमांच था। रात में ही चीज़ों को देखने की उत्सुकता। तीन वर्ष पूर्व की वह रात अब भी याद है, जब सेंट पीट्सबर्ग उतरते ही एलेक्ज़ेंडर पुश्किन की याद आयी।

पुश्किन रोमांटिक कविताओं के नायक। रूस के 'पोएट हीरो' (कवि नायक) के रूप में पूज्य। जीनियस कवि, नाटककार और उपन्यासकार। उल्लास, प्रेम, मार्मिकता और तीक्ष्ण बुद्धि के कवि। स्वच्छन्द प्रेमी के रूप में चर्चित। पर, जारशाही के आतंक का शिकार, जो अन्त तक अपनी कला से बँधा रहा। रूस की नौकरशाही के ख़ौफ़नाक पंजों में क़ैद होने पर भी पुश्किन, सृजन और सौन्दर्य के उपासक रहे। रूस को आधुनिक रूप देने वाले के रूप में चर्चित। इसकी संस्कृति, भाषा और छवि को गढ़ने और तराशने वाले के रूप में याद किये जाने वाले पुश्किन, जिसने इतिहास पर भी लिखा और छोटी कहानियाँ भी। आधुनिक रूसी साहित्य के जन्मदाता भी कहे जाते हैं।

इसी पुश्किन का अन्त सेंट पीट्सबर्ग में हुआ था। बर्फ़ गिरने के बीच। अपने प्रतिद्वन्द्वी से द्वन्द्व युद्ध करने के दौरान। विरोधी एथेंस ने बचाव में गोली चला दी। दो दिनों बाद पुश्किन का अन्त हो गया। हाल में हिस्ट्री या डिस्कवरी चैनल पर पुश्किन की मौत पर चर्चित इतिहासकारों द्वारा निर्मित फ़िल्म देखी। रहस्य, रोमांच, षड्यन्त्र और उन्मुक्त प्रेम से भरी। पुश्किन, आमतौर से रूस के सबसे बड़े कवि माने जाते हैं। रूस की भाषा और इसकी कला को माँजने वाले। पुरातन

भावों, शब्दों के साथ नये सन्दर्भ के भाव और भाषा गढ़ने वाले। देशज और औपचारिक शब्दों के अन्वेषक भी। पुश्किन की सरल और सहज कविताओं ने रूसी भाषा में प्रयोग का नया मानक बनाया।

कौन थे पुश्किन? अत्यन्त मेधावी, तेजस्वी, पर अपरिपक्व किशोर। वह एक सम्पन्न और सम्मानित परिवार में जन्मे। 14 वर्ष की उम्र में (जब वह स्कूली छात्र थे), उनका पहला कविता संकलन छपा। इसके बाद उनकी रोमांटिक कविता 'रूसलन एंड लुडामिला' छह वर्ष बाद छपकर आयी। इस किताब ने बिक्री, चर्चा और सफलता के सारे मानक तोड़ दिये।

तब रूस की पुरानी कविता के सबसे बुजुर्ग नायक वेस्ली जूकोवास्की ज़िन्दा थे। उन्होंने अपने एक चित्र (पोर्ट्रेट) पर यह लिखकर पुश्किन को भेजा 'टू द विक्टोरियस प्यूपिल फ्रॉम द डिफीटेड मास्टर' (विजयी शिष्य को पराजित अध्यापक की भेंट)। पुश्किन ने 19 की उम्र भी पार नहीं की थी, पर वह रूस के घर–घर में पहुँच गये थे अपनी कृति के बल पर।

पुश्किन विस्मयकारी ऊर्जा से भरे थे। उनकी पहल और प्रतिभा ने रूसी साहित्य को बदल डाला। उन्होंने धर्म और शासकों के सेंसरशिप के जुए को उतार फेंका। मौलिक रचनाकार के रूप में वह छा गये। रूस की आधुनिक साहित्यिक परम्परा की नींव उन्होंने रखी। उनका चर्चित उपन्यास 'यूजिन वनजिन' (1825–32 के बीच) आया। अनेक रूसी रचनाकार इसे अब तक का सबसे महान रूसी उपन्यास मानते हैं। यह प्रतीक कथा है। रूसी पात्र हैं। परम्परा से यथार्थ की ओर ले जाने वाली रूसी रचना। इस तरह रूसी साहित्यकार कहते हैं कि टॉलस्टॉय, दोस्तोएव्स्की, नावोकोव और बुल्गाको जैसे रचनाकारों ने इसी नींव पर महान रचनाएँ खड़ी कीं।

इस क्रान्तिकारी कवि की छवि रोमांटिक हीरो की थी। पुश्किन क्रान्तिकारी गुट के सदस्य थे, जो जारशाही या आभिजात्यों के ख़िलाफ़ बग़ावत का सपना पाल रहा था। पुश्किन इसके सक्रिय सदस्य नहीं, पर इसके पक्षधर थे। सहानुभूति रखने वाले। इस ग्रुप ने जारों की निरंकुशता के ख़िलाफ़ आवाज़ उठायी। बदलाव की गुपचुप योजना

बनायी। यह ग्रुप बाद में 'दिसम्बराइट्स' कहकर पुकारा गया। इस ग्रुप की चर्चा शराबी, जुआरी और स्वच्छन्द औरत प्रेमी के समूह रूप में भी हुई। क्योंकि रूढ़िवाद और परम्परा के ख़िलाफ़ इन्होंने विद्रोह की बात की। अनुशासन के ख़िलाफ़ बग़ावत और स्वच्छन्दता की चर्चा की।

पुश्किन की रचनाओं ने रूसियों की चिन्तन परम्परा या दृष्टि में क्रान्तिकारी बदलाव लाया। पुश्किन की मौत के वर्षभर के अन्दर ही उनके एक आलोचक ने माना, हर पढ़े–लिखे रूसी के घर पुश्किन की रचनाओं का सम्पूर्ण संग्रह होना ही चाहिए, अन्यथा उसे शिक्षित या रूसी कहलाने का हक़ ही नहीं है।

रूस के निरंकुश जारों ने इस कवि के संकल्प को तोड़ना चाहा। पुश्किन के ही शब्दों में, लगातार छह वर्षों तक वह सताये गये। नौकरी से बर्ख़ास्तगी। फिर निर्वासन। पर, उस निर्वासन में भी इस कवि ने अनेक प्रेम किये। तब की एक शासक रानी को भी वह दिल दे बैठे। इस प्रेम से उन्हें एक बच्चा भी हुआ। अपनी इस प्रेमिका के लिए उन्होंने एक कविता भी लिखी–'द टेल्समैन'।

दिसम्बराइट्स ग्रुप ने 1885 में तख़्तापलट की कोशिश की, पर विफल रहा। पुश्किन ने निरंकुश जार द्वारा इस आन्दोलन के ख़िलाफ़ क्रूरता भी देखी। आज़ादी और मुक्ति के गीत गाने में लगे साथियों को ख़त्म होते देखा। लगातार एक दशक तक सेंसरशिप, निर्वासन के बाद जारशाही ने उन्हें पुचकारा। नौकरी का प्रलोभन देकर। व्यवस्था में सुधार का लोभ दिखाकर। जार ने उन्हें अपना निजी मददगार बनाया।

बादशाह की इस अयाचित कृपा ने पुश्किन को अन्दर से तोड़ डाला। पुश्किन ने माना कि बादशाह की नाराज़गी ने उन्हें ताक़त, ऊर्जा और जीने का मक़सद दिया। जार ख़ुद पुश्किन की चीज़ों को सेंसर करते थे। पुश्किन लगभग गूँगेपन की स्थिति में पहुँच गये। धीरे–धीरे यह क्रान्तिकारी कवि, जार की अदालत का कोपभाजन बना। वह एकान्त निर्वासन के लिए तड़पने लगे। पर, उन्हें इज़ाजत नहीं मिली। शासकों ने माना कि अब भी पुश्किन की लोकप्रियता, बारूदरहित तोप जैसी है। बारूद मिलते ही विस्फोट सम्भव है। एक तरफ़ जार और उनके दरबार की जानी–मानी हस्तियाँ, पुश्किन की

सुन्दर पत्नी नताल्या से सम्मोहित थे। उधर, निराश पुश्किन शराब की शरण ले रहे थे। जुए में दिल बहला रहे थे।

पुश्किन की मौत रोमांटिक मौत मानी जाती है। 'रोमांटिक क्राइसिस' की उपज, जो अब एक किंवदन्ती बन गयी है। फ़रवरी 1837 में फ्रांस का एक कथित आभिजात्य, नताल्या से सम्बन्ध बढ़ाने की कोशिश कर रहा था। पर नताल्या ने उसे नकारा, झिड़का और दुत्कारा। उसने सार्वजनिक ढंग से नताल्या का अपमान किया। पुश्किन द्वन्द्व युद्ध में कूद पड़े। एथेंस ने गोली चला दी। 38 वर्ष की उम्र में पुश्किन की मौत भी इतिहास की घटना बन गयी।

यह करिश्माई, क्रान्तिकारी, बेचैन कवि, जो आज़ादी और मुक्ति के लिए लड़ा और प्रेम के लिए शहीद हुआ, रूस में ईश्वर जैसा पूज्य और चर्चित है। मास्को के पुश्किन स्क्वायर में, पुश्किन की मूर्ति खड़ी है। जाड़े और बर्फ़ के दिनों में भी, महकते और ताज़े फूलों से आच्छादित। पुश्किन ने अपनी एक कविता में लिखा था, जिसका आशय है, मेरे गीत समस्त रूस में गूँजेंगे। मेरा भस्म युगों तक दमकेगा। वह फीका नहीं होगा, पीला नहीं पड़ेगा, उसका क्षय नहीं होगा।

कड़कड़ाती ठण्ड में, मास्को के इस पुश्किन स्क्वायर से गुज़रते हुए, पुश्किन की मूर्ति देखते हुए, वर्षों पहले पढ़ा यह अंश याद आया।

**(2009)**

# क्यूरी : साहस और मूल्य की मूर्ति

1960 से पहले 'मदाम क्यूरी' पुस्तक आयी थी। यह पुस्तक लिखी, उनकी पुत्री यू क्यूरी ने। माँ और बेटी दोनों को नोबेल पुरस्कार, यह भी अद्‌भुत है। उस पुस्तक में कुछ मार्मिक प्रसंग थे।

वर्ष 1891 में सोरबान विश्वविद्यालय में पढ़ने आयीं, मदाम क्यूरी। तब हेमन्त ऋतु थी। फ्रेंच विद्यार्थियों ने देखा, एक पोलिश तरुणी आयी। विज्ञान की अँधेरी–सी कक्षा में। उसके कपड़े मामूली थे। पर, वह सौन्दर्य से भरी। मुखमण्डल पर शान्तिमय आभा। लज्जा और लालिमा। पोलिश भाषा में वह 'मार्या' थीं। फ्रेंच भाषा में वह 'मारी' हो गयीं। वह अपनी पढ़ाई में डूबी होतीं। उनके सौन्दर्य को देख अनेक युवकों ने मित्रता करनी चाही। पर, वह तो अपना जीवन विज्ञान को समर्पित कर चुकी थीं।

किराये पर एक सुविधाविहीन कोठरी ली। बचपन से ही उन्होंने पाया कि जीवन संघर्षमय है। पेरिस आने के पहले फीस जुटाने के लिए वह एक सम्पन्न पोलिश परिवार में बच्चों की गवर्नेस रही थीं। जीवन गुज़ारने के लिए मामूली पैसे उपलब्ध थे। वह कोयले का ख़र्च बचातीं। सर्दियों में अँगीठी नहीं जलाती थीं, पर रात–रात भर बैठकर पढ़ती थीं। डबलरोटी और मक्खन पर महीनों गुज़र जाते थे। अण्डा या सेव दुर्लभ थे। पौष्टिक भोजन न मिलने से वह बेहोश हो जातीं। फिर भी उनके संकल्प और साधना अटूट थे। फ्रांस के ही एक मेधावी वैज्ञानिक पियरे क्यूरी उनके जीवन में आये। आकर्षक व्यक्तित्व के धनी। 1894 में प्रयोगशाला में दोनों मिले। कुछ महीनों बाद पियरे ने विवाह का प्रस्ताव रखा, उन्हें दस माह लगे विचार करने

में। अन्ततः उन्होंने यह प्रस्ताव मान लिया। मारी, मदाम मारी क्यूरी बन गयीं। दोनों के लिए अभाव के दिन थे। घर में मामूली चीज़ें थीं। पर प्रयोगशाला में दोनों डूबे रहते। मारी ने फिज़िक्स और केमेस्ट्री में मास्टर ऑफ़ साइंस की उपाधि प्राप्त की। फिर डॉक्टरेट की उपाधि के लिए पढ़ाई शुरू की। पति–पत्नी दोनों ने शोध के लिए विषय तय किया, यूरेनियम से किरणें क्यों निकलती हैं, इसका स्रोत क्या है?

पर, कोई प्रयोगशाला थी नहीं। गोदाम में इस महान आविष्कार की शुरुआत हुई। मारी यूरेनियम किरणों के रहस्य खोजने में डूबीं। पाया थोरियम से भी स्वतः किरणें निकलती हैं। फिर उन्होंने इसको नाम दिया रेडियोएक्टीविटी। इस तरह एक नया पदार्थ ढूँढ़ा। नये रहस्य का उद्घाटन। पति पियरे भी इस आविष्कार में साथ थे। इस तरह 1898 जुलाई में एक विशेष तत्त्व की खोज हुई। मारी ने अपने देश पोलैंड के नाम पर इसे पोलोनियम नाम दिया। उसी वर्ष दिसम्बर में दूसरा तत्त्व मिला। उसका नाम पड़ा रेडियम। यह प्रयोगशाला सुविधाविहीन थी। गर्मियों में गर्म भट्ठी। सर्दियों में बर्फ़ का घर।

न इनके पास अतिरिक्त पैसा था, न कोई सरकारी सहायता थी। आधी रात तक दोनों खोज और शोध में डूबे रहते। पर, बाधाओं ने उन्हें और मज़बूत बनाया। अन्ततः एक रात गोदाम के अन्धकार में रेडियम झिलमिलाया। दोनों झूम उठे। 1902 की वह रात अमर हो गयी। रातों–रात क्यूरी दम्पति विश्वप्रसिद्ध हो गया।

पर, उनका निजी जीवन अभावों से भरा था। बेटी इरेन पैदा हो चुकी थी। दोनों को कहीं और नौकरी ढूँढ़नी पड़ी। उधर, रेडियम ने पूरे संसार में हलचल पैदा कर दी। चिकित्सा विज्ञान की हस्तियाँ घोषित कर चुकी थीं कि कैंसर को रेडियम से ही बस में किया जा सकता है। दुनिया के बड़े–बड़े व्यापारी–कम्पनियाँ पियरे–मारी दम्पति के पीछे पड़ गयीं। मुँहमाँगा प्रस्ताव, पैसे।

इधर, दोनों जीवन की बुनियादी ज़रूरतों से जूझ रहे थे। दोनों का सपना था, बढ़िया प्रयोगशाला बनाना। जीवन कष्ट और कठिनाइयों से गुज़रा था। कई सपने अधूरे थे। अभावों से भरा पारिवारिक जीवन।

सन्तान के भविष्य की चिन्ता। एक श्रेष्ठ प्रयोगशाला की कल्पना। उधर, रेडियम शोध के बदले बड़े प्रस्ताव। बस सिर्फ़ हाँ भर कहना था और जीवन बदल जाता। दोनों पति–पत्नी के बीच बातचीत हुई। अन्ततः मारी ने जो कहा, वह इतिहास में हमेशा स्मरण रहने वाला प्रेरक प्रसंग है। मारी ने कहा, 'सत्य के अन्वेषक को अपनी खोजों का सही परिणाम मुफ़्त प्रकाशित कर देना चाहिए। फिर रेडियम से तो कैंसर जैसे असाधारण रोगों का इलाज होने वाला है। ऐसी हालत में व्यापारिक दृष्टि से इस पर विचार करना भी वैज्ञानिक भावना के प्रतिकूल होगा।' इस तरह यह शोध सामने आया। फिर 1903 में क्यूरी दम्पति को रेडियोएक्टीविटी के लिए भौतिक विज्ञान के नोबेल पुरस्कार से सम्मानित किया गया।

क्यूरी सचमुच ऋषि परम्परा की विदुषी थीं। घोर अभाव में जीते हुए एक दम्पति ने अपने ज्ञान को पैसे के लिए नहीं बेचा। मानव कल्याण के लिए मुफ़्त में बाँटा। यह चारित्रिक विशेषता ही विद्वता को एक नयी आभा और ऊँचाई देती है। यह चरित्र ही किसी देश, संस्था या व्यक्ति को महान और विलक्षण बनाता है।

आज भारत में इस चरित्र के कितने विद्वान हैं? अभावों में जीते पर साधना में डूबे? जब सारी दुनिया सोती हो, तब भी वे शोध में डूबे हों। ठिठुरते हुए या गर्मी में झुलसते हुए। फिर भी अपने आदर्श से समझौता न करें। पियरे–मारी विश्वप्रसिद्ध हो गये। दुनिया उनको बुलाने के लिए आतुर। घर पर मिलने वालों की भीड़। वे ऊब गये। मारी ने लिखा–'हमारा शान्तिपूर्ण कर्ममय जीवन तबाह हो गया है।' इतने मशहूर वैज्ञानिक पर ख्याति, लोकप्रियता के उन्माद से अछूते।

एक बार फ्रांस के राष्ट्रपति ने उन्हें एलीसी पैलेस में दावत दी। दावत के बाद राष्ट्रपति लोबे की पत्नी ने मारी से कहा–'ग्रीस के राजा से आपका परिचय करा दूँ?' मारी ने भोलेपन से कहा–'क्या इसकी विशेष आवश्यकता है?' सत्ता, प्रसिद्धि और चकाचौंध की दुनिया से दूर, ये दोनों वैज्ञानिक शोध की अपनी दुनिया में जुटे थे। 1906 अप्रैल में दुर्भाग्य आया। पियरे एक सड़क दुर्घटना में नहीं रहे। मारी

की तो जैसे दुनिया ही उजड़ गयी। पर, अद्‌भुत स्वाभिमान था, इस महिला में। फ्रेंच सरकार ने मारी और उनके बच्चों के गुज़ारे के लिए पेंशन की घोषणा की। पर, आत्मसम्मान की प्रतिमूर्ति मारी ने उत्तर दिया–'मुझमें अभी काम करने की शक्ति है। बच्चों का और अपना प्रबन्ध मैं स्वयं कर लूँगी।' इस तरह सधन्यवाद, उन्होंने फ्रांस सरकार का प्रस्ताव अस्वीकार कर दिया।

यह पढ़ते हुए मेरे अन्दर सिहरन पैदा हुई। इनसान की यह ऊँचाई। यह आत्मस्वाभिमान। कहीं दर्प या अहंकार भी नहीं। अपने काम के प्रति ये समर्पण। यह दुर्लभ गुण हैं। भारतीय ऋषियों के बारे में यह सब पढ़ने–जानने को मिलता है। इस पैमाने पर देखें, तो भारत में आज कितनी बड़ी बौद्धिक दरिद्रता है। कितना बड़ा चरित्र का संकट है। 13 मई, 1906 को सोरबान विश्वविद्यालय के विज्ञान विभाग ने उनके पति पियरे का रिक्त स्थान मदाम क्यूरी को देने का निश्चय किया। सर्वसम्मति से। वह विश्वविद्यालय में पहली महिला प्राध्यापिका नियुक्त हुईं। पियरे के वृद्ध पिता ने पुत्रवधू को आशीष दिया। गम्भीरता से दायित्व समझाया।

सोरबान विश्वविद्यालय में मदाम क्यूरी के भाषण का पहला दिन। लोग उमड़ पड़े। बैठने की जगह नहीं थी। कयास था मदाम क्यूरी क्या बोलेंगी? फ्रेंच सरकार को धन्यवाद देंगी? विश्वविद्यालय को धन्यवाद देंगी? अपने पति पियरे के सम्बन्ध में कुछ बोलेंगी? परम्परा भी यही रही है कि पूर्व अधिकारी के विषय में प्रशंसा वचन कहकर बात आरम्भ की जाये।

ठीक समय पर भाषण कक्ष के पीछे का द्वार खुला। अद्‌भुत करतल ध्वनि हुई। मदाम क्यूरी की भव्य और गरिमामय उपस्थिति। उन्होंने सबका अभिवादन किया। फिर चारों ओर स्तब्धता। क्या बोलेंगीं? कहाँ से बोलेंगी? भाषण वहीं से शुरू हुआ, जहाँ पियरे क्यूरी अधूरा छोड़ गये थे। मारी के चेहरे पर शिकन तक नहीं। अन्दर–अन्दर उन्होंने जो भी महसूस किया हो, पर उल्लेखनीय गरिमा से भाषण दिया। फिर चुपचाप लौट गयीं। फिर तो मदाम क्यूरी पर

उपाधियों की बरसात होने लगी। 1911 में उन्हें पुनः नोबेल पुरस्कार मिला। रसायन शास्त्र में।

पहला विश्वयुद्ध शुरू हुआ। इस वैज्ञानिक का अद्‌भुत मानवीय चेहरा या व्यक्तित्व दुनिया ने देखा। उन दिनों अस्पतालों में एक्स–रे व्यवस्था नहीं थी। घायल सिपाहियों के शरीर में कहाँ गोली, छर्रे लगे हैं, ढूँढ़ना मुश्किल था। मारी ने अभियान चलाया, अधिक–से–अधिक रेडियोलॉजिकल स्टेशन बनाने का। फ्रांस की महिलाओं ने उनकी मदद की। चन्दा इकट्ठा किया। मोटरगाड़ी ख़रीदी। इसमें एक्स–रे का सामान रखा गया। इस गाड़ी का नामकरण हुआ, रेडियोलॉजिकल कार। चलती–फिरती प्रयोगशाला को लेकर मदाम क्यूरी अस्पतालों में सहायता पहुँचाने लगीं।

इस तरह मारी ने लिटिल क्यूरी के नाम से और भी एक्स–रे गाड़ियाँ बनवायीं। उन्हें दुनिया के कोने–कोने से बुलावा आने लगा। विश्वयुद्ध के चार वर्षों तक उन्हें एक्स–रे यन्त्रों के सामने दिन–रात रहना पड़ा। रोगियों की मदद के लिए। वह जानती थीं, रेडियम उनके रक्त में घर कर रहा है। फिर भी वह समाज के लिए सक्रिय रहीं, अपना बचाव नहीं किया।

अन्ततः 4 जुलाई, 1934 को वह नहीं रहीं। इस अद्‌भुत महिला के जीवन से कितना कुछ आज भी देश–दुनिया के लोग सीख सकते हैं? पर, अब कितने लोग उन्हें जानते हैं? याद करते हैं? क्या समाज के बदले हुए मूल्यों के कारण ऐसा हो रहा है?

**(2009)**

# मुकम्मल जहाँ नहीं मिलता : स्टीव जॉब्स

स्टीव जॉब्स के निधन पर एक टिप्पणी थी। बार–बार दोहरायी जाने वाली। तीन एप्पल्स (सेव) ने संसार बदल दिया। पहला एप्पल, जिसे ईव ने खाया। दूसरा एप्पल, जो न्यूटन के सिर पर गिरा और तीसरा एप्पल जिसे स्टीव ने (एप्पल कम्पनी) बनाया।

एप्पल कम्पनी ने तीन चीज़ों, आइपॉड, आइफ़ोन और आइपैड को एक–एक कर बाज़ार में तब उतारा, जब स्टीव जॉब्स कैंसर से जूझ रहे थे। लीवर ट्रांसप्लांट हो रहा था। काम भी और मौत से लड़ना भी। साथ–साथ।

उस जीनियस ने कॉलेज की पढ़ाई अधूरी छोड़ी। भारतीय अध्यात्म की दुनिया में भटके। 20 वर्ष की उम्र में एप्पल कम्पनी के को–फाउंडर (सह–संस्थापक) बने। वहाँ से हटे, फिर एप्पल में लौटे। एक ऐसा इनसान (न्यूयॉर्क टाइम्स) जिसने कभी कॉलेज में पढ़ाई पूरी नहीं की। कभी किसी मैनेजमेंट संस्थान में पढ़ाई नहीं की। अपने वयस्क जीवन में कभी किसी के लिए एक दिन काम नहीं किया, फिर कैसे वह इनसान ऐसा विजनरी (स्वप्नदर्शी) बना, जिसने जिस बिज़नेस (व्यवसाय) को छुआ, बदल डाला। जादू कर डाला।

वह इनसान, जिसने अपने स्पर्श, सोच और प्रजेंस (उपस्थिति) से हमारा संसार बदल डाला, टेक्नोलॉजी आविष्कार से, वह असमय हमारे बीच नहीं रहा 1955 से 2011 यानी कुल 56 साल जीने को मिले। 1955 में संसार को जहाँ पाया, 2011 में उसी दुनिया को, अपने कामों से अलग बनाकर छोड़ गया। जिसे ट्विटर पर अब तक की सबसे

अधिक संवेदनाएँ (प्रतिक्रियाएँ) मिलीं। सबसे पहले ओसामा बिन लादेन के मारे जाने पर सर्वाधिक प्रतिक्रियाएँ हुई थीं। उसके बाद स्टीव जॉब्स की मौत पर लोगों ने सर्वाधिक संख्या में संवेदनाएँ पोस्ट कीं।

अनाथ बनकर वह संसार में आया। भारतीय कर्ण की तरह। पर, कर्ण की तरह, उसे समाज में सामाजिक मान्यताओं से नहीं लड़ना पड़ा। अमेरिकी समाज के खुलेपन और उदारता ने अमेरिकी कर्ण को जीनियस बनने का माहौल दिया।

वह इनसान रंक बनकर जन्मा, पर जब मरा, तो न वह राजा था, न मशहूर फिलॉसफ़र, न राष्ट्राध्यक्ष। पर, दुनिया के कोने–कोने से राजा और रंक, हरेक ने उस इनसान के खोने का दर्द ज़ाहिर किया। स्टीव आये ग़रीब घर में, पर सम्पत्ति छोड़ गये हैं 8.3 बिलियन डॉलर की।

हमारे समय का यह जीनियस या अनूठा इनसान, जीवन के बारे में क्या और कैसा सोचता था? मशहूर स्टैंनफोर्ड विश्वविद्यालय के अपने एक चर्चित व्याख्यान, 'स्टे हंग्री, स्टे फुलिश' (भावार्थ–ज्ञानी होने पर भी ज्ञान पाने के लिए अतृप्त रहना। इसे हर इनसान को पढ़ना चाहिए) में छात्रों से कहा था, 'तुम्हारे पास सीमित समय है (यानी जीवन की समय–अवधि तय है), इसलिए इसे नष्ट या बर्बाद न करो, दूसरों का जीवन जीकर यानी दूसरे जो आपके बारे में अपना मत–सिद्धान्त या विचार देते हैं, उनके अनुसार अपना जीवन न जियें। दूसरों की राय या आपके बारे में अन्य लोगों की टिप्पणियों को अपनी अन्तरात्मा में जगह न दें।'

और सबसे महत्त्वपूर्ण बात कि 'यह साहस उपजाइए कि आप अपने दिल, अपनी भावनाओं और इंट्यूशन (प्रज्ञा) से जियेंगे। आपके दिल, आपकी भावनाओं को पता है कि आप क्या बनना चाहते हैं या करना चाहते हैं। शेष सारी चीज़ें सेकेंडरी (प्राथमिक नहीं) हैं।'

स्टीव जॉब्स, वर्षों से मौत के साथ–साथ जी और रह रहे थे। वर्षों पहले अचानक उन्हें पता चला कि उनका जीवन ख़त्म होने की कगार पर है। लाइलाज बीमारी। मौत से जूझते हुए हर पल स्टीव अपने काम और अपनी नयी तकनीक़–उत्पादों को बाज़ार में उतारने में लगे रहे।

योजना बनाकर वह एक–एक पल जिये। अन्त तक। वह घर में सीढ़ियाँ नहीं चढ़ पाते थे, पर एक–एक क्षण के उपयोग के बारे में सजग थे। अन्तिम कुछेक दिन वह अपने परिवार और ख़ास मित्रों के साथ रहे। अपनी शर्तों पर जिये। संसार के कोने–कोने से लोग मिलना चाहते थे। दुनिया की बड़ी–से–बड़ी हस्तियाँ, ताक़तें, प्रतिभाएँ और सम्पन्न लोग, पर स्टीव एक पल भी बर्बाद करने को तैयार नहीं रहे।

जीवन के बारे में यह निस्संगता, तटस्थता और दृढ़ता कम लोगों में होती है। स्टीव जैसी जीवन दृष्टि मिल जाये, तो जीवन अपने आप बदल जाता है। स्टीव के व्याख्यान या एप्पल कम्पनी के अपने साथियों को लिखे सम्बोधन को पढ़कर, हाल के वर्षों में अन्य ऐसी पढ़ी पुस्तकों के अंश याद आये। पहली पुस्तक 'ट्यूज़डेज विद मारी' (मिच एलबाम) है। एक प्राध्यापक की सच्ची कहानी। जिसे कैंसर होने का पता चलता है। प्रो. मारी के जीने या रहने के दिन गिने–चुने हैं। वह अपने जीवन अनुभवों के निचोड़ को अपने पूर्व छात्र लेखक मिच एलबाम को सुनाते हैं। इसी तरह मशहूर विश्वविद्यालय कार्नेगी मेलन के कम्प्यूटर प्रोफ़ेसर रैंडी पाश की किताब है, 'द लास्ट लेक्चर'। युवा और प्रतिभावान प्राध्यापक को अचानक पता चला कि उन्हें लाइलाज कैंसर है। फिर विश्वविद्यालय उन्हें अन्तिम व्याख्यान देने के लिए आमन्त्रित करता है। अद्‌भुत मर्मस्पर्शी व्याख्यान। एक–एक शब्द दिल को छूता है। अन्दर से हिला देता है। जीवन के उन्हीं सवालों की चर्चा इन दोनों पुस्तकों में है, जिन्हें हर इनसान पग–पग पर सामने पाता है।

इसलिए ये पुस्तकें पढ़ने वालों को अपने दिल की आवाज़ लगती है। अन्तरात्मा की ध्वनि। इस ध्वनि को हम सुनें, तो जीवन की लय, धुन और तान बदल जाये। मौत, यह ऐसा सवाल है, जो सिर्फ़ स्टीव जॉब्स, प्रो. मारी या प्रो. रैंडी पाश के लिए ही प्रासंगिक नहीं है। हम में से हर एक के लिए है। ये दोनों पुस्तकें दुनिया में अपार संख्या में बिकीं। तीसरी किताब थी, प्लेटो की लिखी, 'द लास्ट डेज़ ऑफ़ सॉक्रेटीज़' (सुकरात के अन्तिम दिन)।

यह ईसा से 469–399 वर्ष पूर्व सुकरात की सज़ा, सुनवाई और मौत का वृत्तान्त है।

किसी भी समाज में इस तरह का साहित्य पढ़ना अनिवार्य होना चाहिए। इन्हें पढ़ने से व्यक्ति का मानस बदलता है। वह सृष्टि और समष्टि से जुड़ता है। इस तरह व्यक्तियों के बदलने से समाज का स्तर ऊपर उठता है। गुणवत्ता बेहतर होती है। लोगों की दृष्टि व्यापक और उदार होती है। स्टीव का जीवन और व्याख्यान दोनों ही प्रेरित करते हैं।

वह दुनिया के सबसे धनी लोगों में रहे। सब कुछ उन्हें जीवन ने दिया। सिर्फ़ उम्र की सौगात नहीं दी। पर, सबको कहाँ मुकम्मल जहाँ मिलता है? कहीं जमीं, तो कहीं आसमाँ नहीं मिलता। वैसे भी जीवन लम्बे वर्षों से नहीं गिना जाता, उपलब्धियों से आँका जाता है और स्टीव तो मानव जाति के इतिहास के प्रमुख किरदारों में गिने जायेंगे, जिनके अनुसन्धान या आविष्कार या देन ने दुनिया को नये धरातल पर पहुँचाया है।

**(2011)**

# सलाम! अकियो मोरिता

73 वर्ष की उम्र में अकियो मोरिता अपनी बनायी समृद्ध दुनिया से अलग हो गये। जीवन–उपलब्धि–सृजन के शिखर पर पहुँचकर, स्वेच्छा से संन्यास! कोई बड़ी घोषणा नहीं! कोई दिखावा–प्रदर्शन–आयोजन नहीं। अचानक निर्णय, फिर दूसरे ही क्षण से जीवन को दूसरे मोड़ पर डाल दिया। 73 वर्ष का पुराना ताना–बाना तोड़कर। संघर्ष की पीड़ा, चरम उपलब्धि का सुख, अद्‌भुत सृजन का सन्तोष और ख्याति के उत्कर्ष से स्वेच्छा विदाई। 'बीबीसी' ने अकियो मोरिता के संघर्ष–उपलब्धि और यश का जिस भाव से उल्लेख किया, वह सृजन के प्रति सम्मान है।

कौन थे, अकियो मोरिता? विश्वप्रसिद्ध सोनी कम्पनी का नाम आपने सुना होगा। जापानी उद्योग का स्तम्भ। दुनिया की विख्यात कम्पनी। जापान का मशहूर और खरी बातें करने वाला उद्योगपति। टेपरिकॉर्डर और वॉकमैन ईजाद करने वाली सोनी कम्पनी के चेयरमैन। वीडियो और काम्पैक्ट डिस्क टेक्नोलॉजी के क्षेत्र की अग्रणी कम्पनी, 1988 में सीबीएस रिकॉर्डर्स और 1989 में कोलम्बिया पिक्चर्स ख़रीदकर अमेरिका में हलचल पैदा करने वाली कम्पनी। वैसे तो कई वर्ष पहले ही सोनी कम्पनी का प्रेसीडेंट पद छोड़कर अकियो मोरिता महज़ नाम के लिए संस्था के प्रमुख रह गये थे। वह भी उन्होंने छोड़ दिया। उम्र के इस पड़ाव पर अपनी रची–बनायी चीज़ों के प्रति लगाव बढ़ता है। मोह–आकर्षण बाँधते हैं। मन कमज़ोर होता है, पर अकियो मोरिता कोई साधारण इनसान नहीं हैं। इसी कारण उन्हें सलाम!

वह उद्योगपति परिवार में नहीं जन्मे। पाँच सौ डॉलर (भारतीय क़ीमत में लगभग 16 हज़ार रुपये) की पूँजी से ध्वस्त बिल्डिंग की तीसरी मंज़िल के एक कमरे में उस 'सोनी' कम्पनी का जन्म हुआ, जो विश्वविख्यात हुई। विश्वयुद्ध में परास्त और हताश समाज–देश में, इस कम्पनी की बुनियाद डाली अकियो मोरिता ने। वह हारी हुई जापानी सेना में सिपाही थे। टोकियो शहर ध्वस्त हो गया था। मानसिक पराजय और गहरी राष्ट्रीय हताशा के उस दौर में, 7 मई, 1946 की दोपहर लगभग 20 लोग, बम से ध्वस्त भवन के जले कमरे में तीसरी मंज़िल पर जुटे। वहीं सोनी कॉर्पोरेशन का जन्म हुआ। तब अकियो मोरिता पच्चीस साल के थे। एक साल सेना में काम कर चुके थे। उस पल के बारे में अकियो मोरिता ने लिखा है–

'भविष्य कभी इतना अनिश्चित नहीं लगा। जापान ने कभी युद्ध में पराजय नहीं देखी थी। उस दौर में केवल युवा ही आस्थावान हो सकते थे। तब भी मैं आशावान था। मुझे अपने आप पर और अपने भविष्य पर भरोसा था। उस दौर में भी मुझे लगा कि भविष्य में मेरी भूमिका है। पर, तब पता नहीं था कि भूमिका इतनी बड़ी होगी।'

उस दौर के बारे में और भी बहुत कुछ लिखा है, अकियो मोरिता ने। अपने विश्वप्रसिद्ध संस्मरण 'मेड इन जापान' में। विश्व में सबसे अधिक बिकने वाली पुस्तकों में से एक यह पुस्तक, हर उस युवा को पढ़नी चाहिए, जो अपने बाजुओं और श्रम से कुछ हासिल करना चाहता है। अपने समाज–देश व अपने लिए, जो राष्ट्रीय पराजय या अपमान का जवाब ऐतिहासिक सृजन से देना चाहता है। जापान परास्त राष्ट्र था। राष्ट्रीय अपमान की उस पीड़ा को झेलते हुए युवकों की इस टीम ने पाया कि टेक्नोलॉजी में जापान पिछड़ा हुआ था। उसका परिणाम हुआ, युद्ध में पराजय। इस कारण अकियो मोरिता जैसे लोगों ने काम–व्यवसाय का जो क्षेत्र चुना, उसमें दुनिया में अद्वितीय होने का संकल्प लिया और कर दिखाया। युद्ध के मैदान में हिरोशिमा में, जापान पश्चिमी राष्ट्रों से हार चुका था। हार की उस घड़ी में तब युवा जापानियों ने सृजन का जो संकल्प लिया, उसका परिणाम सामने है।

आधुनिक युद्ध मैदान में नहीं, बाज़ारों में हो रहे हैं। दुनिया के बाज़ार में, अमेरिकी बाज़ार में भी पग–पग पर जापान की पहचान है। हाल में येन के मुकाबले, डॉलर का अवमूल्यन हुआ है। दुनिया की सबसे ताक़तवर मुद्रा येन है।

पर, जापान के इस मुक़ाम तक पहुँचने की कथा क्या है? अकियो मोरिता ने अपनी जीवनी में उद्धृत किया है कि यह कथा ख़ून, पसीने, आँसू और श्रम से लिखी गयी है। सोनी कम्पनी का पहला प्रोडक्ट (उत्पाद) प्रेशर कुकर था, जो बाज़ार में सफल नहीं हुआ। फिर रेडियो सफल हुआ, तब अमेरिका के बड़े डिपार्टमेंटल स्टोरों (दुकानों) में अपना सामान बेचने के लिए यह कम्पनी गयी।

अमेरिका में एक जगह एक स्टोर के मालिक ने कहा, 'आपका रेडियो अच्छा है, पर आपकी कम्पनी को कोई नहीं जानता। आप अपने प्रोडक्ट बनाकर अमुक (50 वर्ष पुरानी) बड़ी कम्पनी को बेच दीजिए, उसका लेबल लगते ही आपकी चीज़ें काफ़ी बिकेंगी। हम भी बेचेंगे।' तब मोरिता ने जवाब दिया, 'मैं अपने नये प्रोडक्ट के साथ आपके सामने हूँ। आपकी बतायी कम्पनी के पचास वर्षों की सीढ़ी पर मेरी कम्पनी पहला क़दम रख रखी है। मैं आपसे वायदा करता हूँ कि आज से ठीक पचास वर्षों बाद मेरी कम्पनी का भी वही नाम, ख्याति और स्तर होगा, जो आज आपका है।'

भारी ऑर्डर रद्द कर मोरिता अमेरिका से लौटे। वहाँ के लोग स्तब्ध थे कि कोई कम्पनी इतना बड़ा ऑर्डर (बल्क ऑर्डर) सिर्फ़ इस कारण छोड़ सकती है कि उसकी नयी अज्ञात कम्पनी का लेबल उस रेडियो पर नहीं होगा। पर, इसी राष्ट्रीय भावना और संकल्प ने ध्वस्त जापान को विश्व बाज़ार की सबसे बड़ी महाशक्ति बना दिया।

ठीक 40 वर्षों बाद पश्चिम से परास्त जापान, दुनिया में जापानी मूल्यों–संस्कृति की बात कर रहा था। जापान में सबसे अधिक बिकने वाली मलेशिया के प्रधानमन्त्री महातीर मोहम्मद की लिखी पुस्तक 'द एशिया दैट कैन से नो' में महातीर मोहम्मद ने आवाहन किया था कि दुनिया की आर्थिक महाशक्ति जापान को, द्वितीय विश्वयुद्ध के अध्याय

को भूल कर अन्तरराष्ट्रीय राजनीति की बड़ी ताक़त बनना चाहिए। जापान में युवा लोगों के बीच एक लहर चल रही थी। पश्चिमी, ख़ासतौर से अमेरिकी रागरंग–संस्कृति का चोला उतारकर, जापानी संस्कृति–ताक़त को पुनः सजाने–सँवारने का अभियान।

1944 में ध्वस्त जापान, निराश जापान, मन से टूटे जापान और पस्त जापान को यहाँ तक जिन हज़ारों–लाखों जापानी बाजुओं ने पहुँचाया, उनमें से अकियो के मज़बूत बाजू भी हैं। प्रेरणादायक, उदार और ऊर्जा से भरपूर।

1944 के उन दिनों को याद करते हुए अकियो मोरिता ने लिखा है–'हिरोशिमा पर बम गिरने के बाद जापान के सम्राट ने राष्ट्र को सम्बोधित किया। इसके पहले सम्राट ने कभी अपने लोगों को सीधे सम्बोधित नहीं किया था।' सम्बोधन में तत्कालीन सम्राट ने कहा, 'अपनी सारी ताक़त एकत्र करिए और भविष्य के निर्माण में लग जाइए, विश्व की प्रगति के साथ क़दमताल मिलाकर चलिए, यही करना होगा, असह्य पीड़ा झेलते हुए, असहनीय कष्ट झेलते हुए।'

जापान ने यही किया। 40 वर्षों बाद संहार–विनाश की वह राख, हताशा, पराजय का वह बोध, सृजन, समृद्धि, वैभव और आत्मगौरव से धो–पोंछ दिया। क्या बुद्ध, महावीर, अशोक और चन्द्रगुप्त के बिहार में भी कभी आत्मगौरव का यह भाव, सृजन के प्रति समर्पण और श्रम के प्रति श्रद्धा जागेगी?

**(1994)**

# भाषा और भाव के धनी : शंकर दयाल जी

26 नवम्बर को साप्ताहिक 'कारोबार' कोलकाता में फोन से सूचना मिली कि शंकर दयाल जी नहीं रहे। सूचना दिल्ली से आयी थी। अविश्वास की कोई गुंजाइश नहीं थी। यह ख़बर इतनी आहत करने वाली थी कि यक़ीन नहीं हुआ। अब भी मन नहीं मानता। 28 नवम्बर को उनसे राँची में ही पुनः मुलाक़ात की सम्भावना थी। महीने भर पहले राँची आये, तो नोट छोड़ गये कि अगली बार अवश्य मुलाक़ात होनी चाहिए, तब राँची से बाहर था। उस दिन से ही मन में यह सवाल लगातार उठ रहा है कि 58 साल की उम्र में ही शंकर दयाल जी चले गये? क्या यह कहावत सही है कि अच्छे लोग प्रभु को प्यारे होते हैं? इसलिए जल्द गुज़र जाते हैं।

शंकर दयाल जी में सम्भावना थी। सृजनबोध था। लोगों के प्रति अपनत्व था। बौद्धिक प्रखरता थी। रचनात्मक मन था। आसपास के लोगों को बाँधे रखने की भावनात्मक क्षमता थी। निजी रिश्ते में अद्‌भुत अपनत्व–गरमाहट। उनकी उपस्थिति का हमेशा भान होता था। अंग्रेज़ी में कहें, तो उनके 'प्रजेंस' (उपस्थिति) का अहसास होता था। हिन्दी के सवाल पर, सेठ गोविन्ददास, प्रकाशवीर शास्त्री और बाबू गंगाशरण जी की परम्परा में अन्तिम राजनेता थे। संसद में जिनकी क्षमता ध्वनित होती थी। जिनके ठहाके उन्मुक्त व्यक्तित्व का बोध कराते थे। जिनमें पुरानी संस्कृति के स्वस्थ मूल्यों और आधुनिक दृष्टि का अद्‌भुत व्यावहारिक समागम था। वह शंकर दयाल जी नहीं रहे, यह अब भी नहीं लगता।

1970 में पहली बार मैंने एक सगे की मौत देखी। तब हाईस्कूल का विद्यार्थी था। रिश्ते में चाचा थे। हम उन्हें 'लाला' कहते थे।

1940–50 के दौर में टीएनबी कॉलेज, भागलपुर से वह पढ़कर निकले। सीधे डीएसपी पद पर नियुक्ति हो रही थी। उनके साथी आईजी होकर रिटायर हुए। पर, उन्होंने नौकरी छोड़ दी। गाँव में रहते थे। गृहस्थ संन्यासी। अपने बाल–बच्चों से भी अधिक दूसरों को स्नेह करते थे। रोज़ तड़के सुबह प्रभाती (भजन) गाते थे। सूरदास के भजन उन्हें प्रिय थे। उद्धव प्रसंग उन्हें रुचता था। अक्सर गाते, 'उद्धव कौन देस को बासी...।' उनकी वह आवाज़ कहीं मेरे अन्दर डूब गयी है, जो अक्सर अकेले में मन–स्मृतियों पर छा जाती है। उनका शव जलाते हुए अजीब बोध हुआ। आगे चलकर जाना कि लोग, उस बोध को ही 'श्मशान वैराग्य' कहते हैं। बाद में ऐसे अनेक अनुभवों से गुज़रना पड़ा। पर, शंकर दयाल जी की मौत से लगता है कि यह अपने अंश का अन्त है।

उनसे मुलाक़ात–अपनत्व की स्मृतियों का लम्बा सिलसिला है। 17 वर्षों पहले, 'धर्मयुग' कार्यालय (मुम्बई) में उनसे पहली मुलाक़ात हुई 1977 में। उन दिनों उत्तर प्रदेश–बिहार के लोग मुम्बई में मिलते, तो लगता विदेश में किसी सगे से मुलाक़ात हुई। फिर शंकर दयाल जी, उनमें तो अपना बनाने की दैवी प्रतिभा थी। इसके बाद मुम्बई, कोलकाता, दिल्ली, राँची, पटना वगैरह में न जाने कितनी बार उनसे मिलना हुआ। उनकी आदत थी, वह आने के पहले ख़त लिख देते थे। हर मुलाक़ात में वह बताते कि क्या पढ़–लिख रहा हूँ। कभी निजी पीड़ा नहीं। संसद में रहे हों या संसद से बाहर, हमेशा सार्वजनिक चर्चा। साहित्य से सरोकार, साहित्यिक प्रतिभाओं को आगे ले जाने की योजना, गुज़रे पुराने साहित्यकारों को युवा मानस में रचाने–बसाने की बेचैनी। राजनीति के साफ़–सुथरे लोगों से आत्मीय लगाव।

1988–89 की घटना होगी। कोलकाता ('रविवार' के दिनों में) से पटना आया था। शंकर दयाल जी ले गये विधायक क्लब। देखा, कर्पूरी जी की स्मृति में समारोह आयोजित किया है। कभी रेणु जी, कभी बेनीपुरी जी, कभी राजा राधिकारमण जी पर, तो कभी किसी पर वह कार्यक्रम करते ही रहते थे। कभी अज्ञेय जी को न्योता, तो कभी

विद्यानिवास जी को बुलाया। उनका पूरा जीवन सार्वजनिक था। घर ले जाते, तो एक–एक सदस्य से मिलाते। लगता, अपने ही परिवार में आना हुआ है। जब भी मिलते, कोई न कोई पुस्तक–पत्रिका देते। सुरुचिपूर्ण ढंग से। अच्छी क़लमों और साफ़–सुथरे काग़ज़ों पर लिखने का उन्हें शौक़ था।

एक बार कोलकाता में एक लेखक मित्र को क़लम भेंट देने के लिए एक दुकान पर उन्होंने घण्टों क़लम चुनने में लगाया। मैंने टिप्पणी कर दी। कोई क़लम ले लीजिए। उन्होंने कहा कि लेखक के लिए क़लम सबसे ख़ूबसूरत चीज़ होती है। उसे तो पसन्द से ही देना चाहिए। शायद ही किसी राजनेता के पास इतनी समृद्ध लाइब्रेरी होगी। राजेन्द्र बाबू से लेकर इन्दिरा जी, अज्ञेय, हज़ारीप्रसाद द्विवेदी सबकी पुस्तकें उनके हस्ताक्षर के साथ उनके पास थीं। गाँधी पर, तो उन्होंने अद्भुत संग्रह–लेखन किया है। गाँधी युग के महान नेताओं और ख़ुद गाँधी के हाथों की पाण्डुलिपि उनके पास थी। माखनलाल चतुर्वेदी पत्रकारिता विश्वविद्यालय को उन्होंने बहुत सी चीज़ें भेंट दे दी हैं। राष्ट्रपति के साथ लम्बा विदेश प्रवास कर वह राँची आये। 'प्रभात ख़बर' में उन्हें संस्मरण सुनाने के लिए न्योता गया। तीन घण्टे तक सहज, सरल और मुग्ध करने वाली शैली में वह बतियाते रहे, फिर कहा कि 'प्रभात ख़बर' में लाइब्रेरी बनाइए, अनेक पुरानी–महत्त्वपूर्ण सामग्री दूँगा।

दो महीने पहले दिल्ली में उनसे मुलाक़ात हुई। सुबह–सुबह उन्होंने घर बुलाया। वहाँ पहले से जीतेन्द्र बाबू मौजूद थे। घण्टों अपनी भावी लेखकीय योजनाएँ बतायीं। गाँधी पर पुस्तकें दीं। गाँधी उनके सबसे प्रिय थे। गाँधी पर वह एक लम्बा उपन्यास लिख रहे थे। मृत्युंजय की शैली में। उन्होंने उसके दो अध्याय सुनाये। जीवन्त–रोचक। गाँधी पहली बार बिहार कैसे आये। राजेन्द्र बाबू के घर कैसे पहुँचे। चम्पारण में क्या देखा? वगैरह। कुछ अन्य लेख भी पढ़ने के लिए दिये थे। राजनीति में होकर भी वह राजनीतिज्ञ नहीं हुए। जब कभी वह मुम्बई जाते, डॉ. धर्मवीर भारती से मिलने जाते। अक्सर भारती जी उनके बारे में या डॉ. भारती के बारे में वे सूचनाएँ

देते। इतना ही नहीं, विदेश–देश के जिस शहर में वह जाते थे, वहाँ के लेखकों–कवियों–ऐतिहासिक स्थलों पर पहले जाते थे। राजनेता उनकी दूसरी प्राथमिकता थे। साल भर पहले दिल्ली में अपने घर पर भारत के बारे में लंदन से लायी एक पुस्तक दिखायी। तब तक वह पुस्तक भारत में नहीं पहुँची थी। उसकी विशेषताएँ दिखायीं।

उनके व्यक्तित्व का बड़ा अंश पुस्तकों में रचा–बसा था। जिस जीवन्तता और अपनत्व से वह हर किसी से मिलते थे, इस उपभोक्तावादी संसार में वह शायद ही दिखे। संसद में मिलेंगे, तो वहाँ आवभगत करके कहेंगे, 'घर' के लिए कुछ नहीं दिया। मेरी ओर से संसद में मिलने वाली चाय की पत्ती ले जाइए। दूसरों को अपना अंश समझने की समृद्ध परम्परा भारतीय संस्कृति की रही है। शंकर दयाल जी इस संस्कृति के जीवन्त प्रतीक थे। इस सहज रिश्ते के कारण उनके मित्रों की दुनिया बहुत बड़ी थी। समय के सदुपयोग की अद्‌भुत साधना उन्होंने की थी। ट्रेन में, यात्रा में खाली बैठे हुए वह लिखते–पढ़ते रहते थे। उनके असंख्य प्रसंग दिलोदिमाग़ पर छाये हैं।

उन्होंने बिहार की रचनात्मकता को बढ़ाया। बिहार की राजनीति में पुराने वसूलों को जिन्दा रखा। आज जब सांसदों के अन्य सरोकार बढ़ गये हैं, तब उनका नैतिक और साहित्यिक व्यक्तित्व उन्हें विशिष्ट बनाता था। आज़ादी की पीढ़ी के स्वस्थ–रचनात्मक मूल्य उनमें थे। शंकर दयाल जी उन मूल्यों की एक सशक्त कड़ी थे। उनके निधन से अनेक लोगों की निजी क्षति हुई है। पर, असली क्षति तो सार्वजनिक है, उनकी स्मृति को प्रणाम।

**(1995)**

# मक़सद की तलाश : रूसी एम. लाला

रूसी एम. लाला, प्रिय लेखकों में हैं। गाँधी स्मृति (30 जनवरी) के दिन उनकी भेजी किताब मिली। पुस्तक का नाम 'फाइंडिंग ए परपस इन लाइफ़, 26 पीपल हू इंस्पायर्ड द वर्ल्ड'। लेखक आर. एम. लाला। हिन्दी में पुस्तक का नाम होगा, जीवन में मक़सद की तलाश, 26 लोग जिन्होंने दुनिया को प्रेरित किया।

उनकी एक और पुस्तक कोलकाता एयरपोर्ट पर ख़रीदी। आत्मकथा। पुस्तक का नाम 'द थ्रेड ऑफ़ गॉड इन माइ लाइफ़' (मेरे जीवन का ईश्वर से रिश्ता)। इस पुस्तक की प्रस्तावना लिखी है, मशहूर क़ानूनविद् फॉली एस. नरीमन ने।

1928 में जन्मे रूसी लाला को नज़दीक से बाद में देखा, पर मिलने के दशकों पहले, उनके लेखन ने खींचा। उनकी दर्जनों महत्त्वपूर्ण पुस्तकें हैं। जिनमें चर्चित हैं–'द क्रिएशन ऑफ़ वेल्थ : द टाटा स्टोरी', 'इन सर्च ऑफ लीडरशिप', 'बियांड द लास्ट ब्लू माउंटेन : ए लाइफ़ ऑफ जेआरडी टाटा', 'ए टच ऑफ़ ग्रेटनेस : इनकाउंटर विथ द एमिनेंट', 'द रोमांस ऑफ़ टाटा स्टील'। उनकी हर पुस्तक जीवन के बड़े आदर्शों और मूल्यों से प्रेरित है। वह इतिहास के विद्यार्थी थे। इतिहास में जो श्रेष्ठ लोग हुए या खुद रूसी लाला, अपने जीवन में जिन असाधारण लोगों से मिले, उनके बारे में उनके अनुभव, बातचीत या विश्लेषण, अँधेरे में खड़े समाज या इनसान को रोशनी देते हैं। उनकी कई पुस्तकें पुरस्कृत हुई हैं। ख़ासतौर से कैंसर जैसे असाध्य रोग से गुज़रते हुए, उन्होंने अपने मार्मिक अनुभव लिखे हैं। उनका एक–एक शब्द मन को छूता है। इस पुस्तक से उनकी असाधारण

जिजीविषा और आत्मबल की झलक मिलती है। रूसी लाला की इस पुस्तक का नाम भी अनूठा है। 'सेलीब्रेशन ऑफ़ द सेल्स : लेटर्स फ्रॉम ए कैंसर सरवाइवर' (1999)।

19 वर्ष की उम्र में रूसी लाला ने पत्रकारिता शुरू की। 1951 में प्रकाशन का काम सँभाला। 1964 में वह 'हिम्मत वीकली' के सह–सम्पादक बने। बाद में सर दोराबजी टाटा ट्रस्ट के डायरेक्टर रहे। अन्य कई संस्थाओं से जुड़े। उनकी पुस्तकों का अनुवाद जापानी समेत कई भाषाओं में हुआ। छात्र जीवन में उनकी सम्पादित पत्रिका 'हिम्मत' पहली बार पढ़ी। तब पत्रकारिता में उद्देश्य, मक़सद और मिशन ज़िन्दा थे। उस दौर में भी 'हिम्मत' पत्रिका (अंग्रेज़ी में) पूरे देश में अपनी छाप छोड़ चुकी थी। बहुत बाद में रूसी लाला को नज़दीक से जाना। वह जीवन के श्रेष्ठ और बेहतर मूल्यों के पर्याय थे। अत्यन्त संवेदनशील, नैतिक, सजग, सामाजिक दायित्वों के प्रति चौकस और सर्वजनहिताय से प्रेरित। जीवन में दो–दो बार असाध्य बीमारियों से जूझे। फिर भी श्रेष्ठ जीवन मूल्यों व सत्त्वों के प्रहरी। कुछेक वर्ष पहले उनकी एक पुस्तक का दिल्ली में लोकार्पण हुआ, 'इन सर्च ऑफ़ इथिकल लीडरशिप'। नैतिक नेतृत्व की तलाश। प्रभावी पुस्तक। उस पुस्तक से स्पष्ट है कि जिन लोगों ने इतिहास बदला, देश बदला, समाज को दिशा दी, वे कैसे लोग थे? उनकी क्या ख़ूबियाँ थीं? किस मिट्टी से वे बने थे? इन इतिहास नायकों को पढ़ते हुए पग–पग पर आज के बौने नेतृत्व उभरते हैं। अपनी पुस्तक 'फाइंडिंग ए परपस इन लाइफ़' (2010) की प्रस्तावना में रूसी लाला ने सोरोकिन को उद्धृत किया है।

सोरोकिन एक जगह कहते हैं कि अन्ततः जीसस, बुद्ध, महावीर, लाओत्से या फ्रांसिस असीसी के पास न हथियार थे, न लाखों लोगों पर उनके शारीरिक प्रभुत्व का दबदबा था कि वे मूल्यों और संस्कृतियों की ऐतिहासिक दशा और दिशा बदल या तय कर सकें। न अपना प्रभुत्व बढ़ाने के लिए उन्होंने घृणा को हथियार बनाया, न ईर्ष्या को। न लोभ–लाभ को या मानव समुदाय की स्वार्थपूर्ण लालसा या लिप्सा को ही सफल होने की सीढ़ी बनाया। यहाँ तक कि उनकी शारीरिक

संरचना भी बड़े पहलवान (हेवीवेट चैंपियन) की नहीं थी। फिर भी अपने मुट्ठी भर साथियों के साथ इन लोगों ने लाखों–लाखों लोगों के व्यवहार, जीवन और मस्तिष्क को प्रभावित किया। संस्कृतियाँ बदल डालीं। सामाजिक संस्थाओं को नया कलेवर दिया। दृढ़ता से इतिहास की धारा को दिशा दी।

इतिहास के बड़े–से–बड़े विजेता या कोई क्रान्तिकारी नेता दूर–दूर तक प्रेम और स्नेह की इन प्रतिमूर्तियों से मुक़ाबला नहीं कर सकता। इनके काम–काज से जो बदलाव हुए और जितनी दूर तक इन्होंने मानव इतिहास को प्रभावित किया, उसकी बराबरी कहाँ कोई कर सका है?

सोरोकिन के इस उदाहरण से ही इस पुस्तक का मक़सद साफ़ है। जीवन का मूल मन्त्र तलाशना? हम इस संसार में क्यों हैं? क्या ईश्वर है? जीवन का अर्थ क्या है? ऐसे सवाल जो शाश्वत हैं, मौलिक हैं और जिनसे मनुष्य भागता है, उन पर चर्चा। बुद्ध ने इन सवालों से दरस–परस किया। महावीर के मन में ये उठे। लाओत्से ने इन पर ग़ौर किया और ये मानव इतिहास में प्रकाश स्तम्भ बन गये। शुरुआत में ही रूसी लाला कहते हैं कि हमारी आत्मा तीर्थयात्रा पर है। जीवनभर हम अन्तरयात्रा करते हैं। अपने–अपने जीवन के मक़सद की तलाश। जीवन में मक़सद न होने से लाखों लोग शराब, नशीली दवाओं की शरण लेते हैं। अपराध में रमते हैं। भोग और इन्द्रिय सुख में आनन्द और मुक्ति चाहते हैं। संसार और समाज के ये चलते–फिरते रुग्ण इनसान हैं। इनके पास कोई मक़सद नहीं है। जिनके पास अपार दौलत है, वे निर्बाध उपभोग में डूबते हैं या सेक्स में। द गुड लाइफ़ (अच्छे जीवन) की खोज में। पर, इन सब के बावजूद अन्तःकरण में बेचैनी है। तड़प है। प्यास है। कहाँ है सुख? कहाँ है आनन्द? इस विस्मित करने वाले संसार में मनुष्य अपनी जगह तलाशना चाहता है। वह जगह, जहाँ वह अपनी आत्मा का लंगर डाल सके। आश्रय ले सके। सुखद पनाह पा सके। जहाँ उसे दिशा मिल सके। जहाँ वह अपनी निजी संकीर्णताओं से उठकर समष्टि से जुड़ सके। रूसी लाला अपनी प्रस्तावना में कहते हैं–'जो आत्मा का यह आश्रय पा

लेते हैं, उनकी आत्मा में 80 वर्ष की उम्र में भी चमक है। जो नहीं पा सके हैं, 40 की उम्र में भी उनकी आँखों में सूनापन है।' रूसी लाला अपने जीवन की बात भी बताते हैं। कैसे युवापन से ही उनमें जीवन को जानने की भूख थी। वह कहते हैं कि जब वह 14 वर्ष के थे, तो उनके एक मार्क्सवादी अध्यापक ने उनकी आस्था को ख़त्म किया। 16 वर्ष की उम्र में रूसी नास्तिकता के रेगिस्तान में भटकने लगे। ईश्वर के अस्तित्व के ख़िलाफ़ तर्क–वितर्क करते। फिर जीवन में अनेक उतार–चढ़ाव रूसी ने देखे। वह ऐसे लोगों से भी मिले, जो आत्मसन्तोष और ख्याति की परिधि से बाहर थे। 'हिम्मत वीकली' के सम्पादक के रूप में उन्हें देश–दुनिया के अनेक प्रभावी लोगों से मिलने का मौक़ा मिला। विनोबा भावे ने भी उन्हें गहराई से प्रभावित किया। अशोक से लेकर गाँधी, अब्राहम लिंकन, अल्बर्ट श्वित्जर के जीवन ने उन्हें सूत्र दिये। 120 पेजों की इस पुस्तक को उन्होंने छह अध्यायों में बाँटा है। पहले अध्याय में तीन ऐसे महान लोगों का उल्लेख है, जिन्होंने जीवन में मक़सद होने की ताक़त को दुनिया को दिखाया। मसलन महात्मा गाँधी, अब्राहम लिंकन और अल्बर्ट श्वित्जर। दूसरे अध्याय में आकांक्षा (एंबिशन) और मक़सद (परपस) की चर्चा। फिर करियर और मक़सद (परपस) पर बात। वे प्रकृतिमूलक मक़सद और हासिल किये गये मक़सद पर भी विचार करते हैं। तीसरे अध्याय में करुणा और संवेदना पर बात करते हैं। कैसे करुणा और संवेदना से प्रेरित काम लाखों की ज़िन्दगी बदल देते हैं।

इसके तहत मार्टिन लूथर किंग (अमेरिका), नेल्सन मंडेला व डेसमंड टूटू (दक्षिण अफ्रीका) का हवाला देते हैं। वह उल्लेख करते हैं कि इन तीनों ने इतिहास में ख़ून–ख़राबा रोका। इतिहास की धारा को मोड़ दिया। फिर वह डॉ. ए.पी.जे. अब्दुल कलाम की चर्चा करते हैं। भारत की उनकी चिन्ता, विकास की चर्चा, युवकों से लगातार उनका संवाद वग़ैरह हैं। अन्ततः वह मक़सद पाने के रास्तों की चर्चा करते है। अन्तिम अध्याय में वह कार्डिनल न्यूमैन की सुन्दर, भावपूर्ण और अत्यन्त मशहूर कविता उद्धृत करते हैं, जिसने दुनिया को प्रभावित किया है। गाँधी भी इससे गहराई से प्रभावित थे।

*लीड, काइंडली लाइट, एमिड द इनसर्कलिंग ग्लूम,*
*लीड दाउ मी ऑन;*
*द नाइट इज़ डार्क, एंड आई एम फॉर फ्रॉम होम;*
*लीड दाउ मी ऑन।*
*कीप दाउ माइ फीट; आई डू नॉट आस्क टू सी;*
*द डिस्टेंट सीन; वन स्टेप एनफ फॉर मी।*

इस भावपूर्ण कविता का हिन्दी आशय होगा–

*राह दिखाओ, हे मेरे कृपालु, सुखद रोशनी!*
*चौतरफ़ा घेरते विषाद, उदासी और अँधेरे में।*
*हे प्रभु, मुझे रास्ता दिखाओ।*
*रात अँधेरी है, और मैं घर से बहुत दूर*
*हमें रास्ता दिखाओ प्रभु।*
*ताकि मैं अपने पैरों पर खड़ा रह सकूँ*
*इस अँधेरे में मैं रोशनी नहीं माँग रहा*
*दूरदराज के दृश्य, नहीं देखना चाहता,*
*मेरे लिए एक क़दम काफ़ी है!*

रूसी लाला इस कविता की अन्तिम पंक्ति पर कहते हैं–उद्देश्यपूर्ण शब्द हैं। एक बार में एक ही क़दम। ईश्वर की रोशनी में, मार्गदर्शन में, बिना अधैर्य के दूसरों के प्रति प्रेम और सद्भाव के साथ। ईश्वर में और ख़ुद में विश्वास के साथ, हम क़दम बढ़ायें। फिर हर एक के लिए प्रकृति से तय रास्ते, स्वतः खुलते हैं। मक़सद साफ़ होते हैं।

पुस्तक की अन्तिम पंक्ति है। जीवन में तब तक बड़े मक़सद या उद्देश्य आप नहीं पा सकते, जब तक ख़ुद के दायरे से बाहर झाँकना शुरू न करें यानी स्व से ऊपर न उठें। यह किताब, मन के समुद्र में अथाह लहरें पैदा करती है।

**(2010)**

# गृहस्थ साधक : एस.के. चाँद

आज हम रोते हैं कि समाज में रोल मॉडल नहीं रहे। शायद इसलिए कि रोल मॉडल (नायक) हम नेताओं–बुद्धिजीवियों–प्राध्यापकों के बीच ढूँढ़ते हैं। समाज के भद्र–अगुआ वर्ग में। सामान्य लोगों के बीच जो जीवित रोल मॉडल हैं, उन्हें हम जानना–पहचानना नहीं चाहते।

एस.के. चाँद वैसे ही रोल मॉडल थे। दिल्ली के अपोलो अस्पताल में उनकी मौत हुई। पूर्णिमा के दिन। कार्तिक महीने के आरम्भ में। परम्पराओं में उनकी गहरी आस्था थी। इस दिन मौत उच्च श्रेणी की आत्माओं को मिलती है, यह हिन्दू मान्यता है। चाँद साहब गृहस्थ साधक थे। अध्यात्म की भाषा में कहें, तो उच्च कोटि के साधक। आदर्श की दुनिया के मापदण्ड–कसौटी को, जो जीवन में उतारे, वही समाज का रोल मॉडल हो सकता है। चाँद साहब ऐसे ही रोल मॉडल थे। वह मूलतः अर्थशास्त्र के प्राध्यापक थे। फिर आईएएस बने। महत्त्वपूर्ण पदों पर रहे। अमेरिका–इंग्लैंड में भी रहे–पढ़े। पर, आजीवन विद्यार्थी–अध्येता ही रहे। हिन्दी में मोटिवेशन (प्रेरणा–प्रोत्साहन) पर उन्होंने महत्त्वपूर्ण पुस्तक लिखी, जिसे राजकमल प्रकाशन ने छापा। अंग्रेज़ी पर उनका अधिकार था। मूलतः अंग्रेज़ी में लिखते थे। अगर अंग्रेज़ी में यह पुस्तक लिखते, तो उन्हें बड़ी रक़म मिली होती, पर उन्होंने हिन्दी में ही लिखी। जानबूझकर, क्योंकि उनकी मान्यता थी कि गाँवों के ग़रीब बच्चे अपनी भाषा में अगर ऐसी चीज़ों को नहीं पढ़ेंगे, तो समाज नहीं बदलेगा।

राँची से हिन्दी में बेहतर अख़बार निकले, हम साथी इस अभियान में लगे थे। 15 वर्ष पहले। बजट, अर्थव्यवस्था, नौकरशाही, सरकारी

योजनाएँ, सरकारी व्यवस्था, भ्रष्टाचार, आदिवासी, ग़रीब, हिन्दी पत्रकारिता में गम्भीर बहस–विवेचन के विषय बनें। इसके लिए हम लोग स्थानीय अनुभवी प्रतिभाएँ ढूँढ़ रहे थे। इस खोज के पुल पर ही एस.के. चाँद से मुलाक़ात हुई। अपने दफ़्तर के एक वरिष्ठ सहयोगी के सौजन्य से। पहली भेंट में न वह बहुत खुले, न आदतन हम। वह एक औपचारिक भेंट थी। पहली मुलाक़ात में वह नीरस व्यक्ति लगे, अपनी ही तरह। बिना लाग–लपेट के शिष्टता से अपनी बात कहना, पर अत्यन्त तीक्ष्ण विवेचन शक्ति और बौद्धिक प्रतिभा के धनी। उनमें एक अद्‌भुत नैतिक बल था। तब सोचा भी न था कि चाँद साहब मेरे जीवन पर अमिट छाप छोड़ेंगे। स्वर्णरेखा नदी के किनारे उनकी चिता से उठती लपटों में, अपना भी एक अंश इस तरह लौ को समर्पित हो जायेगा, इसका अहसास नहीं था। जन्मना उनसे कोई रिश्ता–नाता नहीं था। कर्मणा एक ही परिवार, कुल, गोत्र, सम्प्रदाय की हमारी दुनिया थी।

पहली मुलाक़ात के बाद एक दिन उन्होंने घर फ़ोन किया। कहा– आपके कहे अनुसार लेख लिखा है। आपका दफ़्तर दूर है। क्या घर आकर दे सकता हूँ? तुरन्त आने का अनुरोध किया। आये, खड़े–खड़े लेख दिया और लौट गये। तब जाना, वह न किसी के घर जल्द कुछ खाते थे, न कभी कोई भेंट स्वीकार करते थे। धीरे–धीरे उनके नैतिक आग्रह, सात्त्विक तेज और ईमानदार आभा की दुनिया से हम जुड़ते गये। अशोक नगर (राँची) में रहते हुए उनसे रोज़ मिलने के लिए सुबह घूमने की आदत शुरू की। मन को छू लेने वाला उनका व्यक्तित्व था। अत्यन्त महत्त्वपूर्ण पदों से रिटायर होने के बाद वह बिल्कुल सामान्य इनसान की तरह जीते थे। कहीं विशिष्ट होने की ग्रन्थि नहीं। खुद दूध लाना, अपना काम करना। समाज के कमज़ोर वर्ग के लोगों के साथ उनका मानवीय व्यवहार मन को छूता था। गुज़रते वर्षों में धीरे–धीरे उनके व्यक्तित्व के आकर्षण में बहता गया और पाया कि आज भी भारतीय समाज में रोल मॉडल हैं, वे साधारण

लोगों के बीच हैं। धीरे–धीरे उनके व्यक्तित्व का दूसरा पहलू देखा। वह मूलतः साधक थे। संन्यासी गृहस्थ। कहते भी थे, असली साधक ओझल रहते हैं।

वह धर्म और अध्यात्म के गहरे अध्येता थे। रामकृष्ण परमहंस को पढ़ने के लिए उन्होंने बाँग्ला सीखी। इस्लाम और क्रिश्चियन धर्मों की भी उन्हें गहरी जानकारी थी। वह शिव और दुर्गा के भक्त थे। ओंकारेश्वर में तड़के तीन बजे शंकर की भस्म पूजा उन्होंने देखी थी। ऐसे अनेक वृत्तान्त वह सुनाते थे। पर, उनका धर्म–अध्यात्म निजी जीवन तक सीमित था। लोहरदगा में उपायुक्त की हैसियत से दंगों की बनती स्थिति को जिस सख़्ती से उन्होंने नियन्त्रित किया, वह उल्लेखनीय था। वहाँ पैसे वालों और ज़मीन वालों के चंगुल से आदिवासियों को निकालने का जो अभियान चलाया, वह अनुकरणीय था। लगभग 25 वर्ष पहले वह वहाँ के उपायुक्त थे, पर आज भी वहाँ के ग़रीब उनके घर आते थे।

वह ज्योतिष के भी गहरे जानकार थे। पर, आमतौर से उनका यह पक्ष सार्वजनिक नहीं था। और न वह करना चाहते थे। इस सम्बन्ध में उनका सख़्त स्वानुशासन था। हम ज्योतिष का मज़ाक़ उड़ाते, तो बड़े यकीन के साथ कहते थे कि याद रखिए कर्मों का क्षय नहीं होता। जो भी कर्म आपने किये हैं, उनकी क़ीमत चुकानी होगी। बुरे कर्मों से ईश्वर भी नहीं बचा सकता। वह कहते प्रारब्ध, नियति की देन है। प्रार्थना और प्रयास ही मनुष्य के वश में हैं। बीमार होने के पहले चाँद साहब कई लोगों को बता गये थे कि वर्ष 2004 वह पार नहीं कर पायेंगे। अपनी ज्योतिषीय गणना के आधार पर। हमें भी यही बताया था।

भारतीय सन्तों के बारे में उनकी जानकारी गहरी थी। भागलपुर के गंगा किनारे वह पैदा हुए थे। गंगा से उन्हें छोह था। सूफ़ी–सन्तों से उन्हें प्रेम था। घूमने के बहाने रोज़ सुबह इन्हीं विषयों पर उनको सुनने, हम पहुँचते और नयी प्रेरणा–ऊर्जा पाकर लौटते। वह एक

स्रोत सूख गया। वह गाँधी के मार्मिक प्रसंग सुनाते थे। बचपन में उन्हें देखा था, उसे रोमांचक क्षण के रूप में याद करते थे। राजनीति में उनकी गहरी रुचि थी। नौकरशाही के कामकाज की वह सटीक व्याख्या करते थे। विकास से जुड़े सवालों में उनकी दिलचस्पी थी। इन विषयों पर 'प्रभात ख़बर' के आग्रह पर वह लिखते भी थे। उनकी ख़्वाहिश थी कि इस नवम्बर में देवघर चलकर स्वामी सत्यानन्द जी से मिलना है और अपनी पेंशन राशि का बड़ा हिस्सा नियमित वहीं देना है। अशोक नगर (राँची का मोहल्ला) के पास दवा की दो दुकानों पर उन्होंने कह रखा था, कोई ग़रीब दवा के लिए आये, तो लौटाना मत। पैसा मुझसे लेना। वह चुपचाप, गुमनाम रहकर मदद करने में यकीन करते थे, प्रचार–प्रसार से दूर। अनेक लोगों की उन्होंने चुपचाप मदद की। ऐसे अनेक काम करते हुए भी कहीं अपना नाम नहीं आने देते थे। पाया गया है कि उम्र बढ़ने के साथ–साथ इनसान बेटे, बेटी और अपने परिवार तक सीमित हो जाता है। फिर उसका सारा ध्यान अपनी निजी समस्याओं तक सिमट जाता है। मैं और मेरी दुनिया, आमतौर से हिन्दू परिवारों में यह धारणा भी है कि बुज़ुर्ग आत्मकेन्द्रित हो जाते हैं, पर चाँद साहब की सबसे बड़ी ख़ासियत थी कि वह स्वकेन्द्रित नहीं थे। कभी भी अपने बाल–बच्चों, पेंशन, जीवन की दुश्वारियों, अपनी निजी परेशानियों, अस्वस्थता की चर्चा नहीं करते थे।

वह अशोक नगर में रहते थे। पशुपालन घोटाले से जुड़े कई लोग वहाँ रहते थे। पर, बेलौस अपनी बात कहने की दृढ़ता उनमें ही थी। वह तथ्यों के सहारे बात करते थे। यह उनका आत्मिक बल था। ईमानदार जीवन की दृढ़ता और तेज।

वर्षों पहले फ़िराक़ पर रमेशचन्द्र द्विवेदी की सुन्दर पुस्तक पढ़ी थी। पुस्तक में फ़िराक़ के जीवन का एक मार्मिक अनछुआ प्रसंग है। फ़िराक़ को गोपीचन्द और भरथरी के गीत प्रिय थे। उनके यहाँ अक्सर एक जोगी आया करता था। एक बार वह जोगी आया और दो–तीन दिनों तक रम गया। सुबह चार बजे जोगी उठता और रोज़ भरथरी

और गोपीचन्द के गीत गाता। यह गीत सुनकर फ़िराक़ चुपचाप अपने कमरे में बैठ रोते (आज भी गाँव में जहाँ ये जोगी गाते हैं, माताएँ–बहनें रोती हैं)। अचानक एक दिन सुबह वह जोगी उठा, गाते–गाते फिर रोने लगा। उसने कहा कि जोगी कहीं एक रात से अधिक नहीं ठहरते। बाबा गोरखनाथ का आदेश है। रमता जोगी, बहता पानी। फिर वह नाच–नाचकर गाने लगा–'अबकी गवनवा बहुरि नहि अवना...' जोगी गा रहा था, सभी सुनने वालों की आँखों से वैराग्य के आँसू टपक रहे थे। फ़िराक़ भी रो रहे थे कि अब यह जोगी नहीं लौटने वाला!

चाँद साहब की चिता से उठती लौ में फ़िराक़ साहब और जोगी का वह दृश्य बार–बार घूम रहा था।

**(2004)**

# प्रकृति प्रदत्त प्रतिभा के धनी : डॉ. सिन्हा

लाइब्रेरी में बैठा था। अचानक पत्नी की आवाज़ आयी। बाहर निकला। बताया, डॉ. के.के. सिन्हा (डॉ. कृष्णकान्त सिन्हा) नहीं रहे। प्रायः हर आत्मीय जनों की मौत, निजी संसार को स्पर्श करती है, स्तब्ध करती है, असहाय होने का बोध कराती है। युधिष्ठिर–यक्ष संवाद की स्मृति (यक्ष ने युधिष्ठिर से पूछा–दुनिया का सबसे बड़ा आश्चर्य क्या है? युधिष्ठिर ने कहा–मौत। रोज़ हम कन्धों पर शव लेकर जाते हैं, पर एक पल भी नहीं मानते, हमारा भी हश्र यही है) उभरी। डॉक्टर साहब के न रहने की ख़बर से कवि एमिली डिकिंसन (1830–1886) की एक पंक्ति भी याद आयी–

*'क्योंकि मैं मौत के लिए रुक नहीं सका'*

डॉ. के.के. सिन्हा अन्त तक सक्रिय, जीवन्त और अपने काम में डूबे रहे। उनकी ख्याति बड़ी थी। पर, उनके व्यक्तित्व के दूसरे पहलुओं को नज़दीक से जानने का मौक़ा मिला। डॉ. सिद्धार्थ मुखर्जी के माध्यम से निमन्त्रण आया। राँची आने (22 अक्टूबर, 1989) के पहले से डॉ. सिद्धार्थ मुखर्जी का स्नेह था। उनके पिता डॉ. जदुगोपाल मुखर्जी महान क्रान्तिकारी और विख्यात डॉक्टर थे। सुभाष बाबू, पण्डित जवाहरलाल नेहरू और जयप्रकाश नारायण जैसे लोगों के निजी मित्रों में से। उन्हीं डॉ. सिद्धार्थ मुखर्जी ने कहा, अगले रविवार को आपको मेरे साथ डॉ. के.के. सिन्हा जी के यहाँ चलना है। डॉ. के.के. सिन्हा फ़ोन या मोबाइल का इस्तेमाल नहीं करते थे। हालाँकि

वह विज्ञान, आधुनिक टेक्नोलॉजी में गहरी आस्था रखने वाले इनसान थे। इसके बाद कई रविवार की शामें डॉ. के.के. सिन्हा के आवास पर गुज़रीं।,बल्कि कहूँ कि जीवन में बहुत हद तक हमें लोग लोनर (अकेलापन पसन्द इनसान) मानते, पर सच तो यह है कि मुझे ऐसी शामों की प्रतीक्षा रहती थी। कारण, डॉ. के.के. सिन्हा गिफ़्टेड न्यूरोलॉजिस्ट (आम बोलचाल की भाषा में प्रकृति प्रदत्त अद्‌भुत प्रतिभा के डॉक्टर) थे। उनकी ख्याति तो इसी रूप में थी कि जैसे बंगाल के पहले मुख्यमन्त्री डॉ. विधानचन्द्र राय के सम्बन्ध में सुना या पढ़ा था कि वह इनसान को आते देखकर बीमारी का लक्षण बता देते थे। डॉ. के.के. सिन्हा की इस अद्‌भुत प्रतिभा का निजी अनुभव है।

डॉ. के.के. सिन्हा के साथ गुज़री रविवार की शामें क्यों जीवन में न भूलने वाले क्षण हैं? इतिहास, संगीत, लोककला वग़ैरह में उनकी गहरी रुचि ही नहीं थी, बल्कि उनके पास रेयर (दुर्लभ) संकलन भी थे। एक शाम उन्होंने औरंगज़ेब की न्यायप्रियता पर अद्‌भुत प्रसंग सुनाये। स्रोत पूछा। तुरन्त उन्होंने जदुनाथ सरकार की किताब दिखायी–'ए शॉर्ट हिस्टरी ऑफ़ औरंगज़ेब'। कोई एक दूसरी पुस्तक भी लाये, जिसका नाम स्मृति में नहीं है। फिर शाहजहाँ पर फ़र्गुस निकोल की किताब का उल्लेख किया। वह इतिहासप्रेमी थे। मुझे पुस्तकें दीं। इस शर्त पर कि समय से वापसी हो। तत्काल उनकी वो पुस्तकें उपयोग कर वापस करता था। फिर बाँग्ला संगीत, भोजपुरी संगीत पर 30–40 के दशक से लेकर अब तक के दुर्लभ संकलन उनके पास थे। उनकी विलक्षण चिकित्सकीय प्रतिभा की जानकारी तो थी ही, पर उनके व्यक्तित्व के दूसरे पहलुओं को जानने की उत्सुकता थी। सुना है कि प्रकृति प्रदत्त प्रतिभावान लोगों की प्रतिभाएँ बहुमुखी होती हैं। पटना के डॉ. शिवनारायण सिंह के बारे में सुना ही था कि वह अद्‌भुत संगीतप्रेमी थे। डॉ. के.के. सिन्हा में भी संगीत के साथ इतिहास की अद्‌भुत जानकारी पायी। संगीत में भी बाँग्ला, भोजपुरी, मगही, मैथिली आदि की समृद्ध विरासत उनकी जुबान पर होती। उन शामों को वह ख़ुद संगीत सुनते और उपस्थित मित्रों को सुनाते। साथ ही उसका

इतिहास बताते। रविवार गोष्ठियों की अघोषित शर्त होती थी कि कोई अपने प्रोफ़ेशन की बात नहीं करेगा। वह अतिथियों को खिलाने के शौकीन थे। घर आने वालों को समुचित सम्मान देना, विदा करने के लिए बाहर तक छोड़ना, ये सब उनके व्यक्तित्व का हिस्सा था। वह पटना के मनेर में जन्मे (11 जनवरी, 1931)। उनके जीवन के बारे में पूछता। वह बड़ी रुचि से उन दिनों को याद करते। उनके संस्मरणों में महज़ उनके घर के सदस्य, पिता, चाचा या गाँव के लोग ही नहीं होते, उस दौर की बातों का उल्लेख होता।

महात्मा गाँधी के दौर का उन पर असर था। दुनिया में आ रहे बड़े बदलावों की आहट के, जो स्वर गाँवों तक पहुँच रहे थे, उनका जीवन्त चित्रण करते। उनकी स्मृति विलक्षण थी। उन्हें जानता तो राँची आने के पहले से था। पर, मेरा परिचय नहीं था। वह कुछ दिनों के लिए चम्पारण में डॉक्टर थे। 50–55 के बीच। मेरे अत्यन्त क़रीबी रिश्तेदार के गाँव–घर तब वह गये थे, जब न सड़क थी, न बिजली। वह हाथी से गये थे। उस जाने की घटना, तिथि, गाँव के लोगों के नाम लगभग 30 वर्षों बाद मिलने पर हू–ब–हू उन्होंने सुनाया। वह निजी रिश्तों का सम्मान करते थे। जिन पुराने रिश्तों से उन्हें निमन्त्रण जाता, वह ज़रूर समारोह में जाते। इस रूप में भी उन्हें जानता था, पर यह औपचारिक परिचय था। सही रूप में उन्हें जाना 'प्रभात खबर' के दिनों होने वाली मुलाक़ातों में। उसमें हमारे राँची के एक और मित्र विकास जी भी होते। तब उनसे, उनके छात्र–जीवन के बारे में पूछता। इसके पीछे एक मोह था। काशी हिन्दू विश्वविद्यालय से 1948 में पहली श्रेणी में इंटरमीडिएट की परीक्षा में डॉ. सिन्हा निकले थे। वह मालवीय जी का जीवन्त चित्रण सुनाते। उन दिनों वृद्ध मालवीय जी दिखायी देते तो किस रूप में छात्र उनका सम्मान करते। डॉ. राधाकृष्णन के 'गीता' प्रवचन वह सुनाते। उनके परिधान (सिर पर बड़ी पगड़ी, चुस्त पायजामा और बन्द गले का पूरा कोट) वह सचित्र बताते। फिर बताते कि हम छात्रों ने किसी कार्यक्रम में उन्हें न्योता, तो वह समय से पाँच मिनट पहले पहुँच गये। फिर कहते कि मैं जाकर वापस आ रहा हूँ। दुबारा, जो समय बताया जाता, ठीक उसी समय पर वे पहुँचते। ऐसे न जाने कितने प्रसंग उन्होंने सुनाये। इन प्रसंगों के पीछे एक सन्देश होता था। भारत का

इतिहास जब करवट ले रहा था, जब गाँधी, डॉ. राधाकृष्णन, श्रद्धेय मालवीय जी जैसे लोग थे, तो क्या अनुशासन था, क्या माहौल था, पठन–पाठन की कैसी दुनिया थी? रविवार की ऐसी चर्चाओं में यह सब जानने का मौक़ा मिलता। देश की आबोहवा में तब नवनिर्माण का जो सपना था, वह जानने को मिलता।

लगभग डेढ़ दशक पहले, उन्होंने एक बार राँची आईएमए के मुख्य कार्यक्रम में मुख्य अतिथि के रूप में हमें निमन्त्रित किया। उनकी कर्टसी, अतिथि के प्रति बोध का भाव, भारत के पुराने मूल्यों की उपज थे। उन्होंने कहा, अच्छा है कि अमर बाबू की प्रतिभा का उपयोग आप 'प्रभात ख़बर' में कर रहे हैं (विदेश में पढ़े प्रो. अमर कुमार सिंह, राँची विश्वविद्यालय के कुलपति तो थे ही, पर देश स्तर के जाने–माने समाजविज्ञानी भी रहे)। वह 'प्रभात ख़बर' में लिखते रहे। कुछ ही वर्षों बाद अमर बाबू नहीं रहे। अमर बाबू उनके निजी मित्रों में से एक थे। डॉ. साहब ने मुझ से कहा कि बेहतर होगा कि अमर बाबू की स्मृति में, उनके जो लेख 'प्रभात ख़बर' में छपे हैं, उनका संकलन हो पाता। अमर बाबू की यह पुस्तक प्रकाशित हुई, राजकमल प्रकाशन से। उसका लोकार्पण 'प्रभात ख़बर' में हुआ। 2002 में। डॉ. साहब को सूचना दे दी कि इस पुस्तक का लोकार्पण तत्कालीन राज्यपाल प्रभात कुमार (पूर्व कैबिनेट सचिव, भारत सरकार) करेंगे। डॉ. साहब दिन में अपना व्यस्त कार्यक्रम छोड़कर आये। पुस्तक की प्रति पाकर प्रसन्न हुए।

उनसे दिखाने के लिए दूर–दूर से परिचित या मित्र फ़ोन करते। कभी दिल्ली से, कभी गुजरात से, कभी छत्तीसगढ़ से, बिहार और उत्तर प्रदेश से तो प्रायः ही। लंदन से एक स्वजन ने फ़ोन किया कि उनके माता–पिता ने चेन्नई और बेंगलुरु के बड़े कॉर्पोरेट अस्पतालों में दिखा लिया है, पर एक बार डॉ. के.के. सिन्हा से मिलना चाहते हैं। उन्हें बार–बार तकलीफ़ देने में संकोच होता। साथ काम करने वाले पुष्पगीत, राजीव या किसी अन्य साथी को कहता। वे उपलब्ध होते तो देखते थे।

डॉ. के.के. सिन्हा का भौतिक अन्त हुआ, पर वे क्यों स्मृति में रहेंगे? समाज और युवाओं के लिए वे क्यों नहीं रहकर और भी प्रेरक

हैं? अपने प्रोफ़ेशन के, तो वह सिरमौर थे ही, प्रकृति से भी उनका गहरा लगाव था। अपने आवास परिसर में लगे पेड़ों के दरख़्तों में रहने वाले या माइग्रेट कर आने वाले पक्षी संसार का उन्हें अद्‌भुत ज्ञान था। सुदूर साइबेरिया वग़ैरह से आने वाले पक्षियों के बारे में वह बताते। चिड़ियों के स्वर या चहचहाट के भाव या अर्थ तक बताते। अन्त–अन्त तक 16–18 घण्टे काम करने का विलक्षण अभ्यास सबसे बड़ी बात थी! दुनिया में यह कॉर्पोरेट वर्ल्ड के उदय का दौर है। जब सरकारों के प्रभाव क्षेत्र से ज्यादा बड़े स्तर पर दुनिया की कई बड़ी कम्पनियाँ बन रहीं। उस दौर में डॉ. के. के. सिन्हा अपनी प्रतिभा, अपने काम और अपने ज्ञान के कारण ख़ुद में एक संस्था बन गये थे। एक इनसान के इंडिविजुअल एक्सीलेंस (निजी श्रेष्ठता) ने बड़े–बड़े कॉर्पोरेट अस्पतालों के सामूहिक यश, आस्था और पहचान को पीछे छोड़ा था। यह तो प्रचार का दौर है। माना जाता है कि प्रचार से आप पहचान बनाते हैं। प्रचार पर निवेश का रिटर्न (ब्याज) मिलता है। पर, डॉ. के.के. सिन्हा प्रचार की दुनिया से दूर रहे। उनका न विज्ञापन छपा, न कभी न्यू मीडिया–सोशल मीडिया आदि की ज़रूरत पड़ी। उनके ज्ञान व प्रतिभा ने उनकी पहचान बनायी। हमारे शास्त्रों में इस विधा के बारे में माना गया है कि–

*न चोरहार्य न राजहार्य, न भ्रातृभाज्यं न च भारकारि*<br>*व्यये कृते वर्धति एव नित्यं, विद्याधनं सर्वधन प्रधानम्!*

तात्पर्य यह है कि ज्ञान की सम्पदा न चोर चुरा सकता है, न राजा या शासक छीन सकता है। इसे न भाई–बन्धु ले सकते हैं, न यह पैतृक सम्पत्ति है, जिसका बँटवारा हो सकता है। यह कभी बोझ नहीं है। ज्ञान वह सम्पदा है, जिसमें लगातार वृद्धि होती है और उसके वितरण से यह और बढ़ता है। डॉ. के.के. सिन्हा का चिकित्सकीय ज्ञान ऐसा ही था, जो लगातार बढ़ता ही रहा।

वह ज्ञान, विज्ञान और पश्चिम के आधुनिक संसार के प्रबल प्रशंसक थे। उनके नेतृत्व (चीफ़ एडिटर) में 27 पुस्तकों का प्रकाशन हुआ। उन्होंने अपने आलेख या प्रकाशन मुझे पढ़ने को दिये। दरभंगा मेडिकल कॉलेज से 1953 में मेडिसिन–सर्जरी में उन्होंने सबसे अधिक

नम्बर पाये। कुल मिलाकर अव्वल रहे। गोल्ड मेडल मिला। मेडिसिन में उन्हें ऑनर्स मिला, जो आज भी दुर्लभ उपलब्धि मानी जाती है। दरभंगा से 1956 में उन्होंने एमडी (मेडिसिन) किया। फिर वह ब्रिटेन के रॉयल कॉलेज ऑफ़ फिज़िशियन, एडनबरा (1959) में रहे। 1965 में वह फिर अमेरिका गये। 1962 में वह राँची मेडिकल कॉलेज में नये बने मेडिसिन विभाग में पहले अध्यापक के रूप में आये। 1976 में उन्होंने सरकारी नौकरी से इस्तीफा दिया। मेडिकल और न्यूरोसाइंस में उन्होंने अनेक प्रकाशन किये। अपने क्षेत्र में उन्हें अनेक सम्मान मिले। कभी उन्हें लोकसभा चुनाव लड़ने का प्रस्ताव भी एक राष्ट्रीय पार्टी से मिला, लेकिन उन्होंने बताया कि उन्होंने यह कहते हुए माफ़ी माँग ली थी कि यह मेरा क्षेत्र नहीं है।

डॉ. पी.एन. लाभ भी नहीं रहे। उनसे भी निजी ताल्लुक़ रहा। उनका व्यक्तित्व भी विलक्षण था। अन्त तक ज़रूरतमन्दों के लिए उपलब्ध या खड़े रहने वाले डॉक्टर। डॉ. के.के. सिन्हा के निजी मित्रों में थे। डॉ. के.के. सिन्हा के न रहने की ख़बर पाकर लगा इनसान का निजी संसार अपने सम्बन्धों से ही बनता है। एक–एक कर आत्मीय लोगों को जाते देख, जिनसे सीखा, जाना, निजी संसार को उदास बनाता है। पर इस दुख के क्षणों में भी अगर डॉ. डी.के. झा का स्मरण न करूँ, तो अन्याय होगा। अन्त तक डॉ. के.के. सिन्हा के प्रति समर्पित। उन्हें अपना गुरु मानने व कहने वाले। कुछ ही दिनों पहले डॉ. के.के. सिन्हा के घर उनसे मिला था। फिर डॉ. डी.के. झा की बेटी की शादी में हम मिले। साथ ही बैठे। बहुत देर तक डॉ. के.के. सिन्हा से बात होती रही। उनकी जीवन्तता, गर्मजोशी, अपनत्व और स्नेह का अब प्रत्यक्ष अनुभव नहीं हो पायेगा। यह निजी तौर पर दुखद है, पर शायद यही संसार है।

**(2019)**

# आर.के. तलवार : दैवीय स्वर का नुस्खा

एक परिचर्चा का आयोजन था। 'धर्मयुग' (1978) के लिए। मुम्बई में नौकरी के आरम्भिक दिन थे। विषय था, उसूलों, मूल्यों पर चलने वाले लोगों की संख्या, समाज–देश में घट रही है? हमने इस विषय पर लिखने वालों की सूची बनायी। उस सूची में नाम था, पण्डित रामनन्दन मिश्र का। आज़ादी की लड़ाई के अप्रतिम योद्धा। गाँधी के करीबी। समाजवादी आन्दोलन के अग्रणी पुरुष। इस विषय पर उनका जो जवाब आया, उसकी एक पंक्ति भूल नहीं पाता। उस पंक्ति का आशय था, आज यह धरती इतनी बंजर हो गयी है कि उम्दा से उम्दा बीज डालो, वह अंकुरता ही नहीं, धरती में ही नष्ट हो जाता है। आज़ादी के 55 वर्षों बाद की धरती (माहौल) हमने कैसी बना ली है कि आज 'बड़े इनसान' नहीं दिखते। पद, पैसा, शोहरत की क़ीमत पर बड़े–बड़े राजनीतिक नायक–रहनुमा चौराहे पर ख़ुद को खुलेआम नीलाम कर रहे हैं, नौकरशाहों (कुछेक अपवादों को छोड़ कर) को झुकने को कहा जाये, तो वे रेंगने लगते हैं (आपातकाल के बारे में पत्रकारों के सन्दर्भ में आडवाणी जी की मशहूर टिप्पणी)। बौद्धिक–पत्रकार अपनी भूमिका से भटक गये हैं, तब आर.के. तलवार का स्मरण ताक़त देता है। श्री तलवार ने स्टेट बैंक के चेयरमैन के पद से इस्तीफा क्यों दिया? उन्होंने इस सम्बन्ध में कभी कुछ नहीं कहा।

आर.के. तलवार प्रकरण के पहले बैंकों की स्थिति पर संक्षेप में चर्चा प्रासंगिक है। कारण, बैंकों में जनता और देश का धन जमा है। इसका उपयोग कुछ ख़ास वर्ग, अपने हित में कर रहे थे, तब कांग्रेस के युवा तुर्कों ने बैंकों के राष्ट्रीयकरण की माँग की। 1969 में

युवा तुर्कों की माँग तत्कालीन प्रधानमन्त्री इन्दिरा गाँधी ने स्वीकार की। बैंकों का राष्ट्रीयकरण हुआ। पर, तत्कालीन केन्द्र सरकार ने इस दिशा में आंशिक क़दम उठाया। सरकारें, बैंक के ख़ज़ाने को अपने उद्देश्य–हित में इस्तेमाल कर सकें, यह दरवाजा खुला रखा। इसका परिणाम हुआ कि सरकारी स्तर पर स्वार्थी ताक़तें, बैंकों के भारी पूँजी का इस्तेमाल अपने हित में करने लगीं। युवा तुर्कों की यह भी माँग थी कि राष्ट्रीयकरण के साथ ही बैंकों को चलाने के लिए विशेषज्ञों की स्वायत्त काडर या प्रबन्धकीय टीम की नयी व्यवस्था लागू हो। पर सरकार को लगा, यह, तो दुधारू गाय है। इसके बाद बैंक लूट–अव्यवस्था–अराजकता की लम्बी व्यथा–गाथा है। भारत को आर्थिक महाशक्ति बनने से रोकने का दुखद अध्याय है। तब राष्ट्रीयकरण का दिखावा कर, तत्कालीन सरकार की मंशा क्या थी, सिर्फ़ आर.के. तलवार के प्रकरण से समझा जा सकता है।

आपातकाल में स्टेट बैंक के चेयरमैन थे, आर.के. तलवार। हमारे समय के बड़े जीवित बैंकर एन वागुल ने (जो बैंक ऑफ़ इंडिया और आईसीआईसीआई के चेयरमैन रहे व उनके सहयोगी रहे) उन पर लिखा भी है। भारत के इतिहास में ईमानदारी, एफिशिएंसी और दृष्टिवान बैंकर के रूप में आर.के. तलवार, आज भी स्मृति में हैं। 1969 में वह भारतीय स्टेट बैंक के चेयरमैन बने। 1948 में अफ़सर के रूप में उन्होंने लाहौर में इस बैंक में काम शुरू किया। 1976 में इमरजेंसी का आतंक था, तब वह संजय गाँधी के आदेश पर हटाये गये। उनके कार्यकाल के छह वर्ष शेष थे। मामला एक सीमेंट कम्पनी के बैंक लोन से जुड़ा था। वह भारी घाटे में थी। लगभग बन्द (सिक) थी। बैंक ने इसकी समीक्षा की। पाया कि सरासर प्रबन्धन की विफलता है। बैंक ने शर्त रखी कि इसे पुनर्जीवित करने के लिए बैंक फिर पैसे लगायेगा, पर कम्पनी के मालिक (प्रमोटर और सीईओ) हटें। प्रोफेशनल्स को कम्पनी की बागडोर सौंपें। पर, मालिक, संजय गाँधी का मित्र था। संजय गाँधी ने वित्त मन्त्री को फोन किया। उन दिनों सी सुब्रमण्यम वित्त मन्त्री थे। प्रणव मुखर्जी उनके मातहत राजस्व एवं बैंकिंग मन्त्री थे। संजय गाँधी का हुक्म था कि बैंक को

कहिए कि वह पुनः लोन देने की अपनी शर्तों से प्रबन्धन बदलने की शर्त हटा दे। मन्त्री महोदय ने सीधे श्री तलवार को फोन किया। चेयरमैन श्री तलवार ने सारे काग़ज़ात मँगवाये। एक–एक चीज़ बारीक़ी से अध्ययन किया, जो उनकी आदत थी। आश्वस्त हुए। मन्त्री को फोन किया, बताया कि बैंक की शर्त बिल्कुल सही है। यह नहीं बदल सकती। मन्त्री महोदय ने चेयरमैन तलवार को दिल्ली बुला लिया। कहा, देश के सर्वोच्च पद से (द हाइएस्ट अथॉरिटी) यह आदेश है। श्री तलवार अपनी बात पर अडिग रहे। संजय गाँधी को यह सूचना दी गयी। कहा गया, संजय गाँधी से मिल लें। तलवार ने कहा चूँकि इन्हें कोई संवैधानिक अधिकार या पद नहीं है, मैं नहीं मिल सकता। संजय गाँधी का तत्काल आदेश था 'सैक तलवार' (तलवार को बर्खास्त करो)। आदेश दो शब्द का था, पर स्टेट बैंक ऑफ़ इंडिया एक्ट के तहत चेयरमैन बगैर ठोस कारण के नहीं हटाये जा सकते थे। मन्त्री ने तलवार को उनके समकक्ष कई पद ऑफर किये। तलवार ने विनम्रता से कहा, बैंक का चेयरमैन पद सँभालते हुए, जो भी अतिरिक्त दायित्व होगा, वह पूरा करूँगा। इससे मन्त्री अप्रसन्न हो गये। मन्त्री का मानस था कि वह किसी तरह चेयरमैन पद छोड़ें। उन्होंने कहा कि सीमेंट कम्पनी पर आपके स्टैंड से यह समस्या है, अगर आप इस्तीफा नहीं देंगे, तो आपको बर्खास्त करना पड़ेगा।

तलवार अपने काम में जितने निपुण थे, उतने ही अपने मूल्यों और आदर्शों के प्रति प्रतिबद्ध। उन्होंने साफ़ कहा, इस्तीफा देने का कोई कारण नहीं है। मन्त्री महोदय चाहें, तो बर्खास्त कर सकते हैं। इसके बाद संजय गाँधी ने सीबीआई को तलवार के ख़िलाफ़ जाँच करने के लिए कहा, ताकि उन्हें बर्ख़ास्त किया जा सके। सीबीआई की पूरी कोशिश के बाद भी कोई चीज़ उनके ख़िलाफ़ नहीं मिली। उनकी एक अपील मिली। उन्होंने समाज के विभिन्न तबकों से पाण्डिचेरी (अरविन्दो आश्रम) की मदद के लिए अपील जारी की थी। इस पर्चे पर काफ़ी छानबीन हुई। अन्ततः सीबीआई को पता चला कि प्रधानमन्त्री और संयुक्त राष्ट्र के महासचिव ने अपने दस्तख़त से

आरुवेली योजना (अरविन्दो आश्रम, पाण्डिचेरी) की मदद के लिए जो अपील जारी की थी, उसे ही तलवार ने लोगों के पास भेजा था। सीबीआई जाँच बन्द करने के लिए विवश हो गयी।

अब संजय गाँधी का धैर्य जवाब दे चुका था। उन्होंने कहा कि एसबीआई एक्ट बदलो कि बिना कारण चेयरमैन हटाया जा सके। विपक्षी नेता जेल में थे। पार्लियामेंट से तुरन्त बिना बहस यह विधेयक पास हुआ। मन्त्री ने अन्तिम बार तलवार से कहा कि इस्तीफा नहीं दिया, तो बर्ख़ास्त करेंगे। अन्ततः 4 अगस्त, 1976 को श्री तलवार को 13 महीने की छुट्टी देकर, बैंक के प्रबन्ध निदेशक को चार्ज लेने के लिए कहा गया। बर्खास्तगी क़ानून बनने के बाद भी सरकार को नैतिक साहस नहीं था कि उन्हें बर्खास्त कर सके। उस शाम पद से हटाये गये चेयरमैन तलवार अपने घर पहुँचे, तो आतंक और भय का यह माहौल था कि एन वागुल को छोड़कर, न कोई उनके दफ़्तर में था, न घर पर।

1978 में जनता पार्टी की सरकार आयी। तलवार को दो बैंकों का चेयरमैनशिप ऑफ़र हुआ। फिर भारतीय रिजर्व बैंक के डिप्टी गवर्नर का पद सँभालने का प्रस्ताव गया। पर, वह अपनी अध्यात्म की दुनिया से नहीं लौटे। अरविन्दो आश्रम में सपत्नीक रहे। अपना खर्च चलाने के लिए आईआईएम के आमन्त्रण पर व्याख्यान देने जाते थे। 2002 के आसपास कोलकाता आईआईएम के 'मैनेजमेंट सेंटर ऑफ़ ह्यूमन वैल्यू' में एक कोर्स करने गया, तो वहाँ के प्रोफ़ेसर ने उनसे बातचीत (मार्च, 1998 में) की थी। उसकी प्रति मिली। उसमें बहुत महत्त्वपूर्ण बातें हैं। कुछ बातें हैं, जिनसे स्पष्ट होता है कि सरकार ने बैंकों को महज़ अपनी राजनीतिक मंशा के लिए ही राष्ट्रीयकृत किया। उनसे पूछा गया कि आज बैंक उद्योग में यूनियन और प्रबन्धन सम्बन्ध कैसा है? उनका जवाब था कि आज बैंक में एक क्लर्क की पोस्टिंग भी यूनियन की सहमति के बगैर बदल नहीं सकते। मुझे याद है 1958–59 में यूनियन के एक नेता ने अभद्र ढंग से बात की, किसी मुद्दे पर। मुझे लगा कि उनके ख़िलाफ़ उचित कार्रवाई होनी चाहिए। वह मुझ से बहस करने आये थे। उनका तर्क मुझे स्वीकार

नहीं था। मैंने कहा, पहले वह स्टेट बैंक ऑफ़ इंडिया के मुलाज़िम हैं। उसके बाद यूनियन लीडर।

श्री तलवार ने कहा कि भारतीय स्टेट बैंक में चेयरमैन बनने के तीन महीने के अन्दर अफ़सरों ने हड़ताल की। कारण, चार जूनियर अधिकारी वेतन पुनरीक्षण के ग़लत आन्दोलन के सम्बन्ध में सस्पेंड किये गये थे। यूनियन के जनरल सेक्रेटरी ने कहा कि पूरा बैंक ठप करा देंगे। मैं झुका नहीं। बैंक में भी तीन सप्ताह हड़ताल चली। उस वक़्त के वित्त मन्त्री ने मेरा समर्थन किया। राज्य के मुख्यमन्त्री मदद करना चाहते थे। मैंने विनम्रता से मना किया। 12वें दिन मैंने सभी अधिकारियों को लिखा कि वे बैठें और मुझ से बात करें। कुछ दिनों बाद एक औपचारिक करार हुआ, जिसमें दो बातें थीं। बैंक का आदेश मान्य होगा और पहले दुराग्रहों के लिए कोई परेशान नहीं किया जायेगा।

ऐसे चेयरमैन को सही स्टैंड पर रहने के कारण, आपातकाल में क़ानून बदलकर हटा दिया गया। इस एक घटना से संकेत गया कि सरकार राष्ट्रीयकरण से चाहती क्या है? चेयरमैन तलवार के साथ यह सुलूक भारतीय बैंकिंग उद्योग की जड़ों को हिला गया। बड़े घरानों के लोन राइट ऑफ़ से लेकर झूठी कम्पनियों को मिले लोन ने भारतीय अर्थव्यवस्था को तबाह कर दिया। चेयरमैन पद पर पॉलिटिकल लॉबी से लोग पहुँचने लगे, इतर कारणों से। विभिन्न बैंकों के चेयरमैनों के कार्यकाल पर पिछले चार–पाँच दशकों में जो हुआ, उनका अध्ययन होता, तो पता चलता कि भारत को कैसे आर्थिक ताक़त बनने से रोका गया।

30 वर्षों बाद 26 जून को एक ऐसे चेयरमैन की याद, जिसने बैंक के मापदण्ड पालन के लिए इस्तीफा दे दिया, अपने जूनियर अफ़सरों की राय के पक्ष में खड़ा हुआ, अपने समय के सबसे ताक़तवर नेता 'संजय गाँधी' की ग़लत इच्छा के आगे झुका नहीं, रोल मॉडल की तलाश में भटकते समाज के लिए प्रेरणास्रोत है।

'ईमानदारी सर्वश्रेष्ठ कवच (सुरक्षा) है।' स्टेट बैंक ऑफ़ इंडिया के मुम्बई कॉरपोरेट लिफ्ट लॉबी में, यह सन्देश लिखा है। आर.के. तलवार,

जब स्टेट बैंक के चेयरमैन थे, तब बैंक की इस बिल्डिंग से काम शुरू हुआ था। उनके सुझाव पर यह लिखा गया। वह बहुत कम उम्र में इस बैंक में अधिकारी के रूप में चुने गये। तब यह इंपीरियल बैंक था। महज़ 54 वर्ष की उम्र में ही उन्हें भारत के सबसे बड़े वाणिज्यिक बैंक का सबसे महत्त्वपूर्ण पद, छोड़ने के लिए विवश किया गया। 1969 तक सरकार के आधिपत्य के तहत महज़ एक ही बैंक था, भारतीय स्टेट बैंक। इस तरह इसके सरकारी बैंक होने का लोगों में विश्वास था। देश का यह सबसे बड़ा बैंक था। इसमें मैनुअल समेत अन्य चीज़ों को बनाने में श्री तलवार की भूमिका उल्लेखनीय रही। 1969 में 14 बड़े बैंकों का राष्ट्रीयकरण हुआ। बाज़ार में पहली बार स्टेट बैंक को चुनौती मिलनी शुरू हुई। 1976 तक चेयरमैन रहे श्री तलवार ने स्टेट बैंक को उस रास्ते पर डाला, जिससे इसकी नम्बर एक की स्थिति लगातार मज़बूत होती गयी। बैंक का विकास होता गया। 1955 में स्टेट बैंक की कुल 250 शाखाएँ थीं। हालाँकि बैंक डेढ़ सौ वर्ष पुराना था। 1960 में 650 शाखाएँ हुईं। पर, अगले 20 वर्षों में आठ हज़ार शाखाएँ हो गयीं। 1970 में ही बैंक के सांगठनिक ढाँचे में बदलाव के लिए श्री तलवार ने सलाहकारों को 'ब्रिफ' देकर काम सौंपा। वह दूरदर्शी थे। उन्होंने किसी विदेशी कंसलटेंट को काम नहीं सौंपा, आईआईएम अहमदाबाद के दो तेजस्वी प्राध्यापकों को यह काम सौंपा, विदेशी सलाहकारों को दरकिनार कर। इसके बाद स्टेट बैंक के ढाँचे में इस रिपोर्ट के अनुसार महत्त्वपूर्ण बदलाव किया गया। उनके नेतृत्व में बैंक तेजी से आगे बढ़ा।

प्रबन्धन और व्यवसाय के कुशल नेतृत्वकर्ता के साथ ही उनमें अद्‌भुत विजन था। मूल्य और सामाजिक सरोकार थे। स्टेट बैंक के साथ ही देश में एक स्वस्थ बैंकिंग प्रतिस्पर्धा में उनका विश्वास था। उन दिनों स्टेट बैंक का एक विज्ञापन छपता था, जिसका आशय था, स्टेट बैंक के साथ बैंकिंग व कामकाज ही सुरक्षित है। एक दूसरे बैंक के चेयरमैन ने उनसे आग्रह किया कि इस विज्ञापन का संकेत अन्य बैंकों के पक्ष में नहीं है। श्री तलवार ने तत्काल यह विज्ञापन बन्द कराया। 80 के दशक में ही उनकी बात विदेश के एक बहुत

बड़े बैंक के सीईओ से हो रही थी। उन्होंने मिलते ही टिप्पणी की कि मैं जानता हूँ कि स्टेट बैंक, भारत का सबसे बड़ा बैंक है, जो कोई ग़लती नहीं कर सकता। श्री तलवार ने यह लीगेसी बनायी थी। रात 10 बजे तक उनके कार्यालय में सारे तत्काल और आवश्यक नोट भेजे जाते थे। एक–एक नोट पढ़कर, वह सुबह सम्बन्धित अधिकारियों को भेज देते थे, स्पष्ट निर्णय के साथ। 40 के दशक में उन्होंने बैंक में काम शुरू किया था। तब यह बैंक इंपीरियल बैंक था। उन दिनों बैंक उन्हीं लोगों को लोन देता था, जो मशहूर औद्योगिक घराने से थे। पर, श्री तलवार ने कहा कि व्यवसाय सम्बन्धी एक–एक आँकड़े और तथ्यगत वित्तीय स्थिति देखकर ही लोन दिये जायें। महज़ नाम और अतीत के नाम पर नहीं। बहुत बाद में टण्डन कमेटी ने बड़ी राशि उधार लेने वालों की वित्तीय स्थिति की जाँच और अध्ययन आवश्यक किया, लोन मंजूरी से पहले। यह दूरदृष्टि थी, श्री तलवार की। 60 के दशक में श्री तलवार ने उस समिति की अध्यक्षता की, जिसने एसबीआई समेत अन्य बैंकों के लिए दूरगामी महत्त्व के फ़ैसले किये। इसके बाद छोटे उद्यमियों को ऋण मिलना सम्भव हुआ। किसी भी ग़लत दबाव के आगे, वह कभी झुके नहीं। बैंक के एक–एक पैसे को सार्वजनिक पैसा माना। इस अद्भुत साहस, ईमानदारी, सादगी की सबसे बड़ी क़ीमत उन्होंने चुकायी, अपना पद छोड़कर। इसके बाद कई बड़े प्रस्ताव आये। पर, वह लौटे नहीं। उनका नाम राजकुमार तलवार था। आपातकाल में जब आत्मसम्मान और आत्मगौरव के साथ कोई सरकार में नहीं रह गया, तब अपने काम से श्री तलवार सत्ता, मद, अहंकार में डूबे लोगों के बीच विशिष्ट छाप छोड़ गये।

'मैनेजमेंट फॉर ह्यूमन वैल्यूज' (आईआईएम, कोलकाता) के संयोजक ने आरके तलवार से लम्बी बातचीत की थी। चूँकि श्री तलवार इस प्रसंग पर बोलते नहीं थे। न इंटरव्यू वगैरह देते थे। इसलिए इस बातचीत को पढ़ना महत्त्वपूर्ण है। यह बातचीत अंग्रेज़ी में हुई थी। पाण्डिचेरी स्थित श्री आर.के. तलवार के फ्लैट में। इस दुर्लभ बातचीत से उनके व्यक्तित्व की झलक मिलती है।

*सर! क्या मैं जान सकता हूँ कि पाण्डिचेरी को ही रहने के लिए आपने क्यों चुना?*

मुझे रिटायर होने के छह वर्ष पहले नौकरी छोड़नी पड़ी। मेरे पास कहीं जाने के लिए दूसरी जगह नहीं थी, इसलिए मैं यहाँ, इस फ्लैट में 21 वर्षों से रह रहा हूँ।

*क्या आप अपने बचपन के बारे में कुछ बतायेंगे?*

मैंने अपनी स्कूली शिक्षा कराची से शुरू की और उसके तुरन्त बाद 1939 में लाहौर चला गया। वहाँ मैंने अपनी माँ को प्रतिदिन 'गीता' के हिन्दी रूपान्तरण का पाठ करते देखा। मैंने बिना अपनी माँ की जानकारी के इसे लिया। कुछ समय तक मैं इसे बहुत थोड़ा ही समझ पाता था। लेकिन, धीरे–धीरे 'गीता' मेरे भीतर समाने लगी, यद्यपि तब मैं 13–14 वर्ष का ही था। जब मैं बड़ा हुआ, 'गीता' का पाठ करते–करते इसके सार से भी परिचित होता गया। बाद में, 25 वर्ष की उम्र में मैंने कलकत्ता में इंपीरियल बैंक ऑफ़ इंडिया में बतौर जूनियर ऑफ़िसर ज्वाइन किया। यह 1948–49 का दौर था और तब से मैं 'गीता' के उद्धरण 2–48 के आधार पर काम कर रहा हूँ।

*आज के दौर में, जहाँ करियर की महत्त्वाकांक्षाएँ जबर्दस्त हैं, यह जानना काफी दिलचस्प होगा कि आपने इस आवेग से अपने को कैसे दूर रखा?*

यह सामान्य सी बात थी, क्योंकि मैंने 'गीता' के उद्धरण 2–48 में अपनी पूरी आस्था रखी थी। मैं इसके लिए कोई और ज़्यादा प्रमाण की ज़रूरत नहीं महसूस करता था। लेकिन, मैं इतना कहूँगा कि जैसे–जैसे मेरा करियर आगे बढ़ता गया, मैं इसकी स्पष्ट छाप अपने ऊपर देखता गया।

*अपने सहयोगियों और अन्य कर्मचारियों के साथ काम करने की आपकी शैली कैसी थी?*

मैंने कभी अपने आपको उदाहरण के रूप में नहीं देखा। मैंने उनके साथ काम किया और अगर ज़रूरत पड़ी, तो काम करने के लिए उनके साथ बैठा भी। लोगों की ग़लतियाँ ढूँढ़ने की कोशिश मैंने

कभी नहीं की। उसे हमेशा नज़रअन्दाज किया। विचारों में मतभेद होने पर मैं सबसे पहले उन्हें समझाने की कोशिश करता था। यदि अन्ततः हम सहमत नहीं होते, तो मैं उन्हें लिखित निर्देश देता था। यह ऐसी चीज़ होती थी, जो समय आने पर रिकॉर्ड का काम करती।

*क्या आप एक कठोर बॉस थे?*

हाँ, मैं अपने लोगों से बहुत ज़्यादा की अपेक्षा रखता था। एसबीआई के चेयरमैन के रूप में मैंने सभी आफ़िशियल काग़ज़ात सुबह अपने घर में पढ़ने की आदत बना ली थी। अक्सर मेरे सीनियर सहयोगी रात 11:30 बजे वाचमैन के पास इन्हें छोड़ जाते थे, ताकि सुबह होते ही मैं इन्हें देख लूँ। कभी–कभार मैं उनसे कहता था कि इतनी देर रात को वे न आया करें। लेकिन, वे कहते थे कि 'हम आपके अनुशासन को जानते हैं कि आप रात भर सभी महत्त्वपूर्ण मुद्दों को निबटाते रहते हैं' यानी 'रिजर्व बैंक के साथ कल सुबह आपकी मीटिंग है, इसलिए आपको कल सुबह इन काग़ज़ात की ज़रूरत होगी।'

*अपने पद के कारण आपको सरकार के साथ काफ़ी सारे मसलों का निबटारा करना पड़ता होगा? क्या आप इस अनुभव के बारे में कुछ कहना चाहेंगे?*

1976 का दौर मेरे लिए सबसे बुरा था। मैं यह महसूस कर सकता था कि उनकी नीतियों को नहीं मानने के कारण मैं आसानी से उनका शिकार बन सकता था। मुझे छुट्टी पर जाने को कहा गया, जो मैंने नहीं किया। तब वित्त मन्त्री ने मुझे बुलाया। तब मैंने पाण्डिचेरी में मौजूद अपनी पत्नी से बात की और आने वाले कठिन दौर के बारे में उसे बताया। उसने मुझसे सच का साथ न छोड़ने की बात कही। वित्त मन्त्री के साथ मेरी मुलाक़ात में मुझे दूसरे पदों पर बिठाने की बात कही गयी। मैंने किसी प्रस्ताव को स्वीकार नहीं किया। पाण्डिचेरी लौटते समय मेरे हाथ में मेरी माँ की एक किताब थी। जैसे ही मैंने उस किताब को खोला, अचानक मेरे सामने वह पन्ना खुला, जिसमें मेरे उस समय के संकट का समाधान लिखा था।

*वह क्या था?*

उस पन्ने पर मेरी माँ ने संकट की स्थितियों में दैवीय मार्गदर्शन प्राप्त करने का रास्ता और प्रक्रिया बतायी थी। उनका फ़ॉर्मूला था गम्भीरता, मौन, कोई पक्षपात नहीं=दैवीय स्वर।

लेकिन, इस स्थिति में पहुँचने के लिए भी आदमी को थोड़ा समय लगेगा। तब तक क्या किया जाये? माँ ने कहा था, शान्त रहो, स्थिर चित्त। इस क़दम ने मुझे काफ़ी मदद दी। उदाहरण के लिए, मैंने अपने कई मित्रों के उस सुझाव को साफ़ तौर पर ख़ारिज कर दिया, जिसमें उन्होंने मुझे संजय गाँधी से मिलने को कहा था। मैंने कहा, 'वह मेरे मन्त्री नहीं हैं।'

*एसबीआई में अपने कार्यकाल के दौरान क्या आपने कतिपय टकरावपूर्ण औद्योगिक सम्बन्धों को देखा?*

हाँ, चेयरमैन बनने के तीन महीनों के भीतर। अधिकारियों ने काम करना बन्द कर दिया, क्योंकि वेतन संशोधन के लिए ग़लत तरीक़े से आन्दोलन करने के कारण चार जूनियर अधिकारियों को निलम्बित कर दिया गया था। यूनियन के महासचिव ने भी हड़ताल की धमकी दी थी। इन बातों को मैंने बर्दाश्त नहीं किया। बैंक में तीन हफ़्तों तक हड़ताल चली। वित्त मन्त्री ने तब मेरा साथ दिया। राज्य के मुख्यमन्त्री भी मेरी मदद करने को तैयार थे। मैंने विनम्रतापूर्वक इनकार कर दिया। 12वें दिन मैंने सभी ऑफ़िसरों को पत्र लिखा और बैठ कर बातचीत करने को कहा। कुछ दिनों के बाद, जब समझौते पर सहमति बनी, तो दो बातें जोड़ी गयी थीं। पहली, बैंक के आदेश को मानना और पिछली बातों के लिए किसी को शिकार न बनाया जाना।

*बैंकिंग उद्योग में यूनियन–प्रबन्धन के मौजूदा रिश्तों के बारे में आप क्या कहना चाहेंगे?*

आज यूनियन की सहमति के बिना बैंक, किसी क्लर्क का भी ट्रांसफर नहीं कर सकते। मुझे 1958–59 की बात याद है, जब एक शीर्ष यूनियन नेता ने ऐसे मसलों पर बेअदबी से बात की थी। मैंने तय किया कि उनके ख़िलाफ़ उचित कार्रवाई होनी चाहिए। वह

मुझसे तर्क करने आये। मैंने उनके तर्क को नकार दिया और उनसे कहा कि वे पहले एसबीआई के कर्मचारी हैं, उसके बाद यूनियन के एक पदाधिकारी।

*1948 में एसबीआई ज्वाइन करने के बाद से कोई महत्त्वपूर्ण अनुभव आपको हुआ?*

एक बार मैं, अपने ऊपर के एक अधिकारी से लम्बी बहस में उतर गया। कुछ देर बाद, उन्होंने मुझे रोका और कहा, 'तर्क करो, बहस नहीं।' यह बात मुझे जँच गयी और तब से मैं इसे मानता आ रहा हूँ।

*जिस प्रकार से बैंकिंग इंडस्ट्री भारत में विकास कर रही है, उसके बारे में मोटे तौर पर आपकी क्या राय है? मसलन, क्रेडिट कार्ड के बिजनेस के बारे में?*

बैंक अपनी स्वाभाविक गति से अपने को नहीं बदल रहे हैं। बलपूर्वक हो रहा यह बदलाव किसी बड़ी दुर्घटना को आमन्त्रण दे सकता है। जहाँ तक क्रेडिट कार्ड का सवाल है, मुझे एक बैंक द्वारा वर्षों पहले एक क्रेडिट कार्ड दिया गया था। मैंने उसका इस्तेमाल अब तक नहीं किया। यह खर्च करने का लाइसेंस है। यह घातक है। मैं 30 वर्षों तक बैंक में रहा, लेकिन अपनी बचत से अधिक कभी क़र्ज़ नहीं लिया।

*अगले 50 वर्षों के बारे में भारतीयों के प्रति आपका क्या सन्देश है?*

भारतीयों को सही मायने में भारतीय बनना होगा। आज जितनी भी समस्याएँ हमारे आसपास हैं, उनका समाधान हमारी परम्परा और हमारी विरासत में मौजूद है।

**(2005)**

# शैलेन्द्र जी : साहस और गरिमा का समन्वय

'बहुत बुरी खबर है', घर से फोन पर कहा गया। इस अधूरे वाक्य ने जड़ बना दिया। समझ गया कि यह ख़बर शैलेन्द्र तिवारी जी के सम्बन्ध में होगी, क्योंकि चार–पाँच महीनों में शायद ही कोई दिन ऐसा गया हो, जब वह मेरी स्मृति में पूरी चेतना को बेचैन करते हुए न हों। अक्सर रात में नींद खुलते ही उनका हँसता चेहरा मुझे घण्टों बेचैन करता है, ख़बर उनसे ही जुड़ी थी। मुम्बई से फो़न आया था कि तिवारी जी नहीं रहे।

शैलेंद्र तिवारी। कस्टम विभाग में अधिकारी थे। मुम्बई में कार्यरत। 1977 के अन्तिम दिनों में एक विदेशी मित्र ने उनसे मुम्बई में मिलवाया था, वह विदेशी मित्र राज हीरामन (मॉरीशस) हिन्दी पत्रकारिता सीखने भारत आया था। हम 'टाइम्स ऑफ़ इंडिया' (मुम्बई) संस्थान में सहकर्मी थे। वह विदेश से आने के क्रम में तिवारी जी से हवाई अड्डे पर मिला था। उनके मानवीय व्यवहार से वह अत्यन्त प्रभावित था। भारतीय कस्टम के खौफ़ को वह जानता था।

पहले ही दिन की मुलाक़ात में मैं, उनके घर का सदस्य हो गया। कुछ ही दिनों में शैलेन्द्र जी का औपचारिक सम्बोधन स्वतः ख़त्म हो गया। 'भइया' शब्द से उन्हें सम्बोधित करता। भाभी, बाबू, मेधा (तिवारी जी के लड़के–लड़की) और सुमित (भतीजा) तब उन दिनों जीवन का हिस्सा बन गये। जैसे–जैसे उन्हें नज़दीक से जाना, समझा कि मनुष्य की ऊँचाई की सीमा कितनी बड़ी है, जिन्हें हम महान समझते हैं, उनके मुक़ाबले समाज में अनेक अचर्चित पर, उनसे सचमुच कई गुना बड़े लोग भी हैं। यह दीगर बात है कि न उन्हें

सामाजिक स्वीकृति मिलती है और न वे ख़ुद ऐसा सम्मान चाहते हैं। इनकी ऊँचाई नैसर्गिक होती है।

1977 के दिन थे। तब इस देश ने सपने देखना बन्द नहीं किया था। नौकरी पाते ही घर, बँगला, गाड़ी, अनैतिक तौर–तरीक़े से धनार्जन पहला और अन्तिम उद्देश्य नहीं थे। सामाजिक सरोकार जिन्दा थे। पहले ही दिन की मुलाक़ात में भइया (तिवारी जी) के घर पर लम्बी बहस चली। राजनीति, साहित्य, पत्रकारिता, नौकरशाही सब पर। रात एक बज गये, पता नहीं चला। नौकरशाही में ऐसे संवेदनशील, जानकार और अत्यन्त विनम्र व्यक्ति को पाना मेरे लिए सुखद अनुभूति थी। अफ़सरशाही की दुनिया में वह ग़रीबी, भूख, आईएमएफ, वर्ल्ड बैंक वगैरह के बारे में सायास बहस कराते थे। अफ़सरों के संघों के वार्षिक जलसों में वह अभिनेता, अभिनेत्रियों (जैसा दूसरे मुम्बई में करते हैं) को नहीं, मनीषियों, सजग लोगों, समाज से सरोकार रखने वाले को न्योतते।

एकाध मुलाक़ात में ही लगा कि तिवारी जी का घर मेरा आदर्श घर है। वहाँ की जीवन्त और बेचैन करने वाली बहसों में शिरकत करने उनके अनेक अफ़सर मित्र आते। मुम्बई विश्वविद्यालय के प्रोफ़ेसर आते, तो इंडियन एयरलाइंस के पायलट। फ़िल्म में काम करने वाले–फिल्म बनाने वाले भी आते। इन बहसों के विषय कभी निजी सफलता, प्रमोशन, दूसरों की शिकायत नहीं रहे। ईर्ष्या, द्वेष, घृणा से परे समाज के संवेदनशील मन को जो चीज़ें झकझोरती हैं, वे ही मुद्दे अपने आप उठ जाते। पूर्वी उत्तर प्रदेश–बिहार के लोग जिन्हें मुम्बई में नौकरी से लेकर किसी मदद की ज़रूरत होती, वे आते। भाभी ऐसी कि किसी को घर से खाना खिलाये बगैर लौटने न देतीं। कोई किसी वक़्त पहुँच जाये, तिवारी जी सपरिवार आतिथ्य के लिए मौजूद। मुम्बई की दिक्क़तों को देख हम कई मित्र कहते कि यह धर्मशाला नहीं है, पर तिवारी जी! वह तो दूसरों के लिए ही बने थे। कई बार मैं अन्दर–अन्दर कुढ़ता कि मुम्बई जैसे जगह में बगैर बताये असमय लोग आ जाते हैं। पर, भइया–भाभी के चेहरों पर शिकन तक नहीं।

बड़े राजनीतिज्ञों, बौद्धिकों, नौकरशाहों आदि को नज़दीक से देखा–जाना, जीवन की विसंगति यह है कि अधिसंख्य स्वार्थी और ग़लत लोग सुर्खियों में रहते हैं, मीडिया के सौजन्य से। शैलेन्द्र तिवारी जी के बहाने अपने पेशे (मीडिया) के बारे में बेचैन करने वाले सवाल मन में हैं। आज के सन्दर्भ में वह असाधारण थे। कभी पद का लाभ न लेने वाले, पर सामाजिक सरोकार वाले। व्यवस्था, समाज, संस्कृति के सवालों से बेचैन होने वाले। एक अच्छी राजनीति के इच्छुक। देश के प्रति ईमानदार फ़र्ज़ निभाने वाले। दूसरों के मददगार। बौद्धिक प्रतिभा के धनी। शेक्सपीयर, भवभूति, व्यास, तुलसीदास, आचार्य हज़ारी प्रसाद द्विवेदी से लेकर आचार्य महावीर प्रसाद द्विवेदी तक पुराने, अज्ञेय, धर्मवीर भारती, सर्वेश्वर जी, कमलेश्वर, निर्मल वर्मा, हरिशंकर परसाई से लेकर हिन्दी के हाल के लेखकों पर वह साधिकार बोलते थे। रामकृष्ण परमहंस, विवेकानन्द, महर्षि रमण से लेकर अपने आध्यात्मिक धरोहरों को वह उद्धृत करते थे। कुबेरनाथ राय, विद्यानिवास मिश्र के ललित निबन्धों, रेणु जी, शिवप्रसाद जी, श्रीलाल शुक्ल, बाबा नागार्जुन, विवेकी राय के गँवई चित्रों और ली आईकोवा की आत्मकथा के अंश प्रसंगवश सुनाते। प्राचीन से अधुनातन तक। अपने ज्ञान का रंचमात्र अहसास कराये बिना। अत्यन्त विनम्रता से।

नीरद चौधरी–वीएस नॉयपाल उनके प्रिय लेखक थे। वह मानते थे कि इन दोनों में भारत के प्रति कहीं गहरा लगाव है, इसलिए वे आलोचनात्मक तरीक़े से लिखते हैं। पर, भारत विरोधी नहीं हैं। हिन्दी की मुख्य पत्र–पत्रिकाएँ वह नियमित पढ़ते। नौकरशाहों द्वारा लिखित लगभग सभी आत्मकथा वह चाव से पढ़ चुके थे। बीमार होने के पहले अन्तिम मुलाक़ात (जनवरी, 1997) में उन्होंने माधव गोडबोले (पूर्व केंद्रीय गृह सचिव, महाराष्ट्र कॉडर) की आत्मकथा खोलकर वह अंश मुझे पढ़ाया। जिसमें राजनीतिज्ञों–उद्योगपतियों के बेजा रिश्तों के तथ्यात्मक ब्योरे हैं। संवेदनशील नागरिक–नौकरशाह को बेचैन करने वाले। विदेशी पत्र–पत्रिकाओं में भारत के बारे में क्या छपा, यह मुझे वही बताते।

अक्सर सोचता कि 'भइया' कस्टम में हैं, फिर भी पढ़ने–जानने की ललक जो इनमें है, वह कम पत्रकारों–प्राध्यापकों में है। किताबों के प्रति उनका लगाव देख कर पुस्तकों के प्रति मेरे अपनत्व का दम्भ बिखर गया। इन गुणों के बावजूद उनकी ख़ासियत यह थी कि वह किसी को अहसास नहीं कराते थे। कोई उनकी प्रशंसा करता, तटस्थ भाव से प्रसंग बदल देते।

वह कस्टम में थे। मुम्बई में। एक–से–एक महत्त्वपूर्ण पद पर। लेकिन, उनका सरकारी घर अत्यन्त सामान्य। आर्थिक स्थिति औसत। इतनी बड़ी नौकरी के बावजूद (लगभग 27 वर्ष) उनके पास पुश्तैनी घर गाँव में है। कस्टम के ही अत्यन्त मामूली लोगों के घर के वैभव, सम्पत्ति और शान–शौक़त के जो तथ्य सामने आते हैं, उनके मुक़ाबले उनका घर क्या है? साधारण पर, यह पवित्र सादगी ही न जाने कितने लोगों को बाँधती थी। आचार्य हज़ारी प्रसाद द्विवेदी, हरिशंकर परसाई की पूरी ग्रन्थावली मैंने पहले पहल वहीं देखी। मुम्बई के कूड़ा बाज़ार से वह माटी के मोल खरीद लाये थे। उनकी ईमानदारी संस्कारगत थी, रक्त में। विभाग में उनकी गणना, अत्यन्त सक्षम, ईमानदार और सहृदय व्यक्ति की थी। मुम्बई बम विस्फोट के बाद, कस्टम विभाग पर देशव्यापी हमला शुरू हुआ। तब तिवारी जी को ही विभाग की छवि निखारने का दायित्व सौंपा गया। देश के अनेक बड़े सम्पादकों–पत्रकारों से उनके निजी रिश्ते थे। पर, बातचीत में कभी वह उल्लेख नहीं करते थे।

वह उन लोगों में से थे, जिन्हें कभी कटु बोलते नहीं सुना। उनके सान्ताक्रूज वाले घर (किराया) पर जब रात दो–दो बजे तक बहस चलती, तीखे प्रतिवाद होते, गरमागरम माहौल बनता, तब अचानक सुन रहे तिवारी जी मुस्कराते हुए हस्तक्षेप करते। उनकी वजनदार–तथ्यात्मक बातों के बाद बहस मुड़ जाती। 1980 में कर्पूरी ठाकुर ने बिहार में आरक्षण लागू किया था। मैं इसके पक्ष में 'धर्मयुग' (जहाँ उन दिनों काम करता था) लगातार लिखता था। उन दिनों गणेश मन्त्री ने इस पर बहुत धारदार तरीक़े से लिखा था। तीन–चार महीनों तक उनके घर पर होने वाली नियमित बैठकों में

यही बहस का विषय था। मैं अकेले आरक्षण के पक्ष में बोलता। उधर बड़े नौकरशाह होते। कहीं मुझे लड़खड़ाते देख, तिवारी जी मेरी ओर से हस्तक्षेप करते। उनके निजी जीवन में, उनके पास जिस जाति, धर्म का व्यक्ति आया, वह उनके परिवार का अंग बन गया। कहीं उनके जीवन में दोहरापन नहीं था। वह सचमुच असाधारण थे।

'घर' पत्रिका का मुम्बई में विमोचन था। भइया ने कहा, 'किससे कराओगे?' मैंने कहा लता जी से। भइया ने बात करायी। उस दिन लता जी बाहर जा रही थीं। मीनाक्षी शेषाद्रि–नादिरा बब्बर आयीं। तिवारी जी के सौजन्य से ही। पत्रकार मित्र भी। समय निकालकर तिवारी जी भी आये। कहा, पश्चिम से जो विकृतियाँ आ रही हैं और पूरब में औरतों का जो दमन है, इससे मुक्ति का रास्ता ही 'घर' पत्रिका की कसौटी होगी। टूटते घरों और बिखरते परिवारों को जोड़ने की ऊर्जा ही इसकी पहचान होगी।

1994 नवम्बर में विदेश से लौटा। आधी रात को वह हवाई अड्डे पर मौजूद थे। मैंने कहा, आप क्यों आये, 'तुम इतनी दूर से आ रहे हो, मैं यहाँ भी नहीं आता।' वह बुखार में थे। अपने घर ले गये। सुबह तक हम गप्प करते रहे। उनकी आत्मीयता–आचरण और स्नेह के बारे में मेरे पास शब्द नहीं हैं।

मुम्बई छोड़ने के बाद गुज़रे 16 वर्षों में बार–बार आना–जाना होता है। कई बार बड़ी सभा–गोष्ठियों में गया। देखा, श्रोताओं में तिवारी जी मौजूद हैं। उन्हें मैं वहाँ मौजूद डॉ. धर्मवीर भारती, गणेश मन्त्री, नारायण दत्त जी वगैरह से मिलाने की कोशिश करता। पर, वह कहते, 'भीड़–भाड़ में कहाँ ले जाओगे?' मिलते पूछते, भारती जी से मिले? वे कैसे हैं? मन्त्री जी के क्या हाल हैं? नारायण दत्त जी के 'नवनीत' के प्रति उनमें अद्‌भुत पवित्र सम्मान था। अनुराग–अतुल कैसे हैं? वह कहते, हिन्दी में ऐसे लोग हैं।

पर, सबसे बढ़कर परिचय करने और व्यावसायिक सम्बन्ध बना लेने की कला उनमें नहीं थी। गुज़रते समय के साथ मैं उनसे बँधता गया। अक्सर चुनिन्दा पुस्तकें मुझे वह देते या भिजवाते।

पुस्तकों के प्रति उनमें अद्‌भुत लगाव–चाव था। मित्रों को अच्छी पुस्तकें भेंट देना उनका प्रिय तोहफ़ा था।

मुम्बई के बाद मैं दिल्ली, कलकत्ता, पटना, राँची, जहाँ भी रहा, संयोग से मेरे रहते इन शहरों में उनका आना हुआ। वह उन लोगों में से थे, जिनसे मिलने की मुझे प्रतीक्षा रहती थी।

छह–सात माह पूर्व अचानक रविवार के दिन 11 बजे कार्यालय में जानकी रमन जी का मुम्बई से फोन आया। तिवारी जी बीमार हैं। मैंने तुरन्त बात की। पता चला स्लिप डिस्क है। बॉम्बे अस्पताल से लौट आये हैं। फिर दर्द बढ़ा। वहीं भर्ती हुए। बाद में पता चला, 'बोन कैंसर' है। 'बोन कैंसर' की सूचना मिलने के पहले तक मैं प्रायः उनके घर से पता करता रहा। जिस दिन पता चला कि उन्हें कैंसर है, वह दिन मैं भूल नहीं सकता। दिल–दिमाग़ बिल्कुल शून्य। क्यों तिवारी जी जैसे अच्छे लोगों के साथ ऐसा होता है? फिर मैं मुम्बई के अपने दूसरे मित्रों अनुराग चतुर्वेदी (सम्पादक, 'हमारा महानगर') और अतुल कुमार (जनसम्पर्क अधिकारी, बैंक ऑफ़ बड़ौदा) के माध्यम से निरन्तर ख़बर लेता। अनुराग भी तिवारी जी के अन्य मित्रों से पता कर मुझे बताते। अतुल वहाँ जाते रहे।

मैं बाबू, मेधा, भाभी, सुमित से बात करने–उनका सामना करने का साहस खो बैठा। मैं अपने से पूछता कि मैं तिवारी जी की तुलना में कितना छोटा हूँ। वह सात्त्विक इनसान थे। फिर यह दुख उन्हें ही क्यों? ग़लत करने वालों की दुनिया कितनी ख़ुश, आबाद और समृद्ध है। क्यों अच्छे लोगों को यातना झेलनी पड़ती है? प्रकृति और अध्यात्म का न्याय क्या है?

बहुत साहस जुटाकर दो माह पहले उन्हें देखने गया, टाटा कैंसर अस्पताल। इस अस्पताल के नाम से मुझे सिहरन होती है। मुम्बई रहते हुए जेपी के कारण 'जसलोक' और नारायण दत्त जी, गणेश मन्त्री के कारण 'मुम्बई अस्पताल' (बॉम्बे अस्पताल) को नज़दीक से देखा। पर, 1978–79 में जिस दिन रामानन्द तिवारी जी को देखने टाटा कैंसर अस्पताल गया, उस दिन पाया कि अस्पतालों का भी अपना व्यक्तित्व होता है। वे भी बोलते हैं। 'जसलोक' या

'मुम्बई' में भर्ती होने वाले मरीज़ों में जीवन के प्रति आस्था होती है। टाटा कैंसर अस्पताल में भर्ती लोगों पर मौत की छाया होती है। 1978 के बाद इस कारण टाटा कैंसर अस्पताल दोबारा नहीं गया। 1978 में जो मौत का सन्नाटा वहाँ मुझे दिखा, वह अब तक आतंकित करता है।

उसी अस्पताल में दो माह पूर्व तिवारी जी से मिला। उनका हाथ पकड़ कर घण्टों चुपचाप बैठा रहा। नहीं कह सकता कि उन क्षणों में मुझ पर क्या बीती? बोले, तो कहा भारती जी नहीं रहे, एसपी सिंह चले गये, हिन्दी में पत्र–पत्रिकाएँ अब नहीं रहीं। बच्चे कैसे हैं? अपनी पीड़ा के बारे में एक शब्द नहीं, मुझे रहीम याद आये। अपनी पीड़ा, अपने पास ही रखो। जग–जानकर क्या करेगा? कौन बाँट सकता है? आत्म स्वाभिमान की पराकाष्ठा थी उनमें। अगले दिन मुम्बई में गणेश पूजा थी। तेज बरसात। मैं और अनुराग फिर अस्पताल गये। पता चला कि उन्हें घर भेज दिया गया है। हम भींगे। ख़ूब पैदल चलने के बाद टैक्सी मिली, फिर घण्टों जाम में ठहरना पड़ा। फिर हम उनके घर पहुँचे।

हमें देखकर वह बहुत ख़ुश हुए। बीमारी के बारे में एक शब्द नहीं कहा। मैंने कहा, मैं पुनः अक्टूबर–नवम्बर में आ रहा हूँ। सपरिवार जाने की कोशिश की, तो ट्रेन का टिकट नहीं मिला। वह घर, जहाँ मैंने अपनी कल्पना का जीवन देखा है। तिवारी जी की माँ को देखा है, जो दूसरों को भी अपना बेटा बना लेती हैं। बाबू, मेधा, सुमित को समृद्ध संस्कारों के साथ बढ़ते देखा, उसमें तिवारी जी का न होना, मेरा मन क़बूल ही नहीं कर पाता।

मानवीय सम्बन्धों का व्यावहारिक मर्म मैंने उनसे सीखा–जाना। 1985–87 की बात है। इस दौर में आदर्श, सामाजिक सरोकार और उदात्त भावों के ऊपर ग्रहण लगने लगे थे। वैसे भी नौकरशाही की दुनिया अलग है। पद, पैसा, शोहरत और दम्भी सत्ता की दुनिया। निजी स्वाभिमान, मानवीय बोध और पौरुष को बन्धक रखकर ऊपर वालों के इशारे पर नाचने वालों की दुनिया। इसके अपवाद भी हैं, इनमें से ही थे तिवारी जी।

तिवारी जी के मित्रों की दुनिया बहुत बड़ी थी। उनमें से ही हैं, देश के मशहूर चार्टर्ड एकाउंटेंट एस. गुरुमूर्ति और जानकी रमन। दोनों रामनाथ गोयनका के साथ थे। तत्कालीन प्रधानमन्त्री राजीव गाँधी–रामनाथ गोयनका विवाद में। बोफोर्स से सम्बन्धित दस्तावेज़ों और ज्ञानी जैल सिंह के पत्र प्रकरण में सीबीआई ने एस गुरुमूर्ति–जानकी रमन को पूछताछ के लिए गिरफ़्तार किया। राजीव गाँधी सरकार का इरादा इन दोनों का मनोबल तोड़ना था। इन दोनों से उनका पारिवारिक अपनापन था। इनकी पारदर्शी ईमानदारी और सामाजिक सरोकार से तिवारी जी इतने प्रभावित थे कि अक्सर कहते कि इनकी ईमानदारी की आग में सरकार जल जायेगी। अन्ततः राजीव गाँधी गये। बोफोर्स वगैरह से उन मामलों पर जिन एकाध लोगों ने सबसे महत्त्वपूर्ण काम किया। उनमें से थे गुरुमूर्ति और जानकी रमन। प्रचार–प्रसार से दूर रह कर।

1987 या 1988 दीवाली के अवसर पर दोनों सीबीआई के बन्दी थे। इन्हें मुम्बई से गिरफ़्तार कर विशेष जहाज़ से दिल्ली सीबीआई मुख्यालय ले जाया गया। इनके घरों पर उन दिनों इंटेलिजेंस की तेज नज़र थी। इनके फोन टेप किये जाते थे। मिलने–जुलने वालों पर सख़्त नज़र रखी जाती थी। पुराने परिचित नहीं जाते थे। तब कस्टम विभाग में काम करने वाले तिवारी जी ने असाधारण काम किया। वह इनके घरों पर गये। पत्नी–बच्चों से मिले। उन्हें ढाढ़स बँधाया। कभी अपने करियर का गणित सामने नहीं आने दिया। मानवीय सम्बन्धों के प्रति यह उनका मूक आचरण था। शायद ही कभी किसी से अपने ऐसे कामों का वह ज़िक्र करते।

उनके व्यक्तित्व के ऐसे ही अंश अपने पेशे के बारे में मेरे संशय के कारण हैं। एक असाधारण संवेदनशील व्यक्ति, अत्यन्त ईमानदार, मानवीय सम्बन्धों के लिए दुर्लभ साहस दिखाने वाला, अपने उत्पादक श्रम से जीने वाला, ऐसे व्यक्ति को हम मीडिया में सामने नहीं लाते। इन पर दो–चार पंक्ति नहीं लिखते। पर झूठ बोलने वालों, देश लूटने वालों, कभी उत्पादक परिश्रम नहीं करने वाले, पढ़ने–लिखने से रिश्ता न रखने वाले, देश–दुनिया को नहीं समझने वाले पाखण्डियों

को रोज़ महिमामण्डित करते हैं? ऐसा क्यों है? क्या यही हमारा आपद धर्म है? क्या इस द्वन्द्व को समझकर भी मामूली स्तर पर कुछ करने का साहस हम नहीं दिखाते? तिवारी जी के बहाने यह सवाल कुरेद रहा है। क्यों मीडिया का फोकस उस दुनिया तक सीमित है, जहाँ अन्धकार, पाखण्ड, धूर्तता, संवेदनहीनता है? जिस दुनिया में सचमुच मानवीय बोध, संवेदना, उदात्त भाव, प्रकाश पुंज ज़िन्दा है, वह मीडिया की नज़रों से इतना ओझल कैसे है? क्या यही मनुष्य की नियति है कि वह प्रकाश के बदले बार–बार अन्धकार को ही चुने? शायद इतिहास की भी यही ट्रेजडी है। क्यों ऐसा है, मानव स्वभाव और समाज का अन्तरविरोध?

तिवारी जी की जड़ें गाँव में थीं। उनके वृद्ध माँ–बाप हैं। तिवारी जी उन्हें अपने साथ रखते थे मुम्बई में। कहते थे, बड़े–बुजुर्गों के संस्कार से बच्चे सीखते हैं। परम्परागत परिवारों में भी बड़े–बूढ़े त्याज्य हो गये हैं, तब मुम्बई जैसे शहर में तिवारी जी ने अपने माँ–पिता को जिस सम्मान–आदर से रखा था, वह प्रेरक क़िस्सा है। 1993 या 94 की बात है। मुम्बई में था। तिवारी जी ने कहा, आज शाम प्रेसीडेंट होटल में आना। कुछ मित्र बहुत दिनों से कह रहे थे, 'तिवारी जी पार्टी दो।' कोई कारण नहीं बताया। मैं लेट पहुँचा। वहाँ उनके मित्रों का बड़ा संसार उपस्थित था। धोती–कुरता पहने और हाथ में देहाती लाठी लिये उनके पिताजी मुख्य केंद्र में बैठे थे। हर आने वाले से तिवारी जी उन्हें मिलाते। मुम्बई की उस आभिजात्य दुनिया में बड़े लोगों के बीच भी तिवारी जी को अपनी पृष्ठभूमि, संस्कार और कर्तव्य का अनोखा बोध था। कहीं कोई हीन भावना नहीं थी। गाँव से बड़े पदों पर गये लोग माँ–बाप या उस संस्कृति से आधुनिक होने के लिए नाता तोड़ लेते हैं। मुम्बई शहर में ऐसे अनेक प्रसंग देखा था।

हर मुम्बई यात्रा का एक मुख्य आकर्षण होता था, 'तिवारी जी से मिलना।' 15 वर्ष पहले जिस 'समय और शहर' को पीछे छोड़ आया था, उसे पुनः जीने की तृष्णा पालना। जब मुम्बई में था (1977–81), तब प्रायः उनके घर शाम में बैठक जमती। अक्सर देर

रात तक। वह और भाभी बस अड्डे तक छोड़ने आते। मैं कुर्ला का बस पकड़ता। वहाँ भी बातचीत में हम इतने डूब जाते कि बसें आतीं–चली जातीं। बस पर सवार होकर देखता दूर तक तिवारी जी आधी रात (जब मुम्बई में थोड़ा जीवन ठहरने लगता था) को हाथ हिला रहे हैं। बेचैन करने वाली न जाने कितनी स्मृतियाँ हैं।

1981 में मुम्बई छोड़ रहा था। मुम्बई की भाग–दौड़ जीवन से ऊब कर हैदराबाद जा रहा था। उन दिनों रात 10:30 बजे वीटी स्टेशन से चारमीनार एक्सप्रेस रवाना होती थी। गाड़ी खुलने के पहले प्लेटफार्म पर खड़ा था, मुम्बई की स्मृतियाँ लिये। अचानक देखता हूँ कि भइया, हाथ में खाने की चीज़ें लिये हुए हैं। भाभी ने भेजा है। रात में इतनी दूर छोड़ने आये हैं। मैं कुछ बोल नहीं सका। हम चुप वहाँ खड़े रहे। गाड़ी चलने तक।

हैदराबाद के लिए मुम्बई छोड़ने के ठीक पहले वाली रात मैं तिवारी जी के साथ था। उन्होंने कहा, हैदराबाद जा रहे हो, तो पूर्व कस्टम कलक्टर श्रीवास्तव जी से मिलना। फिर उनका क़िस्सा सुनाया। कहा–वह मुम्बई आते हैं, तो मैं मिलने जाता हूँ। पहले श्री श्रीवास्तव (पूरा नाम याद नहीं) इलाहाबाद विश्वविद्यालय में प्राध्यापक थे। बाद में कस्टम विभाग में चुन लिये गये। हाजी मस्तान की पहली गिरफ़्तारी उन्होंने ही कस्टम कलक्टर के रूप में की, 60 के दशक में। गिरफ़्तारी के बाद चर्चित प्रसंग बड़ा दिलचस्प है। कहते हैं, हाजी मस्तान ने 'ब्लैंक चेक' ऑफ़र किया। यह भी कहा कि आपकी छह बेटियाँ हैं। उनका क्या होगा? फिर धमकी दी कि मैं, तो 24 घण्टे में छूट जाऊँगा। पर, आप इसी 24 घण्टे में यहाँ से चले जायेंगे। इसके बाद आपका क्या होगा, समझ लें।

श्रीवास्तव जी ने कुछ सुना नहीं। पकड़ा। सचमुच 24 घण्टे में वह वहाँ से बदल दिये गये। अमहत्त्वपूर्ण पद पर भेज दिये गये। 12–14 वर्षों बाद 1977 में उनका तबादला कुछ समय के लिए मुम्बई हुआ। कहते हैं कि उनका दफ़्तर उसी बिल्डिंग में था, जिसका ताल्लुक मस्तान से था। उनके अत्यन्त जूनियर उनके बॉस बन गये थे। उनका पुनः स्थानान्तरण हैदराबाद हो गया। वह मुम्बई

आते थे, तो तिवारी जी उनसे मिला करते थे। हैदराबाद में रहते हुए मैं उनके घर गया भी। वह रिटायर हो चुके थे। मुम्बई में अपने कार्यकाल में अरब सागर में उन्होंने कैसे स्मगलिंग बन्द करा दी थी, इस पर विदेशों में पुस्तकें लिखी गयीं। पर, अपने देश में उस आदर्शवादी, ईमानदार (सनक की हद तक), देशप्रेमी व्यक्ति को कितना जलील होना पड़ा। उन्हें क्या–क्या भुगतना पड़ा। बाद में लोग उन्हें चिड़चिड़े, झक्की और उन्मादी इनसान के रूप में जानने लगे। पर, वह सब अलग क़िस्सा है।

**(1997)**

# नैतिक आभा का मर्म

भारत के पूर्व मुख्य न्यायाधीश पी सतशिवम इसी वर्ष (2014) 26 अप्रैल को रिटायर हुए। उन्होंने 5 सितम्बर, 2014 को केरल के राज्यपाल पद की शपथ ले ली। राज्यपाल बनने वाले भारत के वह पहले पूर्व मुख्य न्यायाधीश हैं। क़ानूनन, रिटायर होने के बाद जजों पर नये पद स्वीकार करने या नये दायित्व सँभालने की पाबन्दी नहीं है।

पर, इस नियुक्ति ने कई सवाल खड़े किये हैं। सबसे तल्ख प्रतिक्रिया, मुख्य विरोधी दल कांग्रेस ने दी। कांग्रेस ने पूछा कि क्या न्यायमूर्ति पी सतशिवम के फ़ैसले का यह तोहफ़ा है? पर, कांग्रेस के ही दूसरे चर्चित नेता मनीष तिवारी ने प्रतिवाद क्रिया कि पूर्व मुख्य न्यायाधीश द्वारा राज्यपाल पद स्वीकार करने में कोई संवैधानिक या कानूनी अड़चन है ही नहीं। इससे कांग्रेस में ही विवाद छिड़ गया। दरअसल, राजनीति में अशुद्ध परम्पराओं की जननी कांग्रेस है।

इसके पहले सुप्रीम कोर्ट की एक रिटायर्ड जज, न्यायमूर्ति एम फ़ातिमा बीबी, 1997 में राज्यपाल बना कर चेन्नई राजभवन भेजी गयी थीं। 1960 के दशक में भारत के एक और पूर्व मुख्य न्यायाधीश, न्यायमूर्ति पीवी गजेन्द्र गडकर एक विश्वविद्यालय के वाइस चांसलर बनाये गये थे। कांग्रेसी यह भी भूल गये हैं कि पूर्व मुख्य न्यायाधीश केजी बालाकृष्णन को राष्ट्रीय मानवाधिकार आयोग का अध्यक्ष भी बनाया गया था। तब इस फ़ैसले पर तीव्र विवाद हुआ। इस पूर्व मुख्य न्यायाधीश के अनेक सगे–सम्बन्धियों पर बेनामी सम्पत्ति के गम्भीर आरोप थे।

पिछले साल अगस्त में कॉमन कॉज संस्था ने सुप्रीम कोर्ट में एक याचिका दी, जिसमें पूर्व मुख्य न्यायाधीश केजी बालाकृष्णन को राष्ट्रीय मानवाधिकार के पद से हटाने का आग्रह था। 04 अप्रैल, 2011 को सुप्रीम कोर्ट में याचिका दायर करने वाले प्रशान्त भूषण ने प्रधानमन्त्री और राष्ट्रपति को भी न्यायमूर्ति बालाकृष्णन की बेनामी सम्पत्ति, आय से अधिक सम्पत्ति और उनके निकट के रिश्तेदारों–सहयोगियों की सम्पत्ति समेत कई कामों का ब्योरा दिया।

पिछले साल जून (21.06.2013) में 'हिन्दुस्तान टाइम्स' की ख़बर थी, 'गवर्नमेंट वुड नॉट रिवील एसेट्स प्रोब फाइडिंग अगेंस्ट किन ऑफ़ एक्स–सीजेआई' (पूर्व न्यायाधीश के सम्बन्धियों के ख़िलाफ़ सम्पत्ति की हुई जाँच को सरकार उजागर नहीं करेगी)। इस तरह बालाकृष्णन की नियुक्ति पर अनेक गम्भीर सवाल तब खड़े हुए। पर, यूपीए सरकार, राजनीतिक मर्यादा और स्वस्थ परम्परा से बेख़बर रही।

कांग्रेस के मनीष तिवारी ने ही पी सतशिवम की नियुक्ति का विरोध करने वाले कांग्रेस प्रवक्ता, आनन्द शर्मा को जवाब दिया कि नब्बे के दशक में कांग्रेस ने ही एक पूर्व मुख्य न्यायाधीश रंगनाथ मिश्र को रिटायर होने के बाद उड़ीसा से राज्यसभा में भेजा था। यह राजनीतिक विवाद अलग है।

ग़ौर करना चाहिए कि इस देश में ग़ैर–कांग्रेसवाद की परिकल्पना डॉ. राममनोहर लोहिया ने की। उनके ग़ैर–कांग्रेसवाद का आशय, महज़ सत्ता परिवर्तन नहीं था, बल्कि एक नितान्त नयी कार्यसंस्कृति, राजनीतिक संस्कृति और शासन संस्कृति का जन्म था।

ऊपर से नीचे तक। सोचने में, चलने में, काम करने में, बात–विचार में। कांग्रेस के मुक़ाबले एक नयी समानान्तर नैतिक संस्कृति की परिकल्पना। भारत की मिट्टी से जुड़ी नैतिक परम्पराओं के अनुरूप सत्ता का संचालन। पर, ऐसी नियुक्तियों से कांग्रेस की अपसंस्कृति की राह पर ही मुल्क बढ़ रहा है। पी सतशिवम के राज्यपाल बनने पर दूसरी बहस क़ानूनविदों, न्यायविदों, बौद्धिकों और मीडिया के बीच है। सुप्रीम कोर्ट बार एसोसिएशन के अध्यक्ष

पीएच पारीख का मानना है कि राज्यपाल सरकार की इच्छा से हटाये जा सकते हैं, इसलिए सुप्रीम कोर्ट के पूर्व जज या पूर्व मुख्य न्यायाधीश द्वारा इस पद को स्वीकार करना सही नहीं है, क्योंकि तब वह गृह मन्त्रालय के अधीन होगा। सुप्रीम कोर्ट के ही एक जाने–माने वकील गोपाल शंकर नारायणन कहते हैं कि इससे न्यायपालिका की स्वायत्तता प्रभावित होती है। क्योंकि तब न्यायपालिका के सर्वोच्च पद पर काम करने वाला व्यक्ति, कार्यपालिका के अधीन होगा। ऐसी स्थिति में भारत के एक पूर्व मुख्य न्यायाधीश को शपथ, उनके एक जूनियर यानी केरल उच्च न्यायालय के मुख्य न्यायाधीश दिलायेंगे। सुप्रीम कोर्ट में जज रहे, केरल के न्यायमूर्ति केटी थामस मानते हैं कि यह पद 'लोवर पोस्ट' (नीचे का पद) है, क्योंकि भारत का पूर्व मुख्य न्यायाधीश, वरिष्ठता क्रम में राष्ट्रपति, उपराष्ट्रपति और प्रधानमन्त्री के बाद चौथे नम्बर पर है, इस तरह न्यायविदों और बौद्धिकों की चिन्ता है कि बड़े पद पर रहने के बाद, कम महत्त्व के पद पर जाना ग़लत है।

यह जान लेना भी रोचक है कि न्यायमूर्ति पी सतशिवम ने क्या कहा? उनका कहना है कि भारत के अनेक पूर्व मुख्य न्यायाधीश 'आरबिट्रेशन' (पंच–फ़ैसला या मध्यस्थ–निर्णय) और 'कंसल्टेंसी' (सलाह देने) का काम करते हैं। पर, मैंने गुज़रे चार महीनों में कोई व्यावसायिक काम हाथ में नहीं लिया। उन्होंने यह भी कहा कि कुछ उच्च न्यायालयों के पूर्व मुख्य न्यायाधीशों ने क़ानून मन्त्री के रूप में भी काम किया है। इस तरह एक पूर्व मुख्य न्यायाधीश के राज्यपाल बनने की बहस क़ानूनी दाँव–पेच और सही व ग़लत ठहराने के तर्कों के जाल में फँसी है।

देश के राजनीतिक गलियारे और बौद्धिकों–न्यायविदों की दुनिया में, इस नियुक्ति को लेकर हो रही बहस को देश ने सुना–पढ़ा। पर, क्या यह नियुक्ति महज़ इन्हीं दो घेरों तक सीमित है? नहीं। पूरा देश एक तीसरा और सबसे महत्त्वपूर्ण पक्ष भूल गया है। वह पक्ष है, महत्त्वपूर्ण पद पर रहे लोगों के नैतिक होने का। बिना नैतिक हुए यह संसार, समाज या देश टिक ही नहीं सकता। मानवीय मर्यादा, शुचिता

और गरिमा ही, नयी सृष्टि का निर्माण करते हैं। नये मूल्य गढ़ते हैं। नये समाज को जन्म देते हैं। मनुष्य को नयी ऊँचाई पर ले जाते हैं। यह ऊँचाई भारत को आज़ादी की लड़ाई के मूल्यों ने दी। उन्हीं दिनों के दो प्रसंग का उल्लेख करना चाहूँगा (इन्हें प्रायः मैं स्मरण कराता हूँ, ताकि बार–बार की पुनरावृत्ति से यह लोक स्मृति में जीवित रहे)।

पहली घटना इलाहाबाद की है। कैसे जज होते थे? इलाहाबाद उच्च न्यायालय के ही एक रिटायर्ड जज थे। उनका नाम था, एसके धर। वह तीन वर्ष से कम समय के लिए जज रहे थे, इसलिए क़ानूनी रूप से तब पेंशन के हक़दार नहीं थे। इलाहाबाद उच्च न्यायालय से रिटायर होने के कारण उन्होंने वहाँ प्रैक्टिस भी नहीं की। वह दिल्ली चले गये। उनकी आँखों में तकलीफ़ हुई। वह अपने गृह नगर आगरा लौट गये। उनके लिए बुरे दिन थे। अभावों के दिन। आर्थिक संकट के दिन। उनकी स्थिति जान कर कलकत्ता (अब कोलकाता) उच्च न्यायालय के मुख्य न्यायाधीश ने उन्हें एक मामले में आरबिट्रेटर (पंच) नियुक्त किया।

उन्हें पाँच दिन काम करना था, जिसके लिए उन्हें 50 हज़ार रुपये मिलने थे। न्यायमूर्ति एसके धर ने मना कर दिया। कलकत्ता हाई कोर्ट के मुख्य न्यायाधीश को लगा कि शायद फीस कम होने की वजह से उन्होंने मना कर दिया है। उन्होंने 50 हज़ार रुपये से फ़ीस बढ़ाकर एक लाख रुपये कर दी। तब एसके धर ने कोलकाता के तत्कालीन मुख्य न्यायाधीश को पत्र लिखा कि उन्होंने पहली बार प्रस्ताव ठुकराया, वह कम शुल्क होने के कारण किया गया फ़ैसला नहीं था। न ऐसा है कि उन्हें पैसे की ज़रूरत नहीं है, बल्कि यह काम न करने का फ़ैसला उन्होंने उस पद पर रहने (न्यायमूर्ति) के कारण किया है, जिस पर वह कुछ वर्ष रहे हैं। न्यायाधीश पद की गरिमा बनाये रखने के लिए न्यायमूर्ति श्री धर ने अभाव का जीवन चुना। संकट को न्योता, पर जिस पद पर रहे थे, उसकी गरिमा घटने न दी। यह सार्वजनिक आचरण, निजी सोच, गरिमा, आत्म–स्वाभिमान, सात्त्विकता थी, हमारे न्यायमूर्तियों में।

एक दूसरा प्रसंग भी इलाहाबाद से ही। इलाहाबाद उच्च न्यायालय में मशहूर वकील थे, कैलाशनाथ काटजू। वह आज़ादी की लड़ाई में भी शरीक थे। आज़ादी मिलने के बाद वह गवर्नर बने। जब वह पश्चिम बंगाल के गवर्नर थे, तब की घटना है। उनके पुत्र शिवराज काटजू इलाहाबाद में ही औसत प्रतिभा के वकील थे। उन्होंने अपने गवर्नर पिता को पत्र लिखा कि ब्रिटिश इंडिया कॉरपोरेशन ने उन्हें कुछ काग़ज़ात भेजे हैं, हस्ताक्षर करने के लिए। वे उनको (यानी शिवराज काटजू को) अपने निदेशक मण्डल (बोर्ड ऑफ डायरेक्टर) में लेना चाहते हैं। कैलाशनाथ जी ने अपने पुत्र को पत्र लिखा, जिसका आशय था–

*प्रिय शिवाजी,*

*तुम्हारा पत्र पाकर एक पिता के रूप में मुझे गौरव हुआ। ब्रिटिश इंडिया कम्पनी में हमारा शेयर मामूली है, जिसके कारण तुम्हें निदेशक मण्डल में शामिल करने का औचित्य प्रमाणित नहीं होता। हो सकता है, यह तुम्हारी प्रतिभा के कारण हो रहा हो। इससे मुझे गौरव होता है। पर, तुम्हारी एक मुश्किल है, वह हैं तुम्हारे पिता। हालाँकि, ब्रिटिश इंडिया कम्पनी का बंगाल में कुछ भी नहीं है। वैसे भी राज्यपाल एक कास्मेटिक पद है। मैंने अपने जीवन की पारी खेल ली है और तुम्हारे रास्ते में नहीं आऊँगा। जब भी अपने काग़ज़ात दस्तख़्त कर भेजना, मुझे सूचित कर देना। मैं इस्तीफ़ा देकर इलाहाबाद उच्च न्यायालय में प्रैक्टिस करने लौट जाऊँगा।*

*–तुम्हारा पिता*

शिवराज काटजू ने निदेशक बनने के फॉर्म पर दस्तख़्त नहीं किये। अपनी सहमति नहीं दी। इस तरह कैलाशनाथ काटजू ने भी गवर्नर पद से इस्तीफा नहीं दिया। श्री काटजू को लगा कि उनको गवर्नर होने के नाते, ब्रिटिश इंडिया कॉरपोरेशन कम्पनी उनके पुत्र को निदेशक मण्डल में रखना चाहती है, इसलिए उन्होंने इस्तीफ़ा देने का मन बना लिया। सार्वजनिक जीवन में इस नैतिक स्तर के थे, हमारे वकील।

न्यायपालिका से ही ऐसे अनेक पुराने प्रसंग हैं, जो हमारे तत्कालीन सार्वजनिक जीवन की उच्च नैतिक मापदण्ड के प्रेरक प्रसंग हैं। 1980 के दशक की एक और महत्त्वपूर्ण घटना, पर दूसरे क्षेत्र की। भारतीय स्टेट बैंक के एक चेयरमैन थे, आरके तलवार। इमरजेंसी में सर्वशक्तिमान संजय गाँधी के दबाव में उन्होंने उनके चहेतों को ग़लत लोन देने से मना कर दिया। यह असाधारण घटना थी। पत्रकारिता में भी वे ऐसे दिन थे, जिसे आपातकाल हटने के बाद लालकृष्ण आडवाणी ने यह कहकर याद किया कि जब पत्रकारों को झुकने के लिए कहा गया, तो वे रेंगने लगे। तब एक बैंक के एक चेयरमैन ने एक सर्वशक्तिमान असंवैधानिक ताक़त के ख़िलाफ़ ईमानदारी और सच का रास्ता चुना। वह हटा दिये गये। वह चुपचाप अरविन्दो आश्रम, पाण्डिचेरी चले गये। बाद में जनता दल की सरकार बनी और आरके तलवार की चर्चा एक नायक के रूप में हुई। उन्हें स्टेट बैंक, आईडीबीआई समेत अनेक महत्त्वपूर्ण संस्थानों के चेयरमैन बनने के प्रस्ताव मिले। भारत सरकार के अधिकारी, उनके लिए यह प्रस्ताव लेकर पाण्डिचेरी गये। उन्हें आश्रम के खेत में खेती करते पाया। हर प्रलोभन और बड़े पद के प्रस्ताव को आरके तलवार ने ठुकरा दिया। उन्होंने आजीवन संन्यस्त जीवन जीया। आश्रम में अपनी निजता, स्वाभिमान बचाये हुए।

बचपन में झोंपड़ी वाले प्राइमरी स्कूल और टाट के बोरे पर बैठ कर हमारी पीढ़ी के लोग, धोती पहने अध्यापक से अनेक प्रसंग सुनते थे, जो आज भी स्मृति में हैं। उन्हीं में से एक प्रसंग था, जिसका हिन्दी आशय है–'सम्पत्ति ख़त्म हो गयी, तो समझो कुछ नहीं गया। स्वास्थ्य गिरा, तो समझो कुछ नुकसान हुआ। पर, चरित्र ख़त्म हो गया, तो समझो सबकुछ ख़त्म हो गया।'

आज इस मुल्क का असल संकट चरित्र संकट है। नैतिक संकट है। मधु लिमये ने एक बार लिखा था कि कुछ व्यक्ति बिना पद के भी महान होते हैं। कुछ राष्ट्र के सेवक के रूप में शानदार उपलब्धियों से महान बनते हैं। लेकिन, कुछ ऐसे पदधारी भी होते हैं, जो क्षणिक 'महानता' प्राप्त करते हैं। लेकिन, जब पद छोड़ते हैं या

पद छोड़ने को बाध्य होते हैं, तो उन्हें कोई नहीं पूछता। उन्हें कोई रोने वाला भी नहीं मिलता।

आज भारत के सार्वजनिक जीवन की यही कथा है। राजनीति हो, शासन हो, पत्रकारिता हो, सब में चरित्रवान और संकल्पवान लोगों की ज़रूरत है। झारखण्ड में एक फिक्सर और दलाल रंजीत उर्फ रकीबुल का प्रकरण सामने आया है। पूरे देश में चर्चा है। मामूली पढ़ा–लिखा, अत्यन्त ग़रीब परिवार से। पर, कुछ ही वर्षों में दलाली और फिक्सरी के धन्धे से पूरे देश में सार्वजनिक बहस का केंद्र बन गया है। लोवर कोर्ट के अनेक जजों के साथ उसके सम्बन्ध। अनेक मन्त्रियों–अफ़सरों के साथ उसकी गहरी दोस्ती। ऐसे रंजीत उर्फ रकीबुल, पूरे देश में पसरे हैं और निर्णायक हैं। राँची से दिल्ली तक। देश के अन्य दूसरे राज्यों की राजधानियों में भी हैं। पत्रकारिता से लेकर विधायिका, कार्यपालिका आदि सभी क्षेत्रों में हैं। राजनीति में भी। क्या कोई देश बिना चरित्र के चल सकता है? न्यायपालिका, भारत की अन्तिम उम्मीद कही जाती है। पर, पिछले कुछेक वर्षों में सर्वोच्च न्यायपालिका से जुड़ी ख़बरों ने देश को स्तब्ध किया है। याद करिए 12 जुलाई, 2013 की ख़बर है, जो 'इंडियन एक्सप्रेस' में छपी थी। गुजरात उच्च न्यायालय के मुख्य न्यायाधीश भास्कर भट्टाचार्य ने भारत के तत्कालीन मुख्य न्यायाधीश अल्तमश कबीर के ख़िलाफ़ शिकायत की। ख़बर का मूल अर्थ सामान्य भाषा में क्या था? तब गुजरात उच्च न्यायालय के मुख्य न्यायाधीश भास्कर भट्टाचार्य को सुप्रीम कोर्ट का जज नहीं बनाया गया, जबकि वह देश में सभी हाई कोर्ट के मुख्य न्यायाधीशों की सूची में तीसरे नम्बर पर थे। उन्होंने भारत के तत्कालीन मुख्य न्यायाधीश, न्यायमूर्ति अल्तमश कबीर पर आरोप लगाया कि चूँकि कोलकाता हाई कोर्ट में न्यायमूर्ति कबीर की बहन को उच्च न्यायालय का जज बनाने का उन्होंने विरोध किया था, इसलिए उन्हें, न्यायमूर्ति कबीर ने सुप्रीम कोर्ट का जज नहीं बनने दिया। सुप्रीम कोर्ट में जज बनाने वाली समिति, कोलेजियम के सदस्य भारत के तत्कालीन मुख्य न्यायाधीश भी थे। श्री कबीर ने

इस आरोप को ग़लत बताया, पर उनके रिटायर होते ही उनके कई फ़ैसलों पर सवाल उठे। पहला चर्चित प्रकरण था, एकल मेडिकल प्रवेश परीक्षा पर फ़ैसला। दूसरा, श्री कबीर के जाते–जाते सुप्रीम कोर्ट में जज की नियुक्ति की कोशिश। तीसरा, जेपी एसोसिएट से जुड़ा फ़ैसला। चौथा, सहारा–सेबी का मामला और पाँचवा, बहन को जज बनाने का प्रसंग।

ऐसे हालात या माहौल में जब न्यायपालिका की गरिमा और मर्यादा को एक नयी ऊँचाई देने की ज़रूरत है, तब न्यायपालिका से जुड़े सर्वोच्च पद पर बैठे व्यक्ति को रिटायर होने के बाद गवर्नर का पद देना, एक अस्वस्थ परम्परा की शुरुआत है। यह क़ानूनन जायज हो सकता है, पर नैतिक रूप से नहीं।

भारत की आत्मा या नैतिक पुंज है, न्यायपालिका। उसमें शिखर पर रहे लोगों को अपने आचरण और काम से नैतिक होने का एक नया पाठ नहीं लिखना चाहिए? महाभारत कहता है, 'महाजनो येन गतः सा पन्था' यानी समाज के अगुआ जिस रास्ते जाते हैं, साधारण लोग उसी रास्ते का पालन करते हैं। इसी तरह 'गीता' में भी कहा गया है–

*यद्यदाचरति श्रेष्ठस्तत्तदेवेतरो जनः।*
स यत्प्रमाणं कुरुते लोकस्तदनुवर्तते।।

इसका अर्थ है, महापुरुष जो–जो आचरण करते हैं, सामान्य व्यक्ति उसी का अनुसरण करते हैं। बड़े पदों पर बैठे लोग अपने अनुसरणीय कामों से जो आदर्श प्रस्तुत करते हैं, सम्पूर्ण विश्व उसका ही अनुसरण करता है। बहुत साफ़ है, सामान्य लोगों की रहनुमाई के लिए नेता या अगुआ चाहिए, जो अपने व्यावहारिक आचरण से जनता या समाज को दिशा या राह दिखा सके। चैतन्य महाप्रभु ने कहा था कि शिक्षा देने के पहले शिक्षक को ठीक–ठीक आचरण करना चाहिए। पहले के शिक्षक ऐसा करते थे, इसलिए वे स्वतः आदर पाते थे। इसी तरह जो लोग न्याय देने की सर्वोच्च कुर्सी पर रहे हैं, उनका जीवन–आचरण ख़ुद समाज के लिए सन्देश होना चाहिए।

राजनीति या सामाजिक जीवन से जिस क्षण स्वस्थ नैतिक मूल्यों को हम ख़त्म कर देंगे, हमारे समाज को अँधेरे में रोशनी दिखाने वाला चिराग नहीं बचेगा। शासक में हमेशा एक वीतराग या त्याग का अंश होना ही चाहिए। आज़ादी की लड़ाई में बड़े पैमाने पर ऐसे लोग थे, जिनकी बड़ी कुर्बानी रही। आज़ादी मिलने के पहले या बाद में ऐसे लोगों ने पद या सत्ता के पीछे भागने के बदले अध्यात्म का रास्ता चुना। वे अध्यात्म में चले गये। खुद कांग्रेस में अनेक ऐसे कद्दावर नेता रहे, जिन्होंने पण्डित नेहरू का प्रस्ताव अस्वीकार कर केन्द्रीय मन्त्रिमण्डल में न जा कर अपने–अपने क्षेत्र में विशिष्ट काम करते रहे। पर, अब समय बदला है। यह पद की पूजा का दौर है। धन (भौतिक सम्पदा) में ही मोक्ष पाने का युग। बाज़ार का युग। किसी की क़ीमत लगाने का युग। अर्थ प्रधान युग। भोग का युग।

आज़ादी के बाद, कुछ दिनों तक जो राज्यपाल बनाये गये, उन्होंने राज्यपाल पद को एक गरिमा और पहचान दी। राजगोपालाचारी, पश्चिम बंगाल के पहले राज्यपाल बने। सरोजनी नायडू, होमी भाभा, केएम मुंशी, आसफ अली, श्रीप्रकाश, सरदार उज्जल सिंह, महाराज भाव सिंह जी (भावनगर), हरेन मुखर्जी, पीबी चेरियन आदि राज्यपाल हुए। एक से एक बढ़कर एक विद्वान, पूरे समाज को प्रेरित करने वाले।

राज्यपालों का एक सम्मेलन हुआ 08 मई, 1949 को। तत्कालीन गवर्नर जनरल सी राजगोपालाचारी, प्रधानमन्त्री जवाहरलाल नेहरू और उपप्रधानमन्त्री सरदार पटेल ने इसे सम्बोधित किया। राजाजी ने बताया कि हम सब राज्यपालों से क्या अपेक्षा रखते हैं? उन्होंने कहा कि हमारे प्रधानमन्त्री और उपप्रधानमन्त्री मानते हैं कि सिर्फ़ आप दिखावे के लिए संवैधानिक हेड नहीं हैं। यह ग़लत मान्यता है कि आप कुछ नहीं कर सकते। हमारी मान्यता है कि समाज में अच्छाई को आप विकसित करेंगे। उसको पाने के रास्ते तलाशेंगे। बिना तनाव या पूर्वाग्रह के, लोकतन्त्र के विकास के क्रम में। गाँधी और राजाजी की राज्यपालों से मुख्य अपेक्षा थी कि वे नैतिक ताक़त के स्रोत बनेंगे। पद के मोह से मुक्त। सही दृष्टि वाले। समाज में अच्छाई

को प्रेरित करने वाले। पर, राज्यपाल किस तरह के लोग बनते रहे हैं। पतन की यह परम्परा इन्दिरा गाँधी के समय तेज हुई। फिर भी इन्दिरा जी ने कुछेक अच्छे लोगों को ही राज्यपाल बनाया। मसलन, मोहनलाल सुखाड़िया, धर्मवीर, एएन डायस, बीके नेहरू, एलपी सिंह वगैरह। भाजपा कार्यकाल में भी टीएन चतुर्वेदी जैसे सरस्वतीपुत्र और नैतिक पुंज राज्यपाल बने। पर, ये सब अपवाद हैं।

मोहनलाल सुखाड़िया, लम्बे समय तक राजस्थान के मुख्यमन्त्री रहे। इन्दिरा जी ने उन्हें कमज़ोर करने के लिए हटाया और तमिलनाडु का राज्यपाल बना दिया। इमरजेंसी लगी। तब तमिलनाडु, राष्ट्रपति शासन के अधीन था। फिर चुनाव हुए और जैसे ही सूचना मिली कि इन्दिरा जी चुनाव हार गयी हैं, मोहनलाल सुखाड़िया उसी क्षण अपना सामान लेकर दिल्ली पहुँच गये। उन्होंने नयी सरकार को अपना इस्तीफ़ा सौंप दिया। मोरारजी, चरण सिंह, सब हतप्रभ। सबके मन में उनके प्रति पहले से आदर का भाव था और बढ़ा। उसके बाद एक अशोभनीय खेल शुरू हुआ, जो सरकार आती है, अपने राज्यपाल रखती है। दूसरे को निकाल–बाहर करती है। कुछ राज्यपाल ऐसे होते हैं, जो पद से चिपके रहना चाहते हैं। एनडीए के शासनकाल में जो राज्यपाल बने, उन्हें 2004 में आते ही यूपीए ने निकाल–बाहर किया। राजनीति से नैतिकता की विदाई और आदर्श का ख़त्म हो जाना, भारतीय समाज का सबसे बड़ा संकट है। अपवाद हैं, हर दल में, हर क्षेत्र में। राजनीति में भी, प्रशासन में भी और पत्रकारिता में भी। आज की स्थिति क्या है? अंग्रेज़ी के महान कवि डब्ल्यू बी ईट्स ने 1921 में एक कविता लिखी थी, 'द सेकेंड कमिंग' (दोबारा आगमन)। इस अंग्रेज़ी कविता की अन्तिम दो पंक्तियों का हिन्दी भावार्थ है–

> *जो सर्वश्रेष्ठ हैं (यानी अच्छे लोग), उनमें दृढ़ता नहीं, मनोबल नहीं!*
> *पर जो सबसे अधम हैं (समाज के ख़राब–तलछट के लोग), उनके अन्दर उत्कट–वासनामय–तीव्र प्रगाढ़ता–प्रबलता या एकजुटता है।*

सिर्फ़ पद से व्यक्ति बड़ा नहीं होता। व्यक्ति के मूल्य, पद को नयी गरिमा और ऊँचाई देते हैं। आज सिर्फ़ राजनीति ही नहीं, जीवन के हर क्षेत्र में मूल्यों को एक नयी ऊँचाई पर ले जाने की ज़रूरत है, तभी शायद देश एक नया सवेरा देख सके।

कुछ दिनों पहले एक अत्यन्त सम्मानित क़ानूनविद् फली एस नरीमन की एक पुस्तक आयी, 'द स्टेट ऑफ़ द नेशन', जो लोग भारत की चिन्ता करते हैं, उनके लिए एक ज़रूरी पुस्तक। इस पुस्तक की भूमिका में दो प्रसंग हैं। पहला भारत के पूर्व राष्ट्रपति डॉ. एस राधाकृष्णन का बयान। जब कंस्टिट्यूएंट एसेंबली (संविधान सभा) के सदस्यों ने पहली बार संकल्प लिया, पूरी विनम्रता के साथ देश और देश की जनता के प्रति समर्पण का, तब डॉ. राधाकृष्णन ने इस प्रस्ताव का अनुमोदन किया। उन्होंने चेतावनी दी थी, 'ह्वेन पावर आउटस्ट्रिप्स एबिलीटी, वी विल फॉल ऑन इविल डेज़ (जब सत्ता योग्यता को पीछे छोड़ देगी, तो हमारे बुरे दिन शुरू होंगे)।' फली एस नरीमन मानते हैं कि आज योग्यता को सत्ता ने पीछे छोड़ दिया है। हम बुरे दिनों में हैं। राजनीति में अधिक और लगभग हर क्षेत्र में योग्यता या क्षमता का संकट है। साथ–साथ इंटीग्रिटी (निष्ठा) का अभाव है। लगभग हर क्षेत्र में। इस पुस्तक की भूमिका के अन्तिम अंश में फली एस नरीमन ने एक सुन्दर उद्धरण दिया है। हर भारतीय को याद रखने या सीखने योग्य। इस सवाल का उत्तर कि भारतीय गणराज्य कब तक कायम रहेगा? शायद हमेशा के लिए, लेकिन यह कोई नहीं कह सकता। इसे समझने के लिए नरीमन एक प्रसंग सुनाते हैं। यह एक सच्ची कहानी है। जब संयुक्त राज्य अमेरिका, आज के भारत के हाल में था। अराजकता, आपसी झगड़ों, विवादों से घिरा। अन्ततः इन्हीं चीज़ों से अमेरिका में 1861–65 के बीच सिविल वार (गृह युद्ध) हुआ। इस समय ब्रिटेन में रह रहे फ्रांस के राजदूत जो ख़ुद एक इतिहासकार थे, उन्होंने अमेरिकी राजदूत (जो कवि और साहित्यकार थे) से पूछा, एक्सलेंसी, मुझे बतायें, आपका यह गणराज्य (यानी संयुक्त राज्य अमेरिका) कब तक क़ायम रहेगा? अमेरिकी राजदूत जेम्स लोवेल का जवाब अत्यन्त संक्षिप्त और

दूरदर्शी था–'एक्सलेंसी, एज लांग एज इट्स लीडर्स लीव अप टू एंड चेरिश द आइडियल्स ऑफ़ इट्स फ़ॉउंडिग फ़ादर्स (एक्सलेंसी, यह मुल्क तब तक क़ायम रहेगा, जब तक इस मुल्क के नेता, अपने इस देश के संस्थापक महान नेताओं के आदर्श, मूल्यों के अनुसार रहेंगे, जीयेंगे और काम करेंगे)।' इस प्रसंग का तात्पर्य यह है कि अमेरिकी राजदूत कहते हैं कि हमारा देश अमेरिका तब तक क़ायम रहेगा, जब तक इसके नेता अपने संस्थापक नेताओं के आदर्शों के अनुसार चलेंगे, जीयेंगे, राजनीति करेंगे।

आज भारत के भविष्य के बारे में कोई पूछे कि भारत का भविष्य कब तक है? तो इस उद्धरण से बेहतर और सुन्दर जवाब नहीं हो सकता। याद रखिए अमेरिका के गृह युद्ध में यह सवाल कि अमेरिका का भविष्य कब तक है, ब्रिटेन स्थित राजदूत ने अमेरिका के ब्रिटेन स्थित राजदूत से पूछा था। इस कथन या मर्म को भारत के सन्दर्भ में आँकिए फिर खुद समझिए।

लगभग आठ माह बाद यह लिखना हुआ, इस बीच एकाध चीज़ें ही लिख पाया। पर घूमना हुआ। सब्ज़ी बेचने वाले से लेकर, सार्वजनिक कार्यकर्ता, अध्यापक, वकील, राजनीति से जुड़े लोग और बड़े पदों पर बैठे लोगों ने निजी फोन कर लगातार लिखते रहने की बात की। सबके प्रति निजी आभार और धन्यवाद। यह प्रक्रिया अब बनी रहेगी।

**(2014)**

# फ़र्क़ 'निपुणता' और 'नैतिकता' में

प्रो. एस.के. चक्रवर्ती ने पिछले वर्ष आईआईएम, कोलकाता से अवकाश ग्रहण किया है। उनके कार्यों से इंडियन इंस्टीट्यूट ऑफ़ मैनेजमेंट, कोलकाता को नयी पहचान मिली। पूरी दुनिया में भारतीय मनीषा–परम्परा–आध्यात्मिक मूल्यों की आधुनिक प्रासंगिकता बताने वाले ज्ञान केंद्र 'मैनजमेंट सेंटर फॉर ह्यूमन वैल्यूज' (संक्षेप में एमसीएचवी), आईआईएम कोलकाता के वह संस्थापक रहे हैं। प्रबन्धन के स्तर पर दुनिया की आधुनिक चुनौतियों के भारतीय समाधान की लेबोरेटरी। एक जीवित ऋषि की साकार मूर्त कल्पना। एक ऐसा संस्थान, जो आने वाली आधुनिक दुनिया–पीढ़ियों की ज़रूरत बनती जायेगी। भारतीय विजन, ऋषि परम्परा की ताक़त जो पहचानना चाहते हैं, आधुनिक प्रबन्धन की अवधारणा, उसकी सीमाएँ या भारतीय चिन्तन से विकसित उसके वैकल्पिक स्वरूप को जो समझना चाहते हैं, उनके लिए प्रो. चक्रवर्ती को सुनना एक रेयर अपरचुनिटी (दुर्लभ अवसर) है। 12–13 वर्ष पहले उन्हें पढ़ा। उनके लेखन–चिन्तन का असर हुआ। किसी हद तक जादुई असर। 'स्टेट्समैन' में छपे उनके अनेक पुराने लेखों की कतरनें अक्सर उलटता हूँ। वर्षों पहले ऑक्सफोर्ड प्रेस से छपी उनकी पुस्तक 'मैनेजमेंट बाई वैल्यूज' (1991) की ख़ास याद है। कोलकाता से राँची लौटने की ट्रेन छूट रही थी। इसकी प्रति ढूँढ़ने के लिए दुकान–दुकान भटक रहा था। बाद में ऐसे ही ढूँढ़ कर दिल्ली से उनकी पुस्तकें 'लीडरशिप एंड पावर' (ऑक्सफोर्ड), 'मैनेजेरिएल ट्रांसफॉरमेशन बाई वैल्यूज' (सेज पब्लिकेशंस), 'वैल्यूज

एंड एथिक्स फॉर आर्गनाइजेशन' (ऑक्सफोर्ड) मँगवाई। 'अंगेस्ट द टाइड' (ऑक्सफोर्ड) पुस्तक प्रो. चक्रवर्ती ने भेंट की।

प्रो. चक्रवर्ती के लेख ताज़ा हवा के झोंके जैसे लगे। पश्चिमी अवधारणा से बिल्कुल अलग विचार। विकास की शुद्ध भारतीय अवधारणा। उन्हें पढ़ते हुए बार–बार प्रो. आर्नाल्ड टायनबी की उक्ति याद आयी। स्वतन्त्र होने की दहलीज पर भारत खड़ा था। पश्चिमी विकास मॉडल, यूरोपीय–अमेरिकन जीवन शैली–मूल्यों के अन्तर्विरोध सामने आ चुके थे। इस पश्चिमी अधःपतन के बीच टायनबी ने कहा कि संकटग्रस्त दुनिया को पूरब (आशय, भारत से) से रोशनी मिलेगी। पर, भारत में गाँधी की आभा अस्त होते ही विचारों–मूल्यों के स्तर पर दुनिया को नयी रोशनी–आभा देने वाला तेज पुंज–लौ मद्धिम होता गया। भारत के लिए आदर्श हो गया–'टायनबी का संकटग्रस्त यूरोपियन–अमेरिकन जीवन मूल्य। विकास मॉडल।' 56 वर्षों तक पश्चिमी राह पर यात्रा के अनुभव साथ हैं। भ्रष्टाचार, भारत का नया जीवन मूल्य है। इसी संस्कृति की उपज। सोचने–समझने–विजन में भारत अपना अनूठापन खो चुका है।

राजनीति, अध्ययन–ज्ञान के केंद्र, कोई मौलिक विचार नहीं दे पा रहे। ऐसी ही मनःस्थिति–माहौल में प्रो. चक्रवर्ती की 'राजर्षि लीडरशिप' अवधारणा पढ़ी। दो किस्तों में 'वैनिशिंग इथिक्स' (ग़ायब होते मूल्य), दो किस्तों में 'द इंडियन माइंड' (भारतीय मस्तिष्क), दो किस्तों में ही 'चक्र एंड चैरिटी' पढ़ा। 'आइकंस आर नीडेड' वगैरह पढ़ा। इन लेखों ने एक नयी समझ दी। आत्मोन्मुख होने की ऊर्जा दी। निराशा से उबरने की नयी ताक़त दी।

उस प्रो. एस.के. चक्रवर्ती की चर्चा अक्सर समानधर्मा मित्रों से करता। उनके बारे में पता करने को उत्सुक रहता। ऐसे ही एक अवसर पर राँची में आईआईएम, कोलकाता के प्रो. संजय मुखर्जी से मुलाक़ात हुई। उनसे भी पूछा। उन्होंने 16वें इंटरनेशनल मैनेजमेंट डेवलपमेंट वर्कशॉप का लिट्रेचर दिया। इस वर्कशॉप के मूल डिजाइनर प्रो. एस.के. चक्रवर्ती थे। वर्कशॉप के को–आर्डिनेटर (संयोजक) प्रो. संजय मुखर्जी थे। आईआईएम, कोलकाता परिसर में जनवरी 5 से

11 तक (वर्ष 2003) रहना था। इंडियन इंस्टीट्यूट ऑफ़ मैनेजमेंट, कोलकाता के भव्य परिसर को एक नयी आभा देने वाला केंद्र। प्रो. चक्रवर्ती के 'ब्रेन चाइल्ड' (विचारों का भौतिक रूप), 'मैनेजमेंट सेंटर फॉर ह्यूमन वैल्यूज' में यह वर्कशॉप होने वाली थी। जिन लोगों ने सबसे पहले इस वर्कशॉप में शरीक़ होने की औपचारिकताएँ पूरी की होंगी, उनमें हम भी थे। यह, प्रो एस.के. चक्रवर्ती के विचारों का जादू–आकर्षण था। कई लोगों को आश्चर्य हुआ। 'टॉप कम्पनियों के टॉप सीईओज़ के लिए हो रहे वर्कशॉप में एक पत्रकार के लिए क्या 'इनपुट्स' होंगे? वैसे ही पत्रकारिता और पत्रकार जगत में अब पढ़ने की ज़रूरत महसूस नहीं की जाती। शराब, लॉबिंग, पॉवर सिस्टम के अंग होने के लाभ ने पत्रकारिता की आभा को निस्तेज कर दिया है। ऐसे माहौल में आईआईएम, कोलकाता में फी देकर जाना, विद्यार्थी बन कर रहना–पढ़ना, दुनिया से कटकर रहना, निजी मित्रों के लिए भी आश्चर्य का प्रसंग था।

पर, भूल नहीं पाता। वह दृश्य, जब पहली बार 4 जनवरी, 2003 की शाम प्रो. एस.के. चक्रवर्ती को देखा। उनके विचारों से उनके व्यक्तित्व की अवधारणा बन चुकी थी। वह वैसे ही लगे। धीर, गम्भीर, जिनका व्यक्तित्व–प्रजेंस (उपस्थिति) स्वतः बोलता है। उनका मुखर मौन खुद बोलता है। सफेद धोती–कुर्ता, शाल ओढ़े। नंगे पाँव वह 'मैनेजमेंट सेंटर फॉर ह्यूमन वैल्यूज' (आईआईएम परिसर, कोलकाता) के शान्त परिसर में 'व्याख्यान पूर्व' की व्यवस्था देख रहे थे। वह ऋषि परम्परा की कड़ी में लगे। वर्षों पहले काशी हिन्दू विश्वविद्यालय में पढ़ते हुए, ऋषि परम्परा के अध्यापकों के बारे में प्रायः सुनता रहा। सीनियर साथियों व वरिष्ठ अध्यापकों से। कैसे मालवीय जी ढूँढ़–ढूँढ़कर ऐसे अध्यापकों को लाते रहे। जिनकी प्रज्ञा, ज्ञान, विद्वता, नैतिक जीवन की ताक़त थी कि उनके सामने हज़ारों–हज़ार छात्रों की उग्र भीड़ में सन्नाटा पसर जाता। पहली नज़र में प्रो. चक्रवर्ती को देखकर यह प्रसंग याद आया। बाद में प्रो. संजय मुखर्जी ने परिचय कराया। हफ़्तों तक उन्हें क्लास में सुनता रहा। उन्हें सुनना, जीवन का न भूलने वाला प्रसंग है। इतनी प्रवाहमय भाषा, इतना ओज, वैचारिक

दृढ़ता–स्पष्टता, समृद्ध अध्ययन संसार कि हमारे जैसे अनेक लोगों के मन में वह छाप छोड़ गये। हिन्दी, अंग्रेज़ी पर समान अधिकार।

बाद में जाना, कम्युनिस्ट भाइयों को उनके विचारों से परहेज़ है। यह स्वाभाविक लगा। क्योंकि पश्चिम बंगाल में साम्यवादी साथियों को रामकृष्ण, विवेकानन्द, महर्षि अरविन्द, सुभाष की भारतीय प्रासंगिकता–विचार समझने में कई दशक लगे। प्रो. चक्रवर्ती प्रबन्धन प्रशिक्षण में उसी महर्षि अरविन्द, विवेकानन्द, टैगोर और गाँधी की चर्चा करते हैं।

'मैनेजमेंट सेंटर फॉर ह्यूमन वैल्यूज' की स्थापना का क़िस्सा बाद में सुना। एक व्यक्ति ने अपने संकल्प से एक नयी इबारत लिख दी। इसका महत्त्व, तब मुझे समझ आया, जब इनरान समेत ऐसी अनेक बड़ी अमेरिकी कम्पनियों के अन्दरूनी घोटाले उजागर हुए। अमेरिका की महिला ऑडिटरों ने इन कम्पनियों की बैलेंसशीट में हुए घोटालों को उजागर किया, तो अमेरिकी कॉरपोरेट वर्ल्ड समेत दुनिया का उद्योग जगत स्तब्ध रह गया। 'टाइम' ने इन महिला ऑडिटरों को वर्ष 2003 में 'पर्सन ऑफ़ द ईयर' (वर्ष का विशिष्ट व्यक्तित्व) माना। यह फ़र्ज़ी काम–आँकड़ों में हेरफेर किसने किया? पता चला, दुनिया के टॉप मैनेजमेंट स्कूलों से शिक्षित लोगों ने। इसके बाद इन 'वर्ल्ड टॉप मैनेजमेंट इंस्टीट्यूट्स में वैल्यूज, मोरेलिटी, गीता, महर्षि अरविन्द, गाँधी जैसे विषयों की ज़रूरत महसूस की गयी।

भारत में बहुत पहले प्रो. एस.के. चक्रवर्ती ने ऐसी संस्था की ज़रूरत महसूस की। नींव डाली। अकेले। चन्दा माँगकर उसे खड़ा किया। वह एमसीएचवी (मैनेजमेंट सेंटर फॉर ह्यूमन वैल्यूज) परिसर आपको बाँधता है। उसकी डिजाइन देख कर साँची (भोपाल के पास) का प्रिय स्थल बौद्ध विहार, उसका गोलापन, भव्यता याद आयी। बाद में पता चला कि एमसीएचवी की डिजाइन–कल्पना प्रो. चक्रवर्ती की है। एक तरह से वही आर्किटेक्ट हैं। इतना सुन्दर, शान्त परिवेश, सुन्दर लॉन, पेड़–पौधे, हरियाली कि आप मुग्ध रह जायें। ऐसे परिवेश में अध्ययन–अध्यापन। बिल्कुल आश्रम परिवेश।

प्रो. एस.के. चक्रवर्ती को सुनना यादगार अनुभव है। वह शुरुआत करते हैं, मैनेजमेंट से। प्रबन्धन क्या है? यह एक व्यापक शब्द है। प्रबन्धन, महज़ बिजनेस (व्यवसाय), इकोनॉमिक (अर्थशास्त्र) और मैनेजमेंट (प्रबन्धन) तक ही यह सीमित नहीं है। वह महाभारत का एक रोचक प्रसंग याद कराते हैं। स्किल (कौशल, महारत, निपुणता) और वैल्यूज (मूल्य, नैतिकता) में क्या फ़र्क़ है? अश्वत्थामा के पास स्किल था। वह ब्रह्मास्त्र चलाना जानता था। अर्जुन के पास स्किल और वैल्यूज दोनों थे। स्किल का मर्म है, मूल सूत्र है, महज़ करना यानी डूइंग। वैल्यूज का मूल सूत्र है 'बिकमिंग' यानी होना। अश्वत्थामा के पास ब्रह्मास्त्र था, उसने पाण्डवों के बच्चों को मार डाला था। गर्भ में पल रहे शिशु की हत्या की। वहीं अर्जुन भी ब्रह्मास्त्र से सम्पन्न थे, पर उसका इस्तेमाल अबोध बच्चों, असहाय स्त्रियों पर नहीं किया, क्योंकि उनमें मानव मूल्य थे। 'वैल्यूज' का अर्थ है, बेहतर बनना। 'टू बिकम गूड ह्यूमन'। दुनिया की मूल समस्या यही है। आज बेहतर इनसान बनने–बनाने का ज़रूरी काम कहाँ हो रहा है?

**(2004)**

# नारायण दत्त : सम्पादन का सत्त्व

हिन्दी की सबसे प्रख्यात और स्तरीय पत्रिका 'नवनीत' के लम्बे समय तक सम्पादक रहे नारायण दत्त जी का रविवार की सुबह बेंगलुरु में निधन हो गया था। उनके सम्पादन में प्रकाशित 'नवनीत', हिन्दी पत्रकारिता के जीवन के ऊँचे आदर्श और मूल्य स्थापित करने वाली पत्रिका बनी। वह आवाज़, जो तक़रीबन हर सप्ताह–पन्द्रह दिनों पर सुनता था, 'कैसे हो? परिवार कैसा है?' एक–एक का नाम लेकर पूछते थे। वह आवाज़ अब नहीं सुन सकूँगा। यह ख़बर थी, बेंगलुरु, मुम्बई और कोलकाता के मित्रों से। वह स्नेहपूर्ण भावपूर्ण आवाज़ होती थी, नारायण दत्त जी की, जिन्हें हम आदर से भाई साहब कहते थे। पिछले 37 वर्षों से उनके भावपूर्ण स्नेह की छाया मिली। आज बाज़ार की दुनिया में, जब हर रिश्ते के पीछे का आर्थिक या स्वार्थ गणित महत्त्वपूर्ण बन गया है। तब यह एक ऐसा रिश्ता था, जिसमें स्नेह, आत्मीयता, सात्त्विक भाव के अलावा कुछ था भी नहीं। नारायण दत्त जी के प्रति एक अद्‌भुत श्रद्धा (एक हद तक अन्धभक्ति) थी कि इनसान उतना ऊँचा हो सकता है? न ख़ून का रिश्ता, न क्षेत्र का, न जाति का... पर, इन सब रिश्तों से बड़ा।

नारायण दत्त जी मूलतः कन्नड़ भाषी, आभिजात्य ब्राह्मण कुल से। पिता मैसूर महाराज के यहाँ अच्छे ओहदे पर थे। पर, पिता ने ही गाँधी के प्रभाव में ब्राह्मणवादी ताना–बाना और विशिष्टता सब छोड़ दिया। उन्हीं पिता के पुत्र थे नारायण दत्त जी। वह एचवाई शारदा प्रसाद जी के छोटे भाई भी थे। कुल चार भाई थे। सब एक से एक विलक्षण, प्रतिभावान और विशिष्ट। एचवाई शारदा प्रसाद जी ने नेहरू

के भाषणों का संकलन किया। इन्दिरा जी के प्रेस सलाहकार रहे। नौकरशाही में उनका महत्त्व और असर कैसा था, यह बिशन टण्डन (इन्दिरा जी के समय प्रधानमन्त्री कार्यालय में संयुक्त सचिव रहे) ने अपनी पुस्तक में बताया है। बिशन जी ने एक बार निजी बातचीत में कहा था कि उनका नैतिक सत्त्व और असर इतना था कि कैबिनेट सेक्रेटरी उनसे बात करने से हिचकते थे। वह (शारदा प्रसाद जी) कन्नड़ के श्रेष्ठ गद्य लेखकों में से भी थे। कुछेक वर्षों पहले मशहूर इतिहासकार रामचन्द्र गुहा ने उनके कन्नड़ लेखों के संकलन का लोकार्पण किया था। उनकी विशिष्टता का बखान भी। उन्होंने 'इंडियन एक्सप्रेस' में पत्रकारिता की। हार्वर्ड पढ़ने गये। नेहरू के साथ रहे। इन्दिरा जी के प्रेस सलाहकार बने। फिर जब जनता पार्टी का शासन आया, तब मोरारजी ने भी उन्हें सम्मानित पद पर रखा। पुनः इन्दिरा जी लौटीं, तो शारदा प्रसाद जी उनके प्रेस सलाहकार बने। राजीव गाँधी के कार्यकाल में भी रहे। दरअसल, वह भी ऋषि परम्परा के इनसान थे। अपने समय में सत्ता की दुनिया में उन्हें सबसे ताक़तवर माना गया, जिनका आदर विपक्ष के प्रधानमन्त्री ने भी किया। पर, वह जीये एकदम सामान्य आदमी की तरह। न पद का अहंकार, न विद्वता का बोझ। खाँटी गाँधीवादी। लगभग चार वर्ष पहले शारदा प्रसाद जी नहीं रहे।

तब उनके छोटे भाई नारायण दत्त जी उनके दिल्ली वाले घर पर थे। उनसे मिलने गया। देखकर स्तब्ध रहा कि दिल्ली से लगभग 40 किलोमीटर दूर एक मामूली जगह पर दो कमरों का साधारण फ्लैट। उस रुतबे, प्रभाव और योग्यता के लोग कहाँ से कहाँ पहुँच गये? पर, शारदा प्रसाद जी वैसे ही रहे। सरल, विनम्र और गम्भीर। नारायण दत्त जी भी वैसे ही थे। हमेशा उन्हें सफ़ेद खद्दर के कुरते–पायजामे में ही देखा। गौरवर्ण, सुन्दर काया, स्नेहपूर्ण वाणी, वही चिर–परिचित मुस्कान। अविवाहित, कई भाषाओं (गुजराती, मराठी, तेलुगू, तमिल, संस्कृत और कन्नड़ तो उनकी मातृभाषा ही थी) के जानकार। पर, कहीं अहम या विद्वता का बोझ नहीं। युवा से युवा व्यक्ति से भी सम्पर्क और आत्मीयता।

बहुत बाद में प्रख्यात पत्रकार राजेंद्र माथुर का एक संस्मरण पढ़ा, राहुल बारपुते पर। इसमें उल्लेख था कि विन्ध्य के उत्तर का अहं या दम्भ, विन्ध्य के दक्षिण में नहीं है। बाद में ख़ुद समझा कि विन्ध्य के उत्तर और विन्ध्य के दक्षिण में एक फ़र्क़ है। इस सन्दर्भ में माथुर साहब ने दक्षिण की विनम्रता, शिष्टता, मर्यादा और मूल्यों का उल्लेख किया था। उत्तर में एक अघोषित अहंकार, रूखापन और अकड़ है। अपवाद हैं। पर, गंगा की धरती की यह मुख्यधारा है। कई बार सोचता हूँ, नारायण दत्त जी की यह विद्वता हिन्दी इलाक़े के पत्रकार या सम्पादक में होती, तो वह आज कहाँ पहुँचा होता? जो पासंग में नहीं थे, वे सफलता की सीढ़ियाँ चढ़कर भौतिक सन्दर्भ में शीर्ष पर पहुँच गये। पर, नारायण दत्त जी जैसे थे, वैसे ही आजीवन बने रहे। वह अविवाहित थे, पर देशभर में उनका परिवार फैला था। हर जाति, धर्म के क्षेत्र में उन्हें चाहने वाले थे। उन्होंने 'इंडियन एक्सप्रेस समूह' से पत्रकारिता शुरू की। फिर 'नवनीत' (1967–80 तक) के सम्पादक रहे। अगर श्रेष्ठ सम्पादन कला और समझ विकसित करनी हो, तो उनके सम्पादन में निकलने वाली 'नवनीत' पत्रिका के अंक पलट लीजिए। आज भी यह मानक है।

हमने मुम्बई, 1981 में छोड़ दी थी। पर, प्रायः जाना होता था। तब नारायण दत्त जी कोलाबा में किराये के एक कमरे में रहते थे। उसी कमरे से एचवाई शारदा प्रसाद जी और नारायण दत्त जी ने मुम्बई में जीवन आरम्भ किया था। कुछेक वर्षों बाद शारदा प्रसाद जी हार्वर्ड, फिर दिल्ली चले गये। पर, नारायण दत्त जी मुम्बई छोड़ने तक वहीं रहे। मैं, उनसे सपरिवार मिलने जाता। प्रायः हमारे मित्र अनुराग भी साथ होते। वह प्रेमवश छेड़ते, भाई साहब आप जब यह कमरा छोड़ेंगे, तो इसे मुझे किराये पर दे दीजिएगा (याद रखिए, वह कई दशकों से उसी कमरे में किराये पर रहे। कोई दूसरा होता, तो उस इलाक़े की सम्पत्ति का मूल्य देखकर करोड़ों लेकर वह मकान मालिक को सौंपता)। भाई साहब अपनी मद्धिम पर मधुर आवाज़ में साफ़–साफ़ कहते कि अब तुम मेरा धर्म बिगाड़ने का प्रलोभन दे रहे हो। बताने की ज़रूरत नहीं कि उन्होंने चुपचाप मकान मालिक की

दूसरी या तीसरी पीढ़ी के उत्तराधिकारी को चाबी सौंपी और तीन दशकों से अधिक समय वहाँ (मुम्बई) रहने के बाद बेंगलुरु चले गये। उनके कमरे में पुस्तकों का ढेर देखकर लगता कि वह पुस्तकों के बीच रहते, सोते हैं। पर, एक–एक चीज़ करीने से रखी। साफ़–सुथरी व व्यवस्थित। उनके कमरे को देखकर मोहम्मद करीम छागला के अद्भुत संस्मरण 'रोजेज इन दिसम्बर' (दिसम्बर में गुलाब) का एक प्रसंग सजीव हो जाता। राधाकृष्णन राष्ट्रपति थे। दार्शनिक। उनके कमरे में बिस्तर या चौकी (बेड) पर किताबों का ढेर होता। बग़ल में वह सोते। कोई उन पुस्तकों के ढेर साफ़ करना चाहता, तो वह मना कर देते। कहते, इन पुस्तकों को मैं अपने ढंग रखता हूँ। इस व्यवस्था में ही एक आत्मीयता–राग है। यह जैसे है, वैसे ही रहने दें। इसी तरह नारायण दत्त जी के पुस्तकों के ढेर देखने में अद्भुत आन्तरिक उल्लास होता। उनके साथ होने से आध्यात्मिक आनन्द का अहसास रहता। वह गुरुकुल से पढ़े थे।

आर्य समाज और गाँधी का गहरा असर था। पर, वह अनीश्वरवादी थे। एक बार ऐसी ही एक मुम्बई यात्रा में उनसे अनुरोध किया कि भाई साहब, 'नवनीत' के पुराने अंक मुझे दीजिए। एक क्षण ग़ौर से उन्होंने मुझे देखा और कहा–'कौन अब इसको पढ़ता है या याद रखता है? मैं घर से बहुत चीज़ें हटा चुका हूँ। जीवन में चीज़ें समेट रहा हूँ। कुछेक बची हैं, तुम ले जाओ।' 'नवनीत' के वे कुछ दुर्लभ अंक आज मेरे निजी संकलन की पवित्र धरोहरों में से हैं। सम्पादन कला की श्रेष्ठता का नमूना। विश्व की सर्वश्रेष्ठ कृतियों का अनुवाद, वह इस पत्रिका में छापते थे। मनुष्य के मर्म को ढूँढ़ने वाली कृतियाँ। इस पत्रिका के नैतिक पाठ आभा–संस्कार ने अपने दौर के अँधेरे में वह रोशनी प्रज्वलित की, तो आज भी राह दिखाती है।

'नवनीत' में जिन पुस्तकों की समीक्षा छपती, उन पुस्तक को वह पूरा पढ़ चुके होते। 'नवनीत' में वह हमेशा दूसरों से लिखवाते। पर, एक–एक शब्द ख़ुद देखते। सख़्त सम्पादन। कहीं अपना नाम नहीं देते थे। 'नवनीत' के बाद वह 'पीटीआई हिन्दी फीचर सर्विस' के प्रमुख (1981–1993 तक) रहे। अपने समय की सर्वश्रेष्ठ फीचर

सर्विस। वह जिस काम को सँभालते, उस पर उनकी छाप होती। 'धर्मयुग' में भी काम किया। हम में से किसी को वहाँ काम करते सम्पादन या शब्दों के चयन में शंका होती, तो भाई साहब हमारे चलते–फिरते ज्ञानकोश थे। 'प्रभात ख़बर' में प्रायः लिखते रहे। 'हिन्दू' अख़बार या दक्षिण भारत के अन्य श्रेष्ठ लेखों का अनुवाद कर 'प्रभात ख़बर' में भेजते रहे। 'प्रभात ख़बर' में उन्होंने एक लम्बा लेख लिखा कि कैसे उत्तर भारत के लोग, दक्षिण के नामों का ग़लत ढंग से उच्चारण करते हैं या लिखते हैं। उनकी देख–रेख में निकली पुस्तक 'नवनीत सौरभ' संकलन योग्य दुर्लभ पुस्तकों में से है। अब तो शायद मिले भी न।

परिवार और समाज आज जिस नैतिक द्वन्द्व और मूल्यों के संकट से गुज़र रहे हैं, उसमें राह दिखाने वाली पुस्तक। बनारसी दास चतुर्वेदी के पत्रों का दो खण्डों में श्रेष्ठ सम्पादन अपने युग की कथा है। ये कृतियाँ पीढ़ियों या समाज को नये संस्कार या मूल्य देने वाली हैं। पर, आशय यह बताना नहीं है कि नारायण दत्त जी कहाँ–कहाँ रहे और क्या किया या वह किस तरह के मनीषी या ऋषि सम्पादक थे या उनकी विद्वता क्या थी? उनसे पहली मुलाक़ात हुई 1977 में। स्वर्गीय गणेश मन्त्री जी के सौजन्य से। हम सब 'धर्मयुग' में काम करते थे। गणेश मन्त्री अत्यन्त प्रखर, तेजस्वी और ईमानदार पत्रकारिता के प्रतिमान थे। नारायण दत्त जी तब 'नवनीत' के सम्पादक थे। ताड़देव (मुम्बई) की उस पुरानी इमारत की पहली मंज़िल पर था, 'नवनीत' का दफ़्तर। बाहर उनके सहयोगी बैठते थे और भीतर के कमरे में खुद नारायण दत्त जी। किताबें और काग़ज़ से भरा कक्ष। वहीं गणेश जी और विश्वनाथ सचदेव ('धर्मयुग' के पूर्व सम्पादक) हमें ले गये और भाई साहब (नारायण दत्त जी) से मिलाया।

यह 1977 बरसात की बात है। मुम्बई की बरसात यादगार होती है, इसलिए बरसात की इस मुलाक़ात की स्मृति रह गयी। तब तक सुन चुका था कि जयप्रकाश जी ने नारायण दत्त जी से मिलने की इच्छा प्रकट की थी। नारायण दत्त जी स्वभाव से संकोची थे।

मौजूदा पत्रकारों के बिल्कुल विपरीत। जयप्रकाश जी ने इमरजेंसी में एक कविता लिखी थी। चिड़िया को प्रतीक बना कर। एक था चिड़ा, एक थी चिड़ी। शायद कुछ ऐसा ही। अपनी यह कविता, प्रकाशन के लिए उन्होंने कुछ सम्पादकों को भेजी। पर, इस कविता के महत्त्व पर किसी ने ग़ौर नहीं किया। इमरजेंसी में लिखी गयी कविता थी। प्रतीक के तौर पर नारायण दत्त जी ने इसे बहुत सुन्दर तरीक़े से 'नवनीत' में छापा। इसके महत्त्व को देख कर। मृत्युशय्या पर पड़े जयप्रकाश जी को लगा कि इस भीड़ में कोई व्यक्ति है, जो मेरे मनोभाव को पहचान सका है। उन्होंने नारायण दत्त जी को आमन्त्रित किया। भाई साहब संकोच के साथ मिलने गये। जेपी से कहा, मैं मुख्यधारा का पत्रकार नहीं हूँ।

मुम्बई छूटी। हैदराबाद रहा, कुछेक दिनों के लिए पटना भी। फिर कलकत्ता (कोलकाता) वगैरह। पटना में भी वह मिलने आये और कोलकाता भी साथ रहने आये। 1980–81 की घटना है। मुम्बई में वह गोरेगाँव से लौट रहे थे। होली का दिन था। उन्हें आँख में कंकड़ से चोट लगी। इससे वह आजीवन परेशान रहे। तब बाम्बे अस्पताल (मुम्बई) में उनकी आँख का ऑपरेशन हुआ। उनके साथ रात में हम कुछ मित्र क्रमवार रहते थे। वह बार–बार मना करते। पर हम सब रहते। वह अस्पताल में ही थे कि एक दिन 'टाइम्स' के 'धर्मयुग' दफ़्तर (तब 'धर्मयुग' का दफ़्तर टाइम्स बिल्डिंग की चौथी मंज़िल पर था) में अचानक एक दोपहर देखा कि 4–6 लोग आ रहे हैं। दो लोग आगे हैं और उनके पीछे कम्पनी के तत्कालीन महाप्रबन्धक और कई बड़े प्रभावी लोग। निगाह उधर अटक गयी। आगे चल रहे व्यक्ति एक पुर्जा लिये हुए थे। उन्होंने पास खड़े एक व्यक्ति से पूछा कि 'धर्मयुग' में हरिवंश, अनुराग चतुर्वेदी और राजन गाँधी कौन हैं? हम मामूली लोग हतप्रभ थे कि हमारे ये असाधारण अतिथि कौन हैं, जिनके पीछे हमारी कम्पनी के बड़े और प्रभावी लोग पंक्तिबद्ध खड़े हैं। पता चला कि वह प्रधानमन्त्री इन्दिरा जी के प्रेस सलाहकार एचवाई शारदा प्रसाद जी हैं। अपने छोटे भाई नारायण दत्त जी को देखने मुम्बई अस्पताल आये थे। नारायण दत्त जी ने हम

सबका नाम बताया। उन्होंने कहा कि हम इन तीन लोगों से मिलेंगे और नारायण दत्त की देखरेख के लिए उन्हें धन्यवाद देंगे। हम तो जड़ और स्तब्ध थे, क्योंकि एचवाई शारदा प्रसाद जी का नाम सुना था। महत्त्व जानते थे। उनकी नैतिकता–विद्वता और पद का डंका बजता था। हड़बड़ाहट में हमने उनसे सामने की मामूली कुरसी पर बैठने का आग्रह किया। वह बैठे। तब 'टाइम्स' में 10 पैसे वाली चाय मिलती थी। वही हम लोगों ने उन्हें ऑफर किया। उन्होंने बैठकर चाय पी और बहुत धन्यवाद दिया।

आज जब वह तहजीब याद करता हूँ, तो विन्ध्य के उत्तर की संस्कृति और विन्ध्य के दक्षिण की संस्कृति का फ़र्क़ कुछ और अच्छी तरह समझ में आता है। हर सप्ताह या पन्द्रह दिनों में नारायण दत्त जी फोन करते। पूछते कि यह पढ़े हो? अमुक किताब देखी है? 'हिन्दू' का यह लेख है। चाहो, तो अनुवाद कर भेज दूँ। हम जैसे लगभग अयोग्य लोग अगर जीवन में कुछेक सीढ़ी चढ़ सके, तो वह कन्धा नारायण दत्त जी जैसे लोगों का ही रहा। वह इनसान की ऊँचाई का पैमाना थे। कभी किसी के बारे में न शिकायत, न पीठ पीछे चर्चा। उनकी विनम्रता में भी एक सात्त्विक गम्भीरता और मर्यादा रहती थी। प्रायः बेंगलुरु जाता, तो उनसे मिलता, बल्कि बेंगलुरु जाने का वह एक आकर्षण थे। वह अकेले रहते थे। पास में ही भाई–बहन का घर था। पर, कहते निजी स्वतन्त्रता मुझे प्रिय है। जब तक ख़ुद अपने पैरों पर खड़ा रह सकता हूँ, अकेले रहना चाहता हूँ। बाद के दिनों में छोटे भाई उन्हें घर पर ले गये। फिर भी वह दिन में कोशिश करते कि जेपी नगर के अपने किराये के कमरे में आकर रहें। किसी के आने पर ख़ुद चाय बना कर पिलाते। चाहे भारतीय संस्कृति की बात हो या आज़ादी की लड़ाई की चर्चा, उतना पढ़ा या जानकार व्यक्ति हमें दूसरा नहीं मिला।

बहुत पहले जब मुम्बई रहना होता था, तो एक बार उनके साथ बैठ कर सूची बनायी कि गाँधी कैसे पारस पत्थर थे कि उनके स्पर्श से मिट्टी भी सोना बनी। लगभग आठ लोगों के नाम की हमने एक सूची बनायी, जो योग्यता, प्रतिभा, त्याग में कहीं नेहरू से कम

नहीं थे। जिन लोगों को नेहरू अपने मन्त्रिमण्डल में रखना चाहते थे, लेकिन इनमें से कोई उनकी सरकार में नहीं गया। समाजसेवा में लगा रहा। भाई साहब की स्मृति अद्‌भुत थी। कम लोग होते हैं, जिनसे मिलने की उत्सुकता होती है। बेंगलुरु जाता, तो वह पुराने ढंग के एक कन्नड़ रेस्त्राँ में ले जाते, जहाँ की कॉफी बहुत उम्दा थी। फिर देश–दुनिया की बातें। लगभग चार माह पहले बेंगलुरु में उन्हें देखा, तो धक्का लगा। वह दुबले–पतले तो पहले से ही थे और कमज़ोर हो गये थे।

नारायण दत्त जी को देश के बड़े पुरस्कार मिले। राजीव गाँधी ने उन्हें सम्मानित किया। अटल जी ने सम्मानित किया। उत्तर प्रदेश सरकार ने सम्मानित किया। उन्हें गणेश शंकर विद्यार्थी सम्मान भी मिला। पर, इन सभी सम्मानों से वह ऊपर थे। वह हमारे श्रद्धेय कृष्णबिहारी जी (प्रख्यात साहित्यकार, मनीषी और निबन्धकार) के अत्यन्त आत्मीय रहे। दोनों के बीच की बातचीत को सुनना, मनुष्य की ऊँचाई–श्रेष्ठता के एक नये प्रतिमान को जानना था। टीएस इलियट ने लिखा है–मेरे प्रारम्भ में ही मेरा अन्त था। हम सब पैदा हुए हैं। हम सब के आरम्भ में ही हमारा अन्त भी है। आदमी सिर्फ़ जीवन ही नहीं जीता, मृत्यु भी जीता है। पर, नारायण दत्त जी का जाना निजी सन्दर्भ में एक ऐसी क्षति है, जिसने इनसान की ऊँचाई के एक जीवन्त प्रतीक को उठा लिया है। जिन लोगों से पत्रकारिता सीखी, संस्कार–मूल्य सीखे, उनमें से कई अब नहीं रहे। धर्मवीर भारती, गणेश मन्त्री, अजीत भट्टाचार्य, प्रभाष जोशी, सुरेंद्र प्रताप सिंह, उदयन शर्मा, श्यामा प्रसाद, 'प्रदीप' वगैरह। पर, नारायण दत्त जी के होने से लगता था कि एक अलग मानवीय और सात्त्विक दुनिया का जीवन्त साक्ष्य आसपास मौजूद है। पर, चार दिन पहले वह भौतिक शरीर भी नहीं रहा।

**(2014)**

# साहस की प्रतिमूर्ति : गोयनका जी

रामनाथ गोयनका की मौत सामयिक इतिहास के उस जीवन्त अध्याय का पटाक्षेप है, जिसमें शौर्य, पराक्रम और संघर्ष के साथ व्यवस्था के ख़िलाफ़ अकेले खड़े हो जाने की घटनाएँ दर्ज हैं। हम उस पीढ़ी में पले–बढ़े, जब पौरुष के प्रतीक और धारा के ख़िलाफ़ चलने वालों का आत्मबल अद्भुत रूप से आकर्षित करता था। इतिहास बनाने वालों में एक आकर्षक सम्मोहन होता है। उनमें भी था। रामनाथ गोयनका का देशज पौरुष, हमारी पीढ़ी में चर्चा–प्रशंसा का विषय रहा।

बगैर मिले ही वह हमारी पीढ़ी के नायक के रूप में मन में रहे। 1974–77 के दौर के युवाओं का सपना, आकर्षक और लक्ष्य आज जैसा दिशाहरा और पथच्युत नहीं था। इस कारण पहली बार रामनाथ जी को देखा तो पूरा परिवेश और उनका छलकता आत्मविश्वास देखकर मुग्ध रह गया। 7 नवम्बर, 1976 को विद्यार्थी की हैसियत से पटना स्थित जेपी के निवास कदमकुआँ पर गया था।

उस दौर में जेपी के घर पहुँचना किसी दुश्मन देश की सीमा पार करने जैसा था। वहाँ पहुँचा, तो पाया, दो लोग पहले से मौजूद थे, रामनाथ गोयनका और 'स्टेट्समैन' के सीआर इरानी। यह किसी दूसरे ने बताया। दूसरी बार 1978 में अख़बारनवीस के रूप में देखा। मुम्बई स्थित एक्सप्रेस टॉवर की 26वीं मंज़िल पर। वह जेपी की कुर्सी के नीचे फ़र्श पर बैठे थे। तब सत्ता पलटने के आत्मसुख से दमकता उनका चेहरा देखा। जेपी की नाजुक स्थिति (जब उनकी मृत्यु की सूचना प्रसारित हो गयी थी) में जसलोक अस्पताल परिसर में बेचैन

घण्टों घूमते देखा। तीनों बार नज़दीक से देखा, पर कोई औपचारिक परिचय नहीं रहा।

सुभाष बाबू से सामीप्य रहा। अख़बार निकालने के दौरान, कांग्रेस नेताओं से प्रगाढ़ता रही। आज़ादी की लड़ाई में सक्रिय रहे। कांग्रेस के नेताओं से प्रगाढ़ता के प्रसंग, तो जगजाहिर है, पर कम लोगों को मालूम है कि कांग्रेस के वरिष्ठ, दिग्गज नेताओं और अंग्रेज़ों की आँख की किरकिरी बने फिरोज गाँधी उनके यहाँ काम करते थे। जेपी से उनकी निकटता चर्चा का विषय थी। पर, अपने व्यक्तित्व के इन पहलुओं के कारण वह कम स्मरण किये जायेंगे।

दरअसल, रवींद्रनाथ टैगोर के सपने 'एकला चलो रे...' को उन्होंने चरितार्थ किया था, आपातकाल में। जब श्रीमती गाँधी ने प्रेस को पंगु और नंपुसक बना दिया, तब सिर्फ़ एक संस्थान ही तन कर खड़ा रहा। जीवन–मौत से संघर्ष कर रहे, रोगशय्या से रामनाथ जी ने वह साहस दिखाया, जिसे तब सुनकर हमारी पीढ़ी के युवाओं में नया उमंग–उत्साह पैदा हुआ। उन्हीं दिनों हमने अफ़वाह की शक्ल में सुना कि रामनाथ जी ने कहा कि वह घर (कोलकाता) से मद्रास, लोटा लेकर गये थे, वह अपनी पूरी अर्जित साम्राज्य को दाँव पर लगाकर भी नहीं झुकेंगे।

1977 में सूचना मन्त्री की हैसियत से आडवाणी जी ने कहा था कि पत्रकारों को झुकने के लिए कहा गया, तो वे रेंगने लगे। उस दौर का पूरा इतिहास कितना श्रीहीन, नीरस और शर्म का विवरण होता, अगर रामनाथ जी व एक्सप्रेस समूह न होते। प्रेस मालिक के रूप में, तो रामनाथ जी ने स्पष्ट कर दिया कि मुनाफे या निजी लाभ के लिए वह अख़बार नहीं चला रहे। उनके अख़बार संचालन के पीछे मुकम्मल दृष्टि थी। सत्ता के आगे भय से समर्पण की आहट नहीं थी। लगातार पत्रकारिता के माध्यम से व्यवस्था को माँजने–तराशने का काम वह समूह करता रहा।

उन्हें और उनके परिवार को 'मीसा' में गिरफ़्तार करने की धमकी दी गयी। उन्हें ओछी हरक़तों से विदेश जाने से रोका गया। एक्सप्रेस समूह पर छापे मारे गये। राजीव गाँधी राज में आयकर

से लेकर दूसरे आरोपों के तहत लगभग तीन सौ मामले दर्ज किये गये। उनके अख़बार में हड़ताल करायी गयी। मुम्बई के कुख्यात ट्रेड यूनियन नेता दत्ता सामन्त ने एक्सप्रेस समूह बन्द कराने की ज़ोर आजमाइश की। पर, इस संघर्ष से निखर कर ही रामनाथ गोयनका के नेतृत्व में एक्सप्रेस समूह उभरा। जब सारी लोकतान्त्रिक संस्थाएँ अपनी भूमिका में लड़खड़ाने लगी, तो फ्रैंक मोरेस, एस मुलगावकर, कुलदीप नैयर, अजीत भट्टाचार्य, अरुण शौरी, प्रभाष जोशी जैसे दिग्गज उस संस्थान से जुड़े रहे या जुड़े हैं। आज जब चौतरफ़ा अन्धकार और दिशाहीनता का दौर है। तब रामनाथ जी जैसे व्यक्ति का न रहना अपूरणीय क्षति है। उनकी जीवटता, साहस और संकल्प को नमन।

**(1991)**

# पत्रकारिता के प्रेरणास्रोत : जीतेन्द्र बाबू

लुम्बिनी, सारनाथ, कोणार्क, नालन्दा, चम्पारण, वह बार–बार लौटते थे, यायावर थे। बुद्ध, गाँधी, जेपी आज़ादी की लड़ाई से जुड़ी स्मृतियों से उन्हें आन्तरिक ऊर्जा मिलती थी। उस जीतेंद्र बाबू को जाना कैसे? आरम्भिक परिचय और वह भी एक साप्ताहिक पत्रिका के माध्यम से। बिहार या उत्तर प्रदेश में नहीं मुम्बई (तब मुम्बई) में। नयी नौकरी, उत्साह नया, 'धर्मयुग' में काम शुरू किया। मुम्बई, बोरी बन्दर स्थित 'टाइम्स ऑफ़ इंडिया' के चौथे फ्लोर पर पत्रिकाओं के दफ़्तर थे। 'धर्मयुग', 'इलस्ट्रेटेड वीकली', 'माधुरी', 'सारिका', 'फ़िल्मफेयर' वगैरह। पत्रिकाओं के पुराने अंक पलटने के लिए हम आतुर थे। किसकी बढ़िया रिपोर्ट छपी? कौन–कौन लिखता है? 'धर्मयुग' की पुरानी फ़ाइलें पलटने के क्रम में '67 के बिहार अकाल की रपटें पढ़ीं। पलामू में अकाल। सूखे में जेपी की सक्रियता पर जीतेंद्र बाबू द्वारा लिखित। कई अंकों में मर्मस्पशी रपटें बार–बार पढ़ीं। उस अकाल पर बड़े–बड़े लोगों ने 'डिस्पैच' लिखे। पर, जीतेन्द्र बाबू द्वारा लिखित रपटों जैसी कसक, मर्मस्पर्शी तथ्य और ऐतिहासिक भाव कहीं और नहीं मिले। उन्हीं रपटों को पढ़कर पता किया, कौन हैं जीतेंद्र बाबू? क्या बैकग्राउंड है। गणेश मन्त्री जी से पूछा? डॉ. धर्मवीर भारती से चर्चा की।

कभी–कभार मुम्बई से पटना आना होता था। शंकरदयाल जी के यहाँ जीतेंद्र बाबू से पहली मुलाक़ात हुई। वह काशी हिन्दू विश्वविद्यालय से ही पढ़े थे, जहाँ का मैं भी छात्र रहा। पूरी बातचीत में उन्हें पलामू की रपटों के बारे में ही पूछता रहा। मुम्बई छूटी। कोलकाता 'रविवार' में रहा, तो भी मिलना होता। वह देवेंद्र बाबू, कोइराला परिवार, उपेन्द्र

महारथी परिवार, शंकरदयाल जी, कर्पूरी जी से जुड़े थे। गहरे और आत्मीय ढंग से। इन जगहों पर भेंट होती। 'प्रभात ख़बर' में आने पर बड़े आग्रह से उनका स्तम्भ शुरू कराया। अपने स्तम्भ के एक–एक शब्द के बारे में वह चौकस रहते थे। अत्यन्त संवेदनशील और विनयी। इतिहास दृष्टि उन्हें प्रकृति की सौगात थी। हर मुलाक़ात में उन्हें पलामू अकाल की रपटों को पुस्तकाकार देने का आग्रह करता। आश्वस्त करते, ज़रूर करूँगा। वह काम में परफेक्शनिस्ट थे। उनके पास हिन्दी के साहित्यकारों के अद्भुत अनुभव थे। बड़े राजनेताओं के जीवन के अनेक अनजाने–विशिष्ट पहलू। उन्हें संस्मरणों में उकेरने का आग्रह किया। राजगीर, लुम्बिनी, नालन्दा, सारनाथ वगैरह के बारे में जब वह सुनाते, तो आप सुध–बुध खो सकते थे। इतिहास–संस्कृति के छात्र ही नहीं थे, इस विषय को ही अपने अध्ययन–ज्ञान का संसार बना लिया था। उनका अपरिग्रही व्यक्तित्व और स्वाभिमान, विनयी आचरण ऊर्जा स्रोत थे।

अब लगता है, उन्हें जानना पत्रकारिता की पुरानी सात्त्विक दुनिया से रू–ब–रू होना था। कहाँ वह पवित्रता और कहाँ आज का त्रासद वर्तमान। आज के हम पत्रकार कैसे हैं? अपवाद प्रतिभाएँ व समर्पित लोग आज भी हैं, पर अधिसंख्य का ज्ञान संसार से सरोकार नहीं। विनय की जगह अहंकार–उदण्डता, जीवन, पाखण्ड में डूबा। कई बड़े पत्रकार–सम्पादकों को नज़दीक से देखा। जानता हूँ। दिल्ली से लेकर छोटे शहर तक। उपदेश देते घूमते हैं। विदेशों में छुट्टियाँ मनाते हैं। फाँका मस्ती करते थे। अब समृद्धि में खेलते हैं। शर्म, इसलिए नहीं कि विचार, संस्कार से सरोकार नहीं रहा।

भारतीय पत्रकारिता का उतारकाल (1990) है। इन दिनों सौदेबादी की पत्रकारिता, ट्रांसफर–पोस्टिंग–दलाली, ब्लैकमेलिंग की पत्रकारिता की चर्चा होती है। ऐसे दौर में पत्रकारों को जो अपने पेशे के प्रति प्रतिबद्ध हैं, जीतेंद्र बाबू जैसे लोगों से ही प्रेरणा मिलेगी।

**(2003)**

# गाँधीवादी पत्रकार : अजीत बाबू

जिन श्रेष्ठ पत्रकारों ने रास्ता दिखाया, स्नेह दिया और हर अँधेरे में ताक़त दी, उनमें से एक–एक कर गुज़र रहे हैं। शिरोमणि पत्रकार अजीत भट्टाचार्य का निधन एक ऐसे ही प्रकाश स्तम्भ का बुझना है। प्रभाष जी के अप्रत्याशित और अचानक निधन के बाद अजीत बाबू का जाना, एक दौर का अवसान है। वह दौर जिसने पत्रकारिता को बदलाव का माध्यम माना। अपने समय, देश और काल की परिस्थितियों में हस्तक्षेप का माध्यम बनाया। अपने पारदर्शी और प्रामाणिक कामकाज से हालात में बदलाव की कोशिश की।

तब हम विद्यार्थी थे। सन 1976–77 की बात है। जेपी ('एवरीमैन' और 'प्रजानीति') साप्ताहिक प्रकाशन शुरू कर रहे थे। बदलाव की ताक़तों और आन्दोलन की बात कहने के लिए। तब पढ़ा कि मुम्बई 'टाइम्स ऑफ़ इंडिया' से वरिष्ठ पत्रकार अजीत बाबू नौकरी छोड़कर इसके सम्पादन में लगेंगे। उनके प्रति, उनसे मिले बगैर पहली श्रद्धा की यह शुरुआत थी। विद्रोह और बग़ावत का रास्ता चुनना कितना कठिन होता है, यह बाद में जाना। पर, तब इतना ही समझ सका कि श्रेष्ठ अंग्रेज़ी दैनिक 'टाइम्स ऑफ़ इंडिया', जो वेतन और सुविधाओं की दृष्टि से भी सबसे बेहतर, प्रामाणिक और श्रेष्ठ संस्थान था, छोड़कर एक आदमी कैसे अनिश्चित डगर पर पाँव रखता है।

पत्रकारिता वैसे भी जोखिम भरा पेशा है। तब और था। नौकरी के स्थायित्व और वेतन, सुख–सुविधाओं की दृष्टि से सबसे उपेक्षित। फिर भी 'टाइम्स ऑफ़ इंडिया' की नौकरी तब सर्वश्रेष्ठ मानी जाती

थी। सुरक्षित भी। उसे छोड़कर अपनी आत्मा की आवाज़ सुनना और उस पर चलना कठिन था। वह राह अजीत बाबू ने चुनी। इससे भी बड़ा जोखिम का काम था, तत्कालीन सर्वसत्तावादी और एकछत्र सत्ता आतंक के ख़िलाफ़ खड़ा होना। इन्दिरा गाँधी और संजय गाँधी के उदय का दौर था। अजीत बाबू का जो पहला लेख पढ़ा था, आज बरबस वह याद आया। 12 जून, 1975 को (शायद) इन्दिरा गाँधी के ख़िलाफ़ इलाहाबाद हाई कोर्ट का फ़ैसला आया। उस दिन तीन महत्त्वपूर्ण घटनाएँ एक साथ हुई थीं, जिन्होंने देश की राजनीति पर असर डाला। अजीत बाबू ने उस लेख में लिखा था कि उस दिन वह जेपी के साथ गर्म और तपती धूप–लू में आरा (शायद) की यात्रा पर थे।

एक पत्रकार कैसे अपने कनविक्शन (आस्था) को तरजीह देता है, सब कुछ छोड़कर, इस राह के वह अगुवा लोगों में थे। संयोग से कुछेक वर्ष बाद ही 'टाइम्स ऑफ़ इंडिया' मुम्बई में ट्रेनी जर्नलिस्ट के रूप में (हिन्दी) चुना गया। वहाँ बड़े–बड़े पत्रकार–सम्पादक पढ़ाने आते थे। एक दिन अपने कोर्स डायरेक्टर पतंजलि सेठी से अनुरोध किया कि क्या वह अजीत बाबू को हम छात्रों से बातचीत के लिए आमन्त्रित करेंगे? यह थी हम युवा पत्रकारों पर अजीत बाबू की छाप। फिर उनसे लम्बा सम्पर्क बना, उनके साथ कई यात्राएँ कीं। शिविर में साथ रहे। वह, प्रभाष जी और न्यायमूर्ति पीवी सावन्त (अवकाश प्राप्त सुप्रीम कोर्ट के जज और प्रेस काउंसिल के पूर्व चेयरमैन) कई बार 'प्रभात ख़बर' के निमन्त्रण पर राँची आये।

जेपी के गाँव में हमने उन्हें जेपी मेमोरियल लेक्चर देने के लिए आमन्त्रित किया। वे गाँव आये, असुविधाओं के बीच रहे। गाँधीवादी पत्रकार, नितान्त सादा रहन–सहन, खान–पान। पर, अत्यन्त सजग और सावधान दृष्टि। जेपी की प्रामाणिक जीवनी लिखने वालों में से वे एक थे। शेख़ अब्दुल्ला और कश्मीर पर प्रामाणिक काम उन्होंने किया था। उनकी शिक्षा–दीक्षा, विद्यार्थी जीवन की शुरुआत तत्कालीन पश्चिम भारत (अब पाकिस्तान) में हुई।

वह जब प्रेस इंस्टीट्यूट ऑफ़ इंडिया के डायरेक्टर बनें, तो ग्रासरूट की पत्रकारिता को प्रशिक्षित और मज़बूत बनाने का अभियान चलाया। हिन्दी 'विदुरा' (पत्रकारिता विधा की एक मात्र प्रामाणिक पत्रिका) के हिन्दी संस्करण के सम्पादन का दायित्व मुझे दिया। यह जानते हुए भी कि मैं दिल्ली से दूर हूँ। मेरी सीमा है। पर, उनका तर्क था कि पत्रकारिता को माँजने, सँवारने और बेहतर करने का काम ग्रामीण इलाक़ों से ही किया जाना चाहिए। ग्रामीण क्षेत्र ही असली भारत है। देश दिल्ली में नहीं बसता।

उनका पैशन था कि क्षेत्रीय, कस्बाई और ग्रामीण पत्रकारों को कैसे श्रेष्ठ ट्रेनिंग दी जाये। इस सिलसिले में वे कई बार 'प्रभात ख़बर' आये और पत्रकारों के प्रशिक्षण में भाग लिया। एक बार वह आये, तब बुण्डू में एक व्यक्ति नरेगा स्कीम के तहत समय से मज़दूरी न मिलने के कारण आत्महत्या कर चुका था। उन्हें घटना की जानकारी मिली। उन्होंने कहा, अगली सुबह मैं अकेले उस गाँव में जाना चाहूँगा। साथ में केवल एक क्षेत्रीय संवाददाता रहेगा। वह अच्छी तरह हिन्दी नहीं जानते थे। फिर भी वह गाँव गये, तब उनकी उम्र 75 से ऊपर रही होगी। 'प्रभात ख़बर' के लोगों को आकर बताया कि ऐसे विषयों की रिपोर्ट कैसे की जानी चाहिए। वह अच्छी तरह हिन्दी नहीं बोल पाते थे। पर, उनमें क्षेत्रीय पत्रकारिता के स्तर को सुधारने पर अद्‌भुत संकल्प था।

उधर, अंग्रेज़ी अख़बारों में उन्होंने नयी बहस शुरू की। पेज तीन की पत्रकारिता पर। इसके बाद एक अंग्रेज़ी अख़बार (दिल्ली से प्रकाशित) ने 1998 से 2002 के बीच पेज तीन की पत्रकारिता पर बीसियों लेख लिखे। उनकी पहल पर प्रेस काउंसिल के मंच या अन्य समानधर्मा संस्थाओं के साथ वह और प्रभाष जी देश के विभिन्न हिस्सों में जाकर, पेज तीन की पत्रकारिता और मौजूदा हालात के बारे में बोलते थे। पत्रकारों की गोष्ठियों में, सेमिनारों में जाते थे। ग्रामीण पत्रकारों की गोष्ठियाँ आयोजित कराते और सार्वजनिक व्याख्यान में भाग लेते थे। आज मामूली अख़बार में लाखों रुपये की तनख़्वाह पर काम करने वाले अनेक पत्रकार हैं।

जब अजीत बाबू जैसे लोग पत्रकारिता में सक्रिय थे, तब 10–15 हज़ार पाने वाले देश में चन्द लोग ही थे। आज तो करोड़ों पाने वाले देश की पत्रकारिता में अनगिनत हैं। वैध तरीक़े से तनख़्वाह के रूप में। अवैध या राडिया संस्कृति की राह न अपनाने वालों की भी बड़ी जमात है, जो करोड़ों में कमा रही है। तनख़्वाह के रूप में। पर, पत्रकारिता का जो सत्त्व, पहचान और असर अजीत बाबू के युग में था, आज उसके पासंग में भी नहीं है।

देश के सबसे बड़े अंग्रेज़ी अख़बार के सम्पादक रह कर भी, वह विशिष्ट नहीं बने, सामान्य ही रहे। मामूली ख़बरें या किसी मॉडल द्वारा क्रिकेट में भारत के विश्वविजयी बनने पर नंगा होकर दौड़ने की बातों को आज अख़बारों में बड़ी जगह मिलती है। तब अजीत बाबू के गुज़रने की चर्चा अख़बारों में महज़ कुछ पंक्तियों में हो, तो इससे कोई आश्चर्य नहीं होता। पर, आज ही के अख़बार में यह भी ख़बर है कि अन्ना हज़ारे जैसे लोग अब अपना जीवन दाँव पर लगा रहे हैं। किन सवालों के लिए? जो देश के बुनियादी मुद्दे हैं। मसलन भ्रष्टाचार। तब एक ऐसे आदमी का गुज़र जाना, जो राजस्थान के गाँव (तिलौनिया) जाकर सूचना अधिकार आन्दोलन के लिए अपने जीवन को भी दाँव पर लगा देता था, एक बड़ी क्षति है। उनकी स्मृति को प्रणाम। 'प्रभात ख़बर' को हमेशा जिन लोगों ने हर संकट में मनोबल बढ़ा कर भिन्न पत्रकारिता करने की सूझ और ऊर्जा दी, उनमें से एक बड़े स्तम्भ अजीत बाबू के न रहने पर 'प्रभात ख़बर' की उन्हें विनम्र श्रद्धांजलि।

**(2011)**

# 'महाजनो येन गतः सा पन्था'

बचपन में यह कहावत सुनी। बाड़ (बृहद् हिन्दी शब्दकोश के अनुसार बाड़ का अर्थ है, फसल की रक्षा के लिए बनाया हुआ काँटे, बाँस आदि का घेरा) इसलिए होता है कि वह खेत की सुरक्षा करे। खेत की फ़सल को बर्बाद न होने दे। पर, जब सुरक्षा के लिए बनी चीज़ ही बर्बाद करने पर तुल जाये तो? यही हाल होता है, जो झारखण्ड का हो रहा है। समाज को आगे या ऊपर ले जाने का दायित्व किसका है? किन पर है? राजनीति, नौकरशाही, बुद्धिजीवी वर्ग और पत्रकारिता वगैरह का ही न, पर झारखण्ड में क्या हुआ?

**राजनीति** : जो राजनीति समाज को शिखर पर पहुँचा सकती है, वही राजनीति इतनी सड़ी, दुर्गन्धमय और चरित्रहीन हो सकती है, यह झारखण्ड ने पूरे देश, दुनिया को दिखाया। झारखण्ड का सर्वनाश राजनीति ने ही किया है। हालाँकि यह भी किसी को संशय नहीं होना चाहिए कि राजनीति ही इसे ठीक भी कर सकती है, पर वह राजनीति भिन्न होगी। जो नेता फाँकाकसी करते थे, जो पंचायत स्तर की लियाक़त नहीं रखते थे, वे जब सत्ता के शीर्ष पर बैठ गये, तो क्या किया?

कुछेक लोगों के पैसे विदेशों में लगे। देश के अन्य राज्यों के कंस्ट्रक्शन उद्योग में झारखण्ड का धन लगा। भ्रष्टाचार के सारे रिकॉर्ड टूट गये। विधानसभा जैसी पवित्र संस्था अपनी भूमिका से विरक्त हो गयी। वहाँ नियुक्तियों की होड़ लग गयी। इन नियुक्तियों में भी भ्रष्टाचार के आरोप लगे। विधानसभा में कितनी कमेटियाँ बनीं और उनकी क्या उपयोगिता रही और उन पर क्या ख़र्च हुए, यह

जान कर लोग हैरत में होंगे। सरकार या व्यवस्था पर अंकुश लगाने का काम विधानसभा ने नहीं किया। सरकारें नियन्त्रणहीन और बद से बदतर होती गयीं। ख़ुद कांग्रेस के तत्कालीन प्रभारी अजय माकन ने झारखण्ड की बदहाली को गम्भीर माना।

उधर, अपराधी भी अनियन्त्रित होते गये। सरकारी योजना लूट का पर्याय बन गयी। राजनीति में उजड्डता, अज्ञानता, अकर्म सब गुण हो गये। लूट कला का ज्ञान अहम् बन गया। राजनीति जैसी पवित्र चीज़ बिचौलियों की, भ्रष्टाचारियों की, दलालों की, पैरवी करने वालों की, तिकड़म–षड्यन्त्र करने वालों की चेरी बन गयी। जो ग्राम प्रधान के क़ाबिल नहीं थे, वे राज्य की तक़दीर सँवारने के पदों पर बैठ गये। अब झारखण्ड को तय करना है कि यही राजनीति चलेगी या बदलेगी? नये झारखण्ड की कल्पना नयी राजनीति के गर्भ से ही सम्भव है।

**नौकरशाही** : यह नौकरशाही स्टील फ्रेम कही जाती है। इस संस्था की भूमिका देश जोड़ने में अद्‌भुत रही है। ईमानदार नौकरशाहों की बदौलत आज देश यहाँ पहुँचा है। झारखण्ड में भी अनेक अच्छे, ईमानदार और समर्पित आईएएस–आईपीएस हैं, पर वे निष्क्रिय बना दिये गये। झारखण्ड के दो आईएएस अफ़सरों के यहाँ छापे पड़े हैं, जो विवरण आये हैं, उनसे लगता है कि झारखण्ड में कोई शासन ही नहीं रह गया था। डॉ. राममनोहर लोहिया ने नौकरशाही को दूसरे नम्बर का स्थायी राजा कहा था यानी नेता और मन्त्री, तो आते–जाते रहते हैं, चुनाव में पराजित भी होते हैं, पर अफ़सर तो अपनी जगह बने रहते हैं।

स्पष्ट है कि सरकार की स्थायी पहचान या प्रतिनिधित्व, तो नौकरशाही ही करती है। वह संविधान–क़ानून की प्रहरी है। वही नौकरशाही भयमुक्त होकर ग़लत कामों में शरीक थी। झारखण्ड में अनेक ऐसे आईएएस हैं, डीसी हैं, जिनके यहाँ ऐसे छापे पड़ें, तो एक से एक बड़े राज खुलेंगे। एक सज्जन, एक ज़िले के डीसी थे। ख़ुद

अपने परिवार के नाम एक बेशकीमती भूखण्ड (बिल्डिंग) खरीदी। पता चला, पन्द्रह दिनों के लिए उन्होंने ज़मीन सम्बन्धी अपना अधिकार अपने एक पालतू अफ़सर को सौंप दिया था। बिहार विधानसभा ने कानून बनाकर केन्द्र सरकार के पास अनुमोदन के लिए भेजा है कि भ्रष्ट अफ़सरों की सम्पत्ति ज़ब्त हो, उनके ख़िलाफ़ भी स्पीडी ट्रायल के मुक़दमे चलें। क्या झारखण्ड इससे कुछ नहीं सीख सकता? आखिरकार झारखण्ड में जो लूट, कुव्यवस्था, अराजकता थी, इसकी क़ीमत इस देश–राज्य ने किस रूप में चुकायी है? नक्सल प्रभाव का सबसे मूल कारण यही अराजकता, अव्यवस्था है।

राज्य में लोग भूखे मरें, चिकित्सा की व्यवस्था न हो, पढ़ने के लिए अच्छी संस्थाएँ न हों और राज्य चलाने वाले राजनीतिज्ञ और नौकरशाह ख़ुद अपनी दुनिया समृद्ध करने में लगे रहें, आत्मकेंद्रित हो जायें, तो क्या हालात होंगे? वही न जो झारखण्ड का हो रहा है।

**पत्रकारिता** : यह लोकतन्त्र का चौथा स्तम्भ है। अन्य तीन स्तम्भों का वाच डॉग, प्रहरी या उन पर नज़र रखने वाला। दो दिनों पहले (2009) 'प्रभात ख़बर' में पूर्व प्रधानमन्त्री इन्दिरा गाँधी के समय प्रेस सलाहकार बने एचवाई शारदा प्रसाद पर लेख छपा है। पिछले साल 2 सितम्बर को वह नहीं रहे। उनके छोटे भाई नारायण दत्त जी (जो सबसे सम्मानित 'नवनीत' के सम्पादक रहे, जो ख़ुद विलक्षण और चरित्रवान पत्रकार हैं) ने ख़ासतौर से बेंगलुरु से 'प्रभात ख़बर' के लिए यह लेख भेजा। शारदा प्रसाद जी तीन–तीन प्रधानमन्त्रियों के प्रेस सलाहकार रहे। उनकी आभा, योग्यता और चरित्र यह था कि कैबिनेट सेक्रेटरी भी उनके सामने झिझकते थे। वह विद्वता और ज्ञान के पर्याय थे। वह उस दौर की पत्रकारिता के प्रतीक भी थे। तब टाइम्स हाउस में हमने काम करते हुए क़रीब से देखा श्यामलाल को, गिरिलाल जैन को, फिर कुलदीप नैयर के सान्निध्य में हम युवा आये। अजीत भट्टाचार्य को नज़दीक से

देखा, प्रभाष जी को देखा। बीजी वर्गीस का स्नेह मिला। अज्ञेय, धर्मवीर भारती के दौर में 'टाइम्स' में इनके साथ काम किया। रघुवीर सहाय को पास से देखा। इनके पहले के पत्रकारों को छोड़ दीजिए यानी आज़ादी की लड़ाई के राम राव, चलपति राव, देवदास गाँधी, मूलगाँवकर, तो ऋषिकोटि के थे ही। पर, इनके बाद के ये पत्रकार भी 24 कैरेट सोना थे या हैं। उनकी योग्यता, प्रतिबद्धता और दृष्टि में हम आज पासंग भी नहीं हैं। पीछे मुड़कर देखने पर लगता है, आज क्षेत्रीय और छोटे अख़बारों में जो तनख़्वाहें और सुविधाएँ हो गयी हैं, वह भी सत्तर–अस्सी के दशकों में इन बड़े पत्रकारों को नहीं मिलती थीं। टाइम्स ऑफ़ इंडिया ट्रेनिंग स्कीम, अपने दौर की सबसे प्रतिष्ठित योजना थी। उसमें आईपीएस और आईआईएम के लोग आते थे। वेतन की शुरुआत साठ के दशक में 350 रुपये से हुई। वह बढ़ते–बढ़ते पाँच सौ, साढ़े सात सौ और बाद में एक हज़ार तक पहुँची। इसी प्रशिक्षण योजना से गणेश मन्त्री, विक्रम राव, एमजे अकबर, विश्वनाथ सचदेव, सुरेंद्र प्रताप सिंह, उदयन शर्मा, विनोद तिवारी, विष्णु नागर, विक्रम बोरा जैसे पत्रकार निकले, जिन्होंने हुनर और कौशल से देश–दुनिया में अपनी पहचान बनायी। इन सब की वेतन, सुविधाएँ जो उन दिनों थीं, उनसे आज क्षेत्रीय अख़बारों के हालात बहुत बेहतर हैं। पर, क्यों नहीं हम एक भी ऐसा पत्रकार खड़ाकर पा रहे हैं, जो स्तर का हो।

धन कमाना अपराध नहीं है। भारतीय परम्परा भी इसे सही मानती है। धर्म, अर्थ, काम, मोक्ष के गुण हम गाते हैं। इस तरह अर्थ कमाना बुरी बात नहीं, पर वह ईमानदार तरीक़े से क्यों नहीं? आज पत्रकारिता में बढ़िया वेतन है। अगर आप में हुनर और कौशल है, तो आपके पीछे पैसे लेकर घूमने वाले लोग हैं। यह सब सही तरीक़े से सम्भव है और हो रहा है। पुरानी पीढ़ी के अनेक पत्रकारों ने ख़ूब पैसे कमाये। कैसे? अपनी प्रतिष्ठा से। उनकी किताबें हिट हुईं। देश–विदेश में उन्हें लिखने के अवसर मिले। आज अख़बारों

में वेतन सुविधाओं और नौकरी की सेवा शर्तों की दृष्टि से हालात काफ़ी बेहतर हैं, पर ज्ञान, चरित्र, दृष्टि में हम पत्रकार अपनी पहले की पीढ़ी के पत्रकारों के मुक़ाबले कहाँ हैं? उन्हें आज जैसा अर्थ कमाने का (ईमानदार तरीक़े से) मौका नहीं था?

आज कई मीडिया कम्पनियाँ मुनाफ़े में हिस्सा देती हैं। अच्छे लोगों को इनसेंटिव देती हैं, शेयर देती हैं, प्रोत्साहन राशि देती हैं। फिर भी पुरानी पीढ़ी की वह ईमानदारी, नैतिकता और ज्ञान हममें क्यों नहीं है? क्या हम पत्रकार इस पर कभी ग़ौर करेंगे? हमारा धन्धा क्या है? लाइजनिंग या फेवर लेना या सत्ता के पतन में साझीदार बनना या चुपचाप देखना?

इस देश में 'टाइम्स ऑफ़ इंडिया समूह', 'एचटी समूह', 'द हिन्दू', 'इंडियन एक्सप्रेस', 'आनन्द बाज़ार पत्रिका' वगैरह पत्रकारीय मूल्यों के वाहक (टॉर्च बियरर) रहे हैं। इन्हीं घरानों के मशहूर और वरिष्ठ पत्रकारों ने पत्रकारिता को नये मूल्य दिये। ज़रूरत है कि आज ये घराने फिर पहल करें और पत्रकारों के लिए कोड ऑफ़ इथिक्स (नीतिगत आचार संहिता) गढ़ें। ये समर्थ संस्थान ही पहल कर सकते हैं। निश्चित तौर पर अन्य अख़बार इनका अनुकरण करेंगे। ज़रूरत है कि पत्रकारिता सचमुच प्रहरी की भूमिका में लौटे, ताकि कोई राज्य झारखण्ड जैसी दुर्गति की स्थिति में न पहुँचे।

**उम्मीद की किरण** : जिनके कन्धों पर झारखण्ड सँवारने का दायित्व था, वे ही झारखण्ड की दुर्दशा में हिस्सेदार और कारण बन गये। इससे झारखण्ड में गहरी निराशा फैली। पर, बरसों बाद उम्मीद की किरण भी दिख रही है। सिर्फ़ एक ईमानदार, क़ानून की हिफ़ाज़त करने वाले राज्यपाल, के शंकरनारायणन के आगमन से हालात बदले हैं। राज्यपाल नारायणन का झारखण्ड में आना वैसा ही था, जैसे भारी परेशानी, बेचैनी, तबाही और उमस के बाद हवा के ताजे झोंके आयें। यह सुकून शब्दों से परे है। राज्यपाल संवैधानिक हेड हैं, पर एक अच्छे व्यक्ति के आते ही क्या असर

पड़ा? क़ानून का राज वापस लौट रहा है। आम लोग कहते हैं, राज्यपाल के रहते वैसी गड़बड़ी नहीं होगी, जो पहले होती रही है। यह धारणा क्यों? एक मूल्यनिष्ठ, ईमानदार और क़ानून के अनुसार चलने वाले व्यक्ति के व्यक्तित्व का यह असर है।

भारतीय संस्कृति की मान्यता रही है, 'महाजनो येन गतः सा पन्था' अर्थ है, जिस रास्ते से महान लोग गये हों, वही रास्ता सही है यानी बड़े लोग जिस रास्ते जाते हैं, वही रास्ता श्रेयस्कर होता है। अर्थ साफ़ है, श्रेष्ठ पदों पर बैठे लोग जैसा आचरण करेंगे, वही अन्य अनुकरण करेंगे। अब झारखण्ड में राज्यपाल पद पर एक गरिमापूर्ण व्यक्तित्व है। उसका असर बाहर भी दिख रहा है।

**(2009)**

❑❑❑